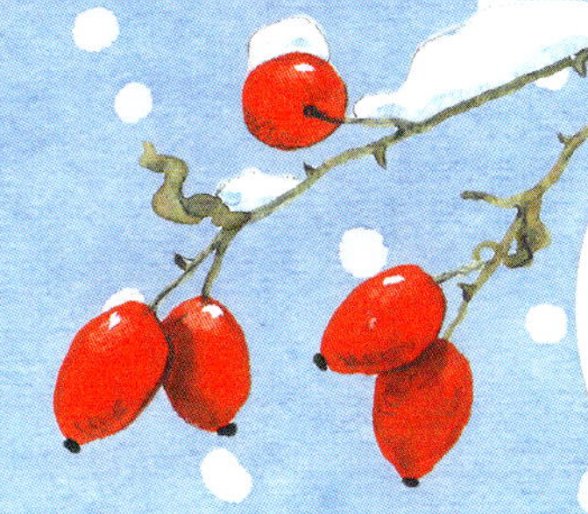

Alle Schablonen sind auch als Download zum Ausdrucken verfügbar.

Mehr Infos dazu auf Seite 111.

Pippa & Pelle

Wichtelfeine Handarbeiten

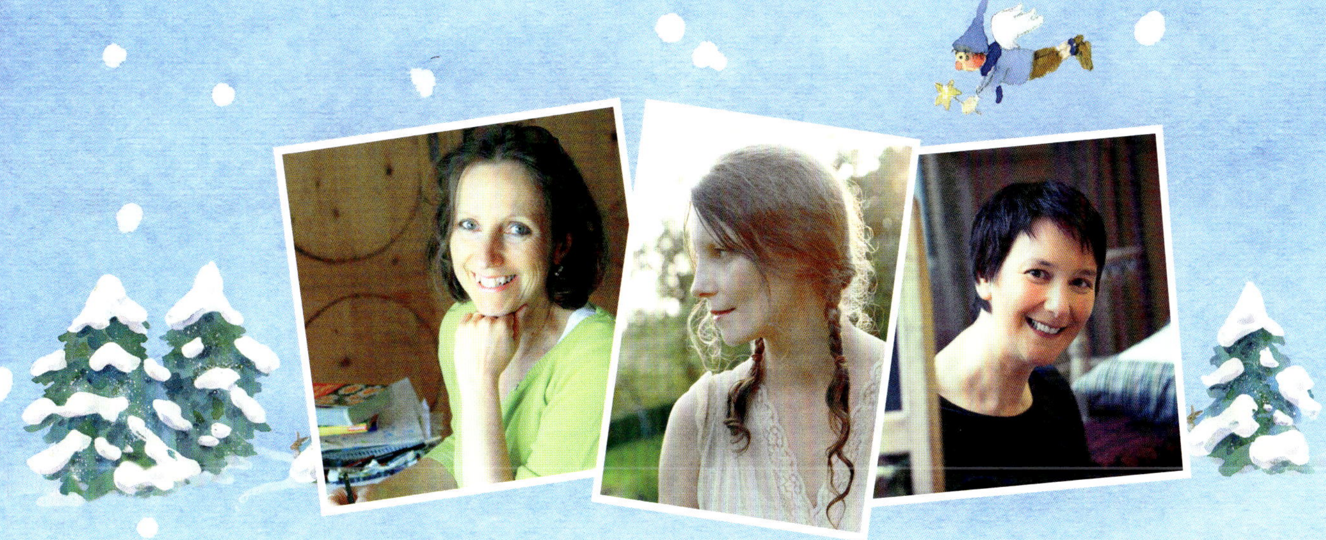

Daniela Drescher • Michèle Brunnmeier • Natascha Schröder

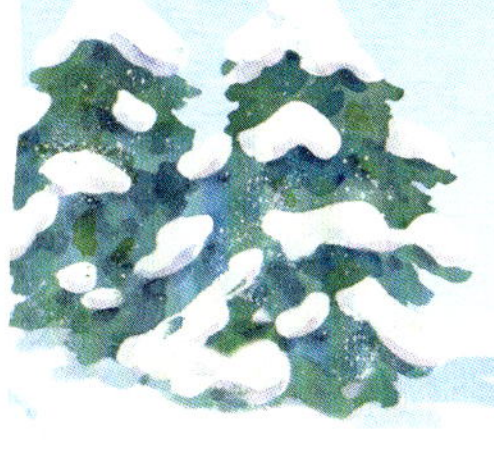

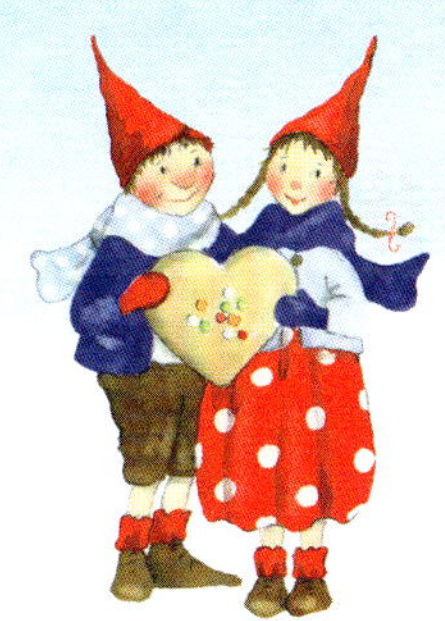

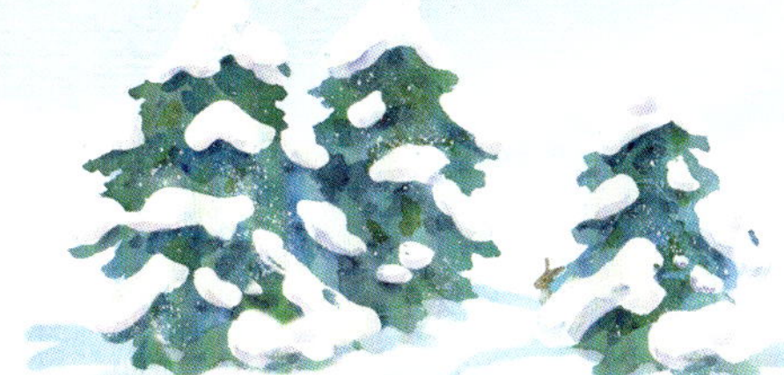

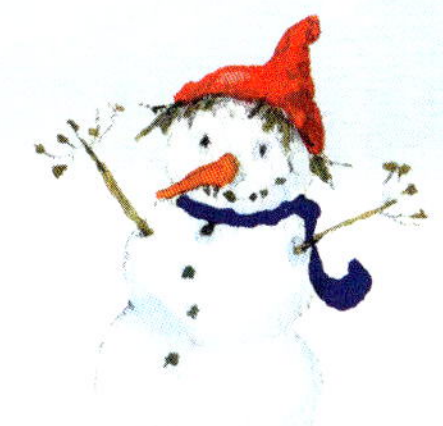

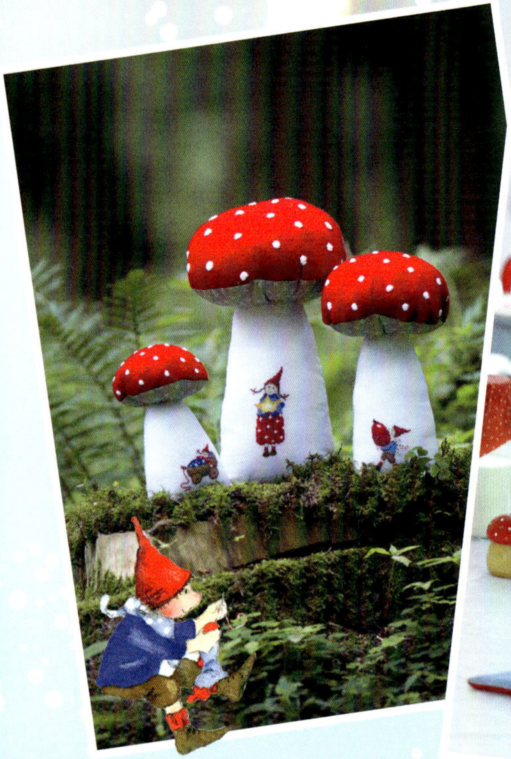

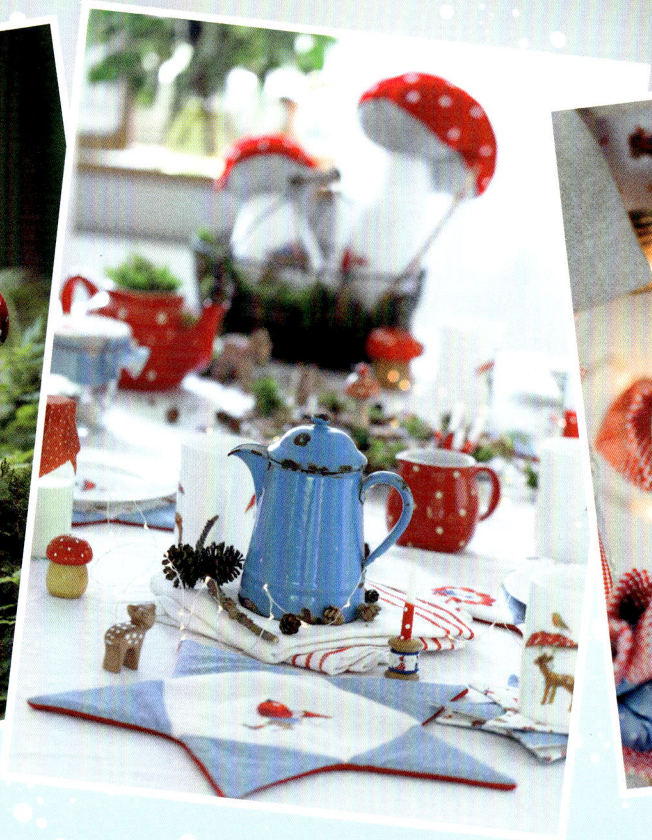

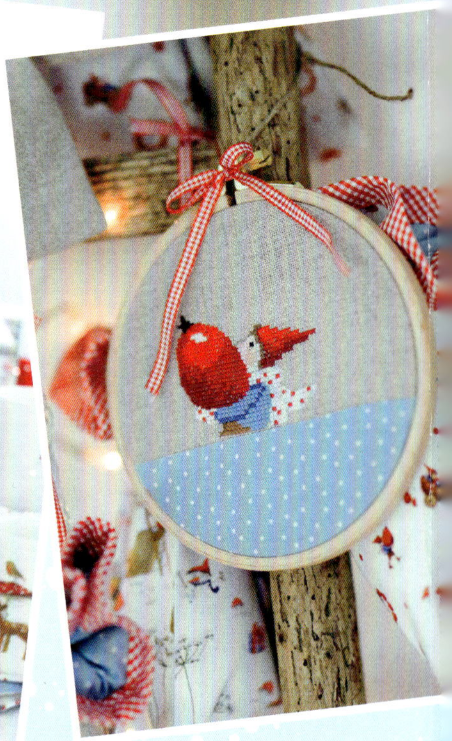

Inhalt

Wichtelfeine Handarbeiten

Es ist immer wieder ein Wunder, wenn ein Buch in unserem kleinen Verlag entsteht. Eine ganze Welt scheint sich zu entfalten. Wenn sich Ideen, Gedanken und Visionen zusammenfügen zu einem großen Ganzen. Mit diesem Buch dürfen wir teilhaben an der einzigartigen und fantasiereichen Welt von Daniela Drescher. Wir sind mit ihr durch die Tür der Wichtelwelt von Pippa und Pelle getreten und dafür danken wir ihr von Herzen. Entstanden ist so eine wichtelfeine Kollektion von bedruckten Baumwollstoffen, Bändern und Webetiketten mit ihren zauberhaften Motiven.

Michèle Brunnmeier und Natascha Schröder haben diese Kollektion mit Liebe und Hingabe verarbeitet und sichtbar gemacht. Mit ihrem besonderen Gespür für Ästhetik und Layout hat Heike Rohner die gefühlvollen Fotografien von Michèle Brunnmeier mit den liebevollen Zeichnungen von Daniela Drescher vereint und so ist ein Bilderbuch mit Handarbeiten entstanden. Wir wünschen Ihnen nun viel Freude beim Kennenlernen, Erleben und Nacharbeiten von Pippa & Pelle und ihren wichtelfeinen Handarbeiten.

Wir grüßen Sie herzlich

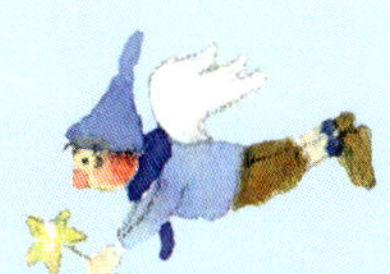

Ihre Ute Menze und Meike Menze-Stöter

"Es ist eine große Freude für mich, dass die Welt rund um Pippa und Pelle nun auch sinnlich – mit Stoffen, Bändern und sogar Porzellan – für kleine und große Menschen erlebbar wird. Die Innerlichkeit, die ich in meinen Büchern vermitteln möchte, ist hier auf liebevollste und zärtlichste Weise aufgegriffen und weitergeführt worden, und ich bin mir gewiss: Jeder Mensch, ob klein oder groß, der sich in ein von Hand genähtes Kissen kuscheln kann, ist geborgen, ist geliebt!"

Daniela Drescher

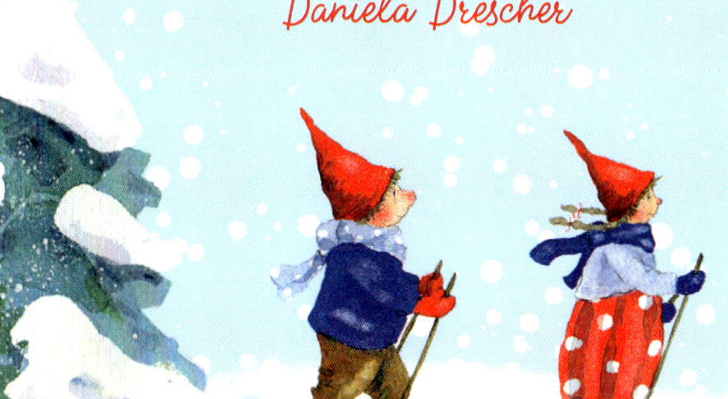

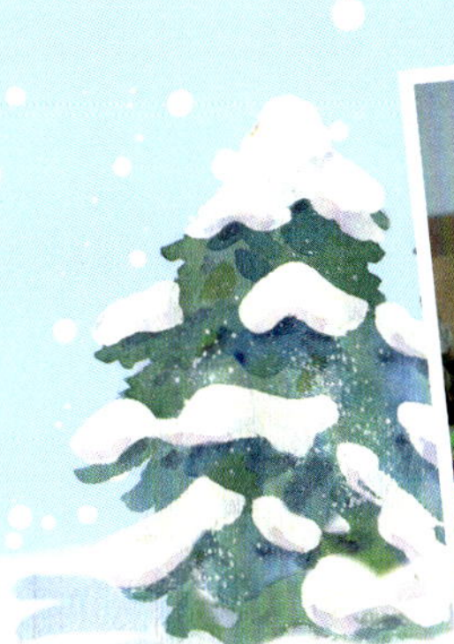

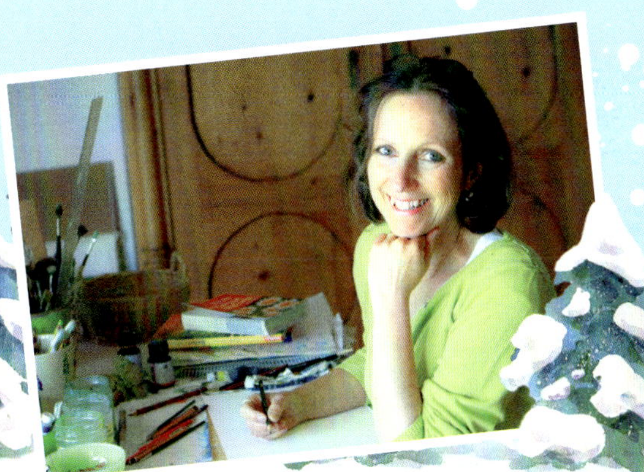

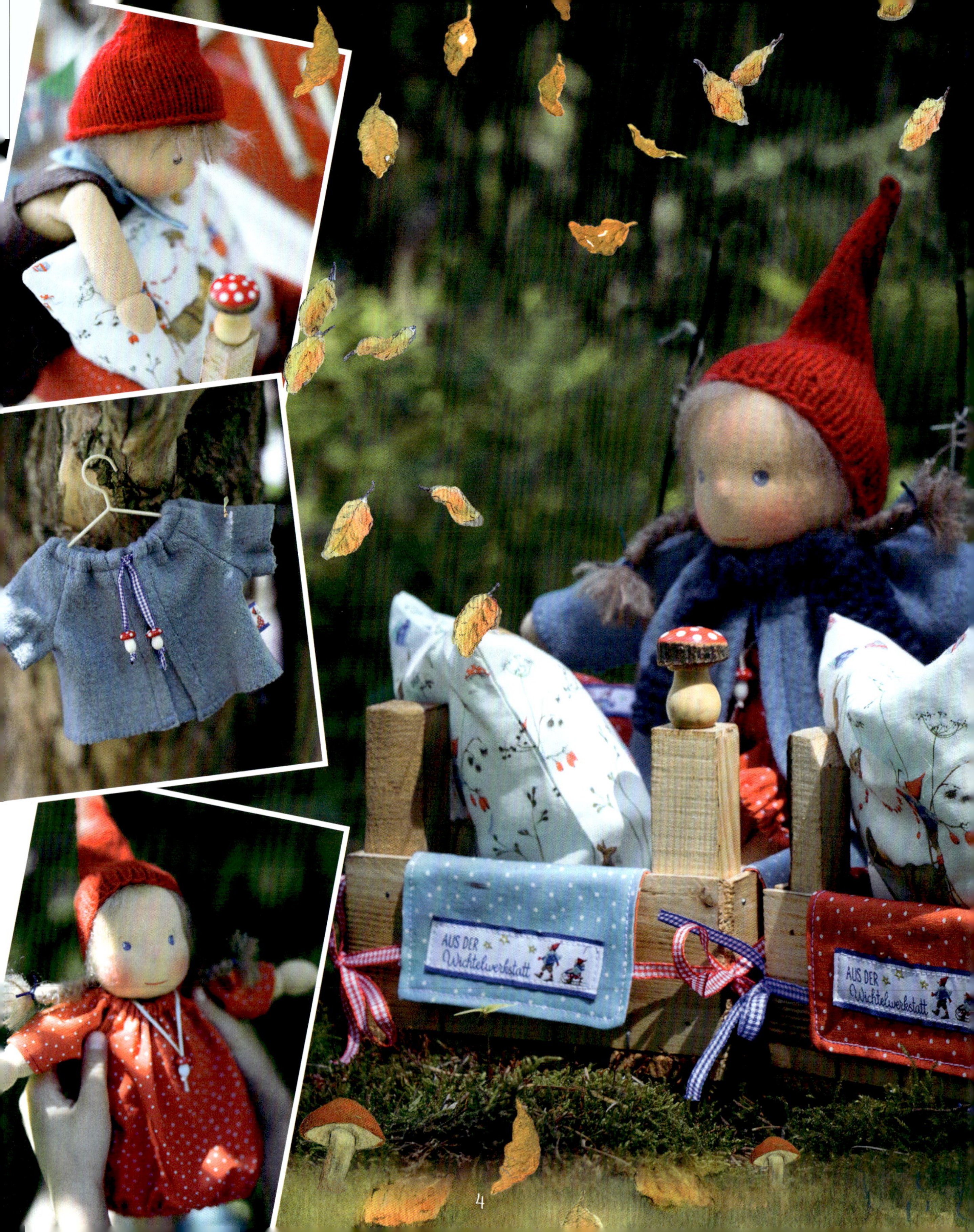
AUS DER Wichtelwerkstatt
AUS DER Wichtelwerkstatt

Das sind Pippa & Pelle

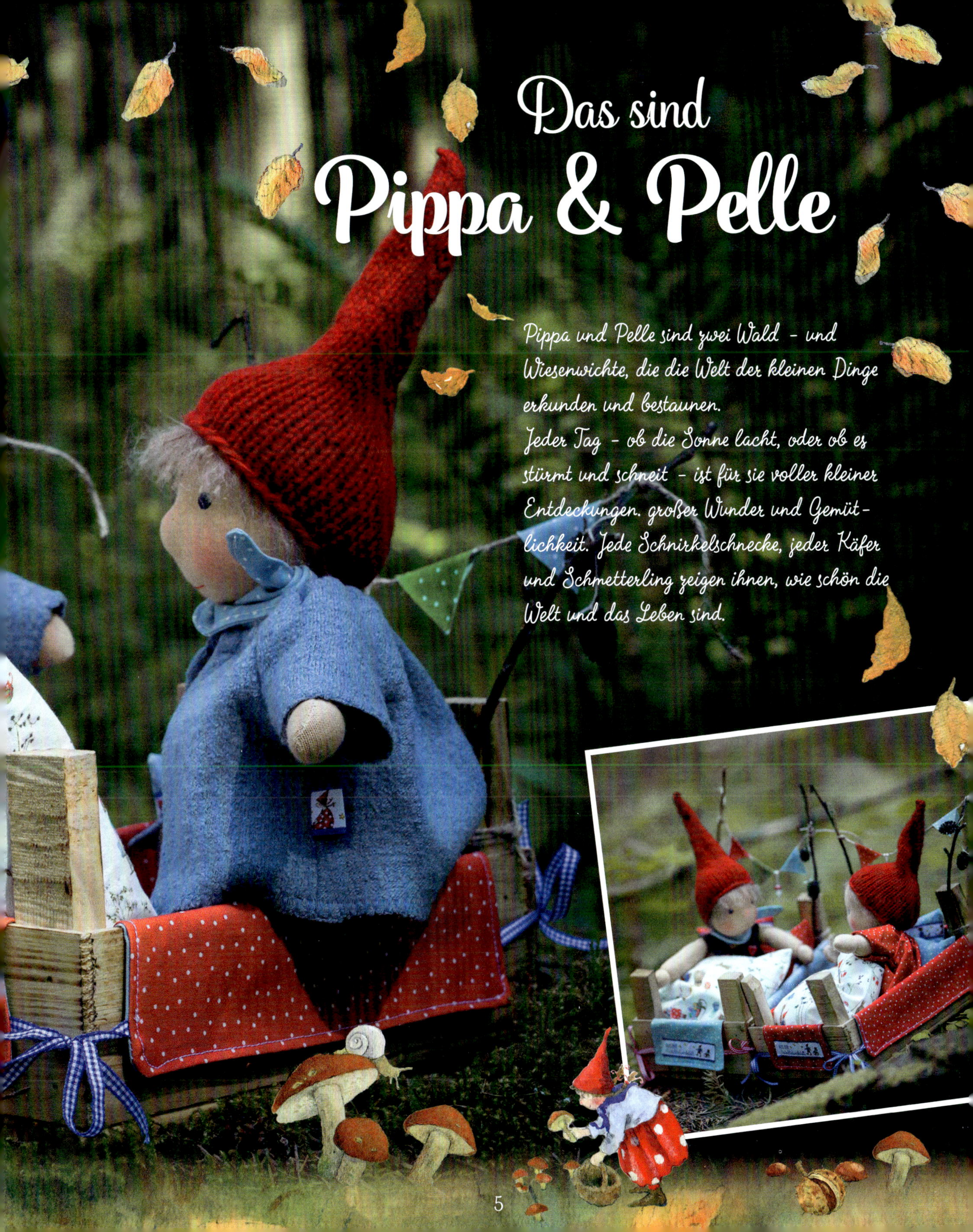

Pippa und Pelle sind zwei Wald - und Wiesenwichte, die die Welt der kleinen Dinge erkunden und bestaunen.
Jeder Tag - ob die Sonne lacht, oder ob es stürmt und schneit - ist für sie voller kleiner Entdeckungen. großer Wunder und Gemütlichkeit. Jede Schnirkelschnecke, jeder Käfer und Schmetterling zeigen ihnen, wie schön die Welt und das Leben sind.

Pippa & Pelle Püppchen

Größe jeweils ca. 28 cm
Schablone Nr. 1, Seite 103

Material pro Püppchen:

- 150 g Stopfwolle im Vlies, naturweiß
- 0,25 m Wirkschlauch 5 cm Breite
- festes Abbindegarn
- 0,20 m Puppentrikot Interlock, leichte Qualität, hautfarben
- 0,25 m Puppentrikot schwere Qualität, hautfarben
- Stickgarn rot
- Stoffmalfarbe blau, weiß, braun
- Stockmar Wachsmalstift rot
- 50 g Mohairgarn für Puppenhaare, braun

Anleitung
Puppenkopf:

Köpfchen wickeln, Kopfumfang 20-22 cm:
Wickle etwas Abbindegarn um ein offenes Ende des Mullschlauchs und verknote die Enden (Bild 1). Wickle aus der Schafwolle eine nicht zu weiche Kugel, der Umfang sollte in etwa dem in der jeweiligen Beschreibung der hier vorgestellten Puppenarten entsprechen. Wickle das Innere der Kugel eher fest, nach außen hin dürfen die Schichten weicher werden. • Löse vier schmale Streifen aus der Schafwolle und lege damit einen Stern (Bild 2). Die Dicke der Streifen muss der Kugelgröße angepasst werden, bei kleineren Köpfchen sind die Wollstreifen weniger dick als bei größeren. Die richtige Fülle dieses Wollsternes ist für den stabilen Halt des Köpfchens verantwortlich. Die Breite der einzelnen Wollstreifen sollte in etwa dem Durchmesser der Wollkugel entsprechen. • Lege die Kugel mittig auf den Wollstern (Bild 3), spanne die Streifen straff darüber (Bild 4). Streiche die Wolle faltenfrei und ziehe den Schlauchverband stramm über die Kugel, der Zipfel liegt innen (Bild 5). • Halte hierfür mit einer Hand die unterhalb der Kugel heraushängende Wolle fest und ziehe mit der anderen den Mull nach unten, bis sich dieser fest über die Wollkugel spannt. Der Umfang sollte dem der jeweiligen Puppen- Beschreibung entsprechen. • Nimm ein Stück Abbindegarn, wickle es mehrmals fest um den Hals, ziehe das Garn an und verknote es. • Modelliere das Köpfchen mit deinen Händen, drücke es seitlich etwas flach, sodass die Gesichtsseite und der Hinterkopf erkennbar wird.

Köpfchen abbinden:
Nimm ein langes Stück Abbindegarn, bilde eine doppelte Schlinge (Bild 6) und lege sie quer um die Augenlinie/Mitte des Kopfes (Bild 7), die Garnenden befinden sich an der hinteren Kopfmitte. Verknote die langen Enden. Bilde eine weitere doppelte Schlinge und lege diese vertikal um die Seite des Kopfes, die das Gesicht bilden soll. • Die Garnenden befinden sich oben auf der Kopfmitte, verknote diese (Bild 8). • Fädle ein Garnende in eine Nadel mit großem Öhr und führe sie durch den Kopf zur rechten Seite, an der sich die Garne kreuzen, fixiere diese Stelle mit einigen Stichen kreuzweise und vernähe die Garnenden unsichtbar im Kopf. Wiederhole dies mit dem zweiten Garnende auf der linken Seite (Bild 9). • Ziehe die hintere Hälfte des Augenlinienfadens am Hinterkopf vorsichtig mit einer Häkelnadel nach unten in den Nacken (Bild 10). • Fädle ein langes Garnende aus dem Nacken in eine Nadel mit großem Öhr und führe sie durch den Kopf auf die rechte Seite. • Verbinde die beiden schräg zulaufenden Abbindestellen durch Hin- und Herführen des Garns miteinander, ziehe das Garn etwas an, sodass die abgebundenen Stellen miteinander verbunden und fixiert werden. Wiederhole diesen Schritt auf der linken Seite (Bild 11).

Pippas Näschen:
Zupfe einen kurzen, dünnen Strang aus dem Wollvlies, knote diesen mittig. Zupfe die Wolle um den Knoten herum aus – je dicker der Knoten, desto größer die Nase. • Suche dir eine Stelle etwas unterhalb der Augenlinie, an der das Näschen sein soll und lege den Wollknoten an diesen Platz, fixiere ihn mit kleinen Handstichen (Bild 12).

Pelles Näschen:
Nimm etwas weiße Filzwolle, wickle eine feste, ca. Haselnuss große Kugel, filze diese mit heißem Wasser und etwas Schmierseife und forme die Kugel am Ende zwischen den Handflächen etwas ovalförmig. • Nähe die Nase nach dem Trocknen an die passende Stelle unterhalb der Augenlinie mit unsichtbaren Stichen fest (siehe Foto Seite 8).

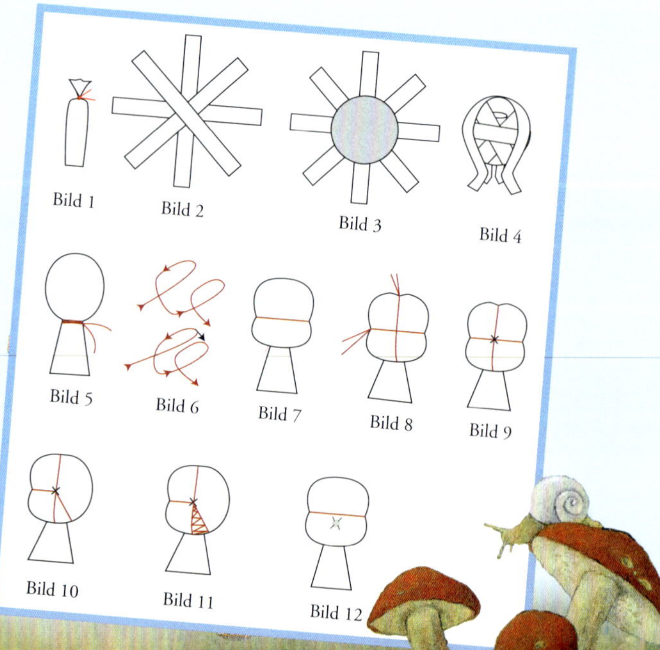

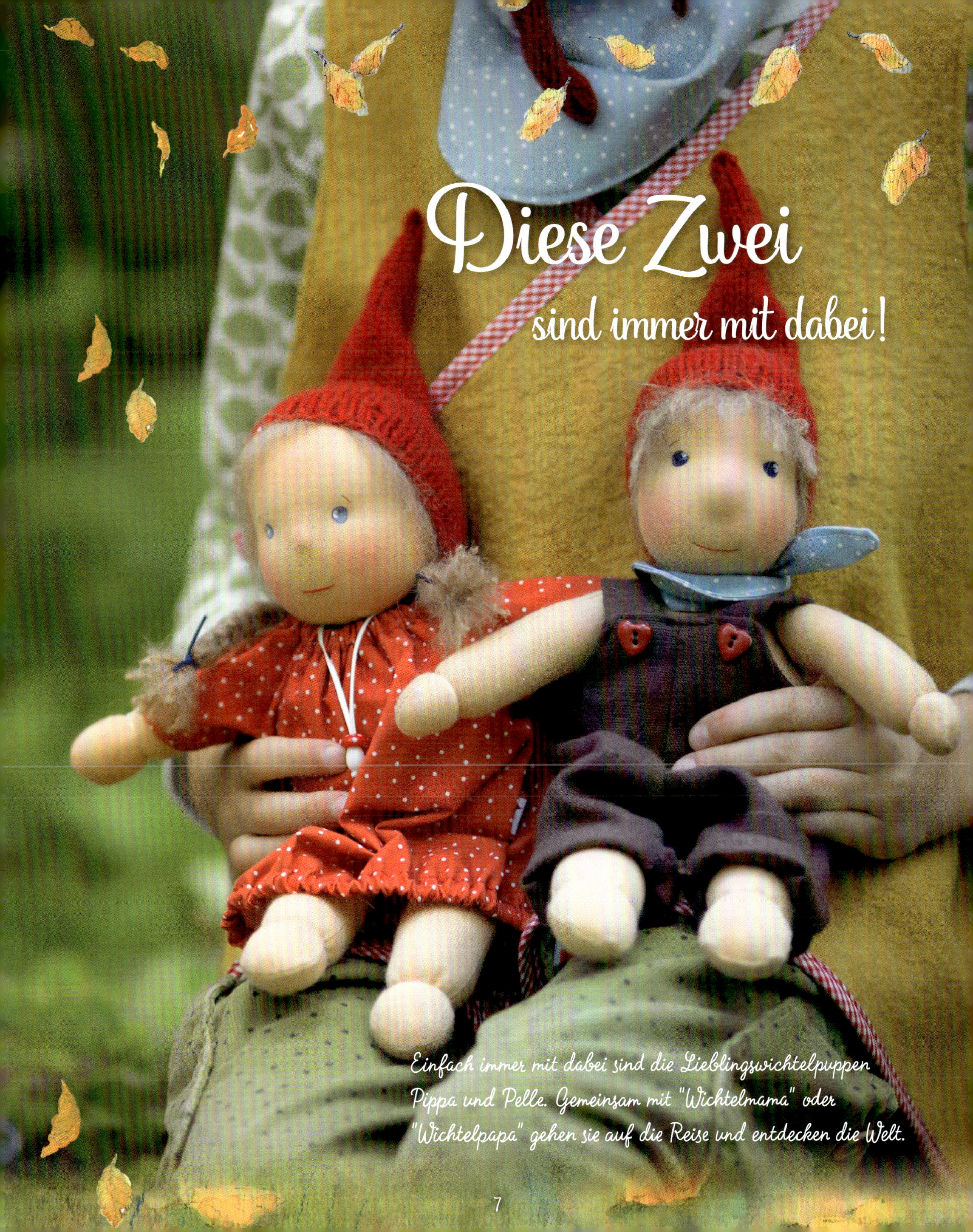

Diese Zwei sind immer mit dabei!

Einfach immer mit dabei sind die Lieblingswichtelpuppen Pippa und Pelle. Gemeinsam mit "Wichtelmama" oder "Wichtelpapa" gehen sie auf die Reise und entdecken die Welt.

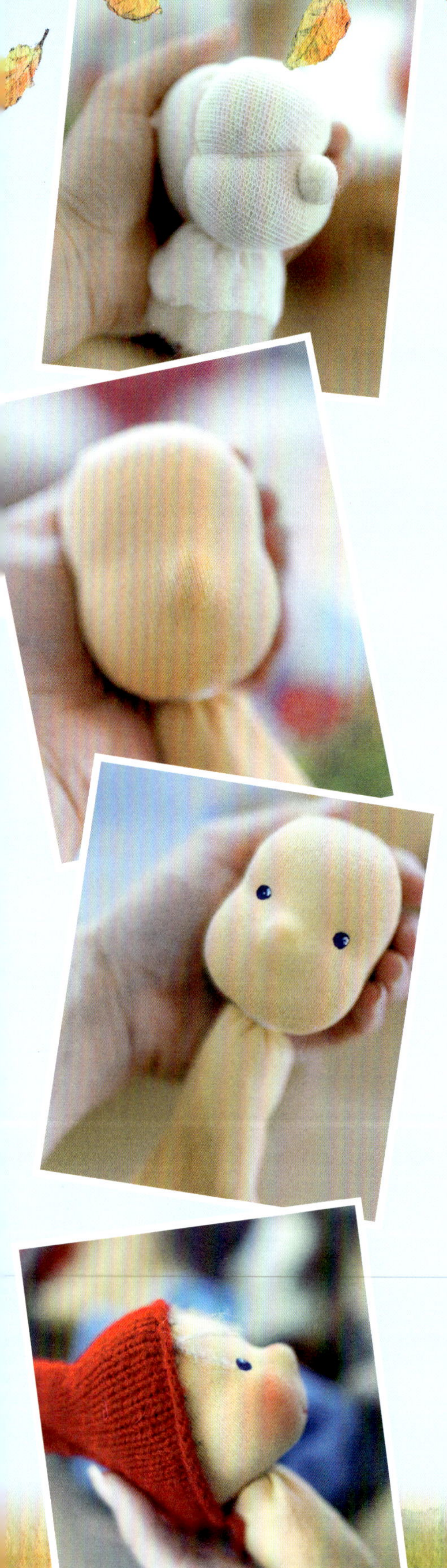

Kopf mit Puppentrikot beziehen:
Falte den Kopftrikot-Zuschnitt der Länge nach mittig und steppe die Naht mit einem leichten Zickzackstich, sodass die Naht beim Dehnen nicht reißt (Bild 13). • Lege den Trikotschlauch mit der linken Stoffseite nach außen so vor dich auf den Tisch, dass die Naht mittig nach oben zeigt. Schiebe die rechte und linke obere Ecke jeweils zur Mitte, steppe quer durch alle 4 Stoffschichten (Bild 14+15). • Wende den Trikotschlauch und ziehe ihn über den Puppenkopf, die Naht liegt dabei mittig am Hinterkopf. Ziehe den Trikot samt darunterliegendem Wirkschlauch ganz stramm nach unten, fixiere sämtliche Schichten (inkl. Wolle) je nach Puppengröße ca. 3-10 cm unterhalb des Halses mit einigen Stecknadeln und nähe mit einem Zickzackstich eine Quernaht, sodass die Spannung beibehalten wird und zudem beim späteren Abbinden des Halses keine Falten entstehen (Bild 16). • Nimm ein langes, doppelt gelegtes Stuck Abbindegarn, wickle es 2-3 Mal fest um den Hals, verknote es hinten und vernähe die Enden im Rumpfteil (Bild 17).

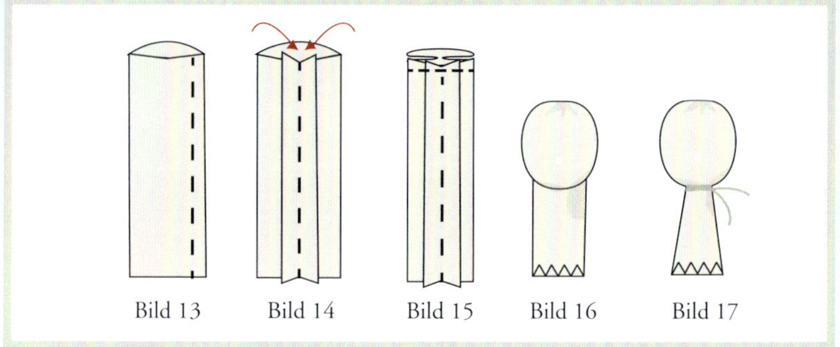

Augen malen:
Markiere die Augen zunächst mit zwei blauen, den Mund mit einer roten Stecknadel. Als Faustregel kann man sagen, dass Augen und Mund in etwa ein gleichschenkliges Dreieck bilden sollen. • Male nun mit einem Stecknadelkopf oder mit der Spitze eines Wattestäbchens die Augen mit Stoffmalfarbe dort auf. Tauche die Spitze einer feinen Pinselspitze in weiße Farbe, setze damit einen Lichtpunkt jeweils an dieselbe Stelle in beiden Augen.

Mund sticken:
Kreise etwas mit dem Kopf der Markierungs-Stecknadel auf dem Trikot, sodass die Einstichstelle als Orientierungshilfe sichtbar bleibt. Nimm ein zweifädiges, langes Stück rotes Stickgarn, fädle es doppelt in eine Puppennähnadel. • Steche am Hinterkopf ein, lasse einige Zentimeter Garn heraushängen, nähe 2–3 Mal mit kurzen Abständen hin und her und führe die Nadel nach vorne. • Zähle die Maschenreihen links der Einstichstelle deiner Wunschlänge des Mündchens entsprechend ab und steche an dieser Stelle aus. Steche in gleichem Abstand zur Mitte in waagrechter Linie wieder ein, führe die Nadel am Hinterkopf heraus, vernähe die Garnenden, damit sich der Mund nicht einfach wieder herausziehen lässt und verknote zusätzlich Anfangs- und Endfaden.

Puppenhaare:
Markiere mit Stecknadeln rund um das Gesicht herum den Haaransatz. Markiere auch einen gedachten Wirbelpunkt. Fädle ein langes Stück Mohairgarn doppelt in eine dicke Nadel mit Spitze und großem Öhr, steche hinten am

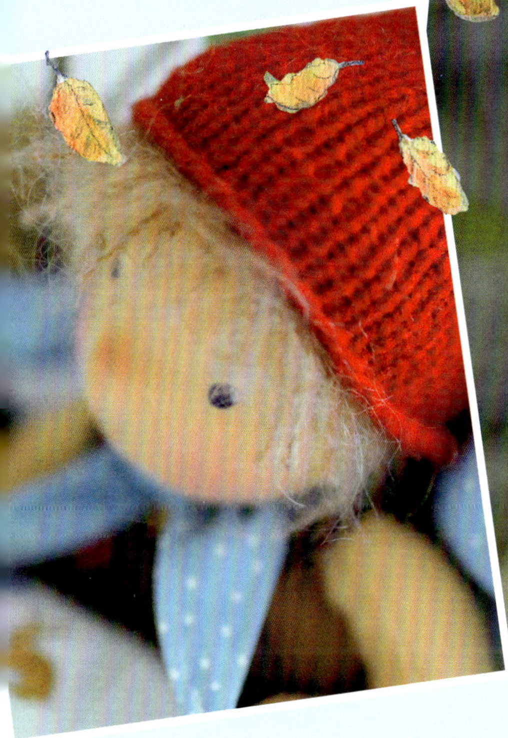

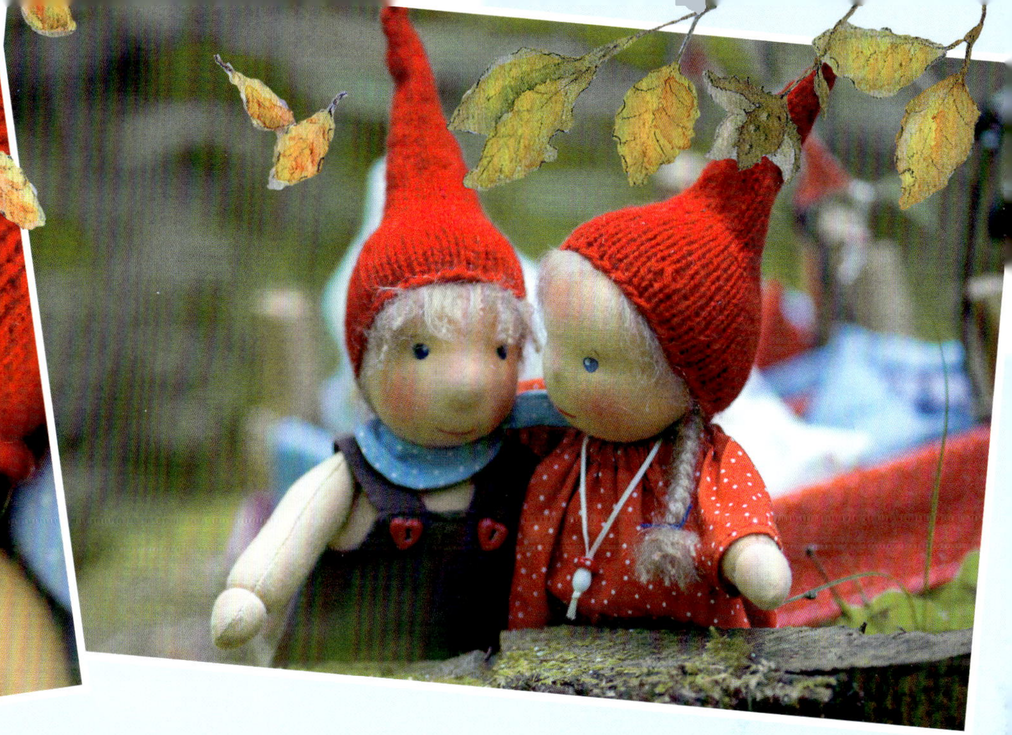

Wirbelpunkt ein und kurz daneben wieder heraus, entferne die Stecknadel und verknote die Garnenden. • Die abstehenden Garnenden markieren nun den Wirbelpunkt. Führe die Nadel mit einem langen Spannstich über dem Kopf nach vorne zu einer der Stecknadeln am Haaransatz, entferne diese, steche an dieser Stelle ein und direkt nebenan bei der nächsten Stecknadel wieder heraus, entferne die Stecknadel ebenfalls.

• Führe die Nadel wieder zurück zum Hinterkopf, steche in Wirbelnähe ein und wiederhol diese Schritte rund um das Puppenköpfchen. • In den ersten Runden hältst du zunächst Abstand zum Wirbelpunkt, sparst eine kleine Stelle rund herum aus, damit es dort nicht zu dick wird. Erst in den letzten Runden schließt du die bis dahin noch kahle Stelle. • Die Haare werden in mehreren Runden mit Spannstichen über dem Kopf aufgestickt, nur die kurzen Stiche liegen unterhalb des Trikots! Es wird so lange gestickt, bis die einzelnen Haarsträhnen dicht an dicht beieinander liegen, keine Kopfhaut durchschimmert. • Achte auf eine gleichmäßige, sternförmige

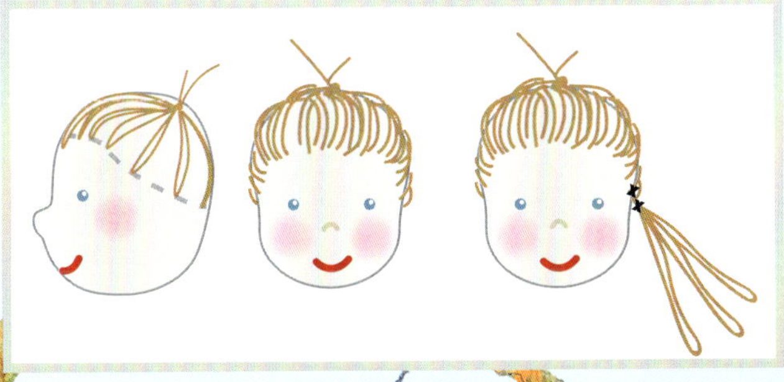

Ausrichtung der Spannstiche zwischen Haaransatz und Wirbel. Um den Haaransatz etwas lebendiger zu gestalten, setze einen Stich mal etwas höher, mal tiefer. Ist das Haar dicht genug, kannst du separat noch Zöpfchen einarbeiten. Knüpfe hierfür an den Stellen, an denen du Zöpfe flechten möchtest, längere Haarsträhnen aus doppelt gelegten Mohairgarn ein, passe die Länge nach Wunsch an. • Fädle das Garn hierfür doppelt in deine dicke Nadel, steche seitlich am Kopf an gewünschter Stelle ein, knapp daneben wieder heraus, lasse die gewünschte Haarlänge heraushängen, führe einen langen Spannstich in Richtung Wirbel aus und von da aus wieder zurück zum Anfang, führe die Nadel hier heraus, sodass nun zwei längere Haarsträhnen zu sehen sind. • Kürze das Garn in gleicher Länge. Wiederhole diesen Schritt auf beiden Kopfseiten gleichmäßig. Solltest du noch irgendwo lichte Stellen im Haar entdecken, kannst du diese auf diesem Weg schließen. • Bürste die Haare vorsichtig mit einer Drahtbürste o. ä. in alle Richtungen aus, sodass die Fasern des Mohairgarns wieder hervor kommen. • Nun hat dein Puppenkind einen schönen Haarflaum, den du mit deinen Fingern noch zurecht zupfen kannst, bevor du die eingeknüpften Strähnen zu beiden Seiten flechtest.

Bäckchen malen:

Nimm einen kleinen Rest Baumwollstoff und male mit dem roten Wachsmalblöckchen etwas Farbe darauf – anschließend malst du mit diesem Stöffchen sachte und in kreisenden Bewegungen einen Schimmer Rot auf die Bäckchen deiner Puppe.

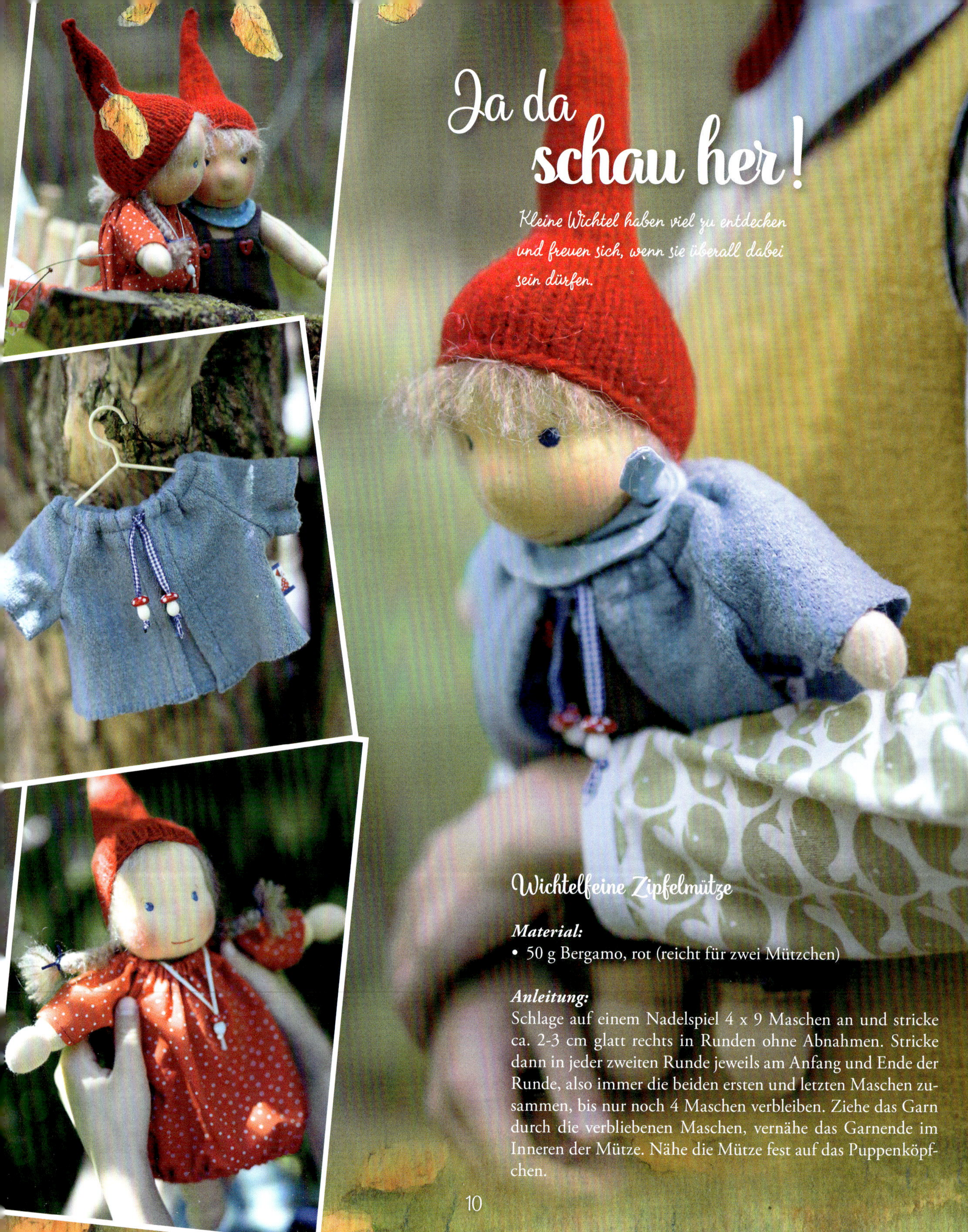

Ja da schau her!

Kleine Wichtel haben viel zu entdecken und freuen sich, wenn sie überall dabei sein dürfen.

Wichtelfeine Zipfelmütze

Material:

- 50 g Bergamo, rot (reicht für zwei Mützchen)

Anleitung:

Schlage auf einem Nadelspiel 4 x 9 Maschen an und stricke ca. 2-3 cm glatt rechts in Runden ohne Abnahmen. Stricke dann in jeder zweiten Runde jeweils am Anfang und Ende der Runde, also immer die beiden ersten und letzten Maschen zusammen, bis nur noch 4 Maschen verbleiben. Ziehe das Garn durch die verbliebenen Maschen, vernähe das Garnende im Inneren der Mütze. Nähe die Mütze fest auf das Puppenköpfchen.

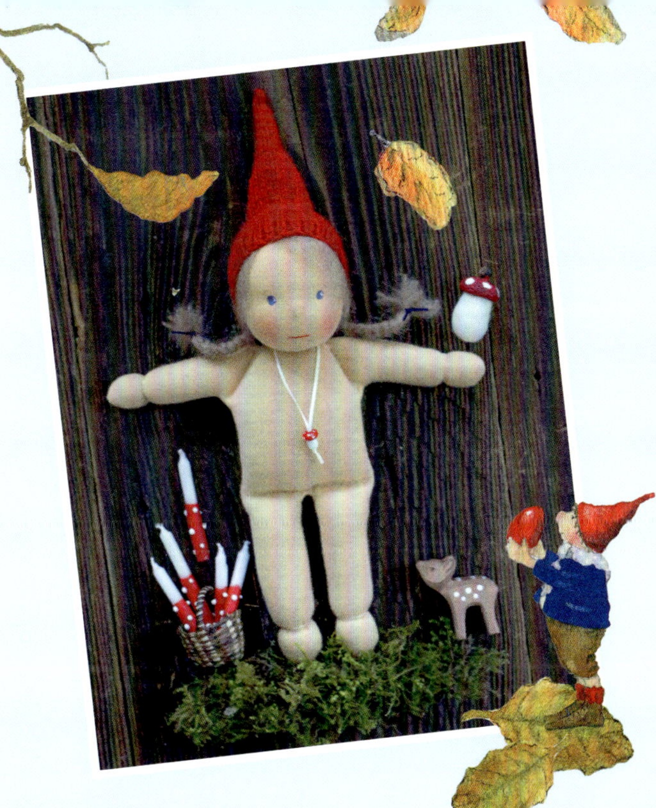

Puppenkörper

Übertrage die Umrisse der Schablone Nr. 1 von Seite 103 auf die linke Stoffseite des festen Puppentrikots, der im geraden Fadenlauf doppelt rechts auf rechts liegt. Steppe direkt auf der Umrisslinie entlang, schneide den Puppenkörper knapp neben der Naht aus. • Stopfe zunächst die Beine bis knapp unterhalb des Schritts nicht zu fest mit Schafwolle, fixiere die Wolle mit Stecknadeln und steppe darüber eine Quernaht direkt in Schritthöhe. Stopfe die Arme in gleicher Weise bis zur Achselnaht, fixiere die Wolle wieder mit Stecknadeln und steppe eine schräge Naht ausgehend von der Achsel bis knapp an den Halsausschnitt. • Fülle nun den Rumpf mit Schafwolle. Stecke den Wulst, der sich unterhalb des Puppenköpfchens befindet durch die Öffnung in den Rumpf. Sollte der Wulst zu breit sein, schnüre diesen etwas zusammen, in dem du ihn mehrmals mit etwas Abbindegarn umwickelst. Der Wulst sollte im Rumpf mit Wolle umgeben sein. • Schlage die Zugaben am Hals nach innen und verbinde Kopf und Rumpf mit doppeltem Nähgarn mit dem Matratzenstich rund um das Köpfchen herum. • Binde angedeutete Füßchen und Händchen mehrmals mit Abbindegarn ab, vernähe die Garnenden gut und unsichtbar im Inneren.

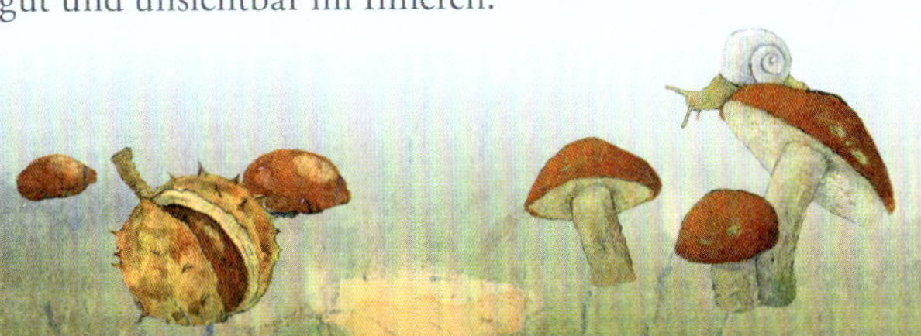

Kleider für Pippa & Pelle

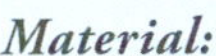

Pippas Kleidchen
Schablone (inkl. 0,7 cm Nz)
Nr. 2.1–2.2, Seite 103

Material:
- 0,20 m Baumwollstoff Tupfen rot-weiß
- 0,50 m Gummiband 5 mm breit
- 0,10 m Webband Wichtelkinder

Zuschnitt:
- 2 x Vorder- und -rückteil im Stoffbruch
- 2 x Ärmel im Stoffbruch

Anleitung:
Falte den Stoff längs im Stoffbruch, lege die Schablone an die Bruchkante, schneide Vorder- und Rückteil sowie die Ärmel aus, versäubere alle Kanten. • Nähe zunächst die schrägen Kanten der beiden Ärmel rechts auf rechts an die schrägen Kanten des Kleidchenvorderteils, wiederhole dasselbe am Rückteil. • Schlage die Nahtzugabe der Ärmel nach innen, steppe diese. Falte das Kleid rechts auf rechts und schließe die beiden Seitennähte in einem Zug vom Ärmel bis zur unteren Saumkante, fasse dabei an der rechten Seite ein doppelt gelegtes Stückchen Webband mit. • Falte die untere Saumkante des Kleides nach innen, steppe die Naht, lasse eine kleine Öffnung für den Einzug des Gummis offen, ziehe den ca. 32 cm langen Gummi ein, steppe Anfang und Ende des Gummis aufeinander, schließe die Tunnelöffnung. • Nähe die Nahtzugabe des Halsausschnitts ebenso nach innen, lasse eine Öffnung für den Einzug des Gummis, ziehe das Gummiband ein, reguliere die Weite des Ausschnitts, steppe Anfang und Ende des Gummis aufeinander, schließe die Tunnelöffnung. Die kleine Fliegenpilzkette ist ein hübsches Detail.

Puppenjäckchen
Schablone (inkl. 0,7 cm Nz) Nr. 3.1–3.2, Seite 103

Material:
- 0,20 m gekochte Wolle rauchblau
- 0,40 m Karo-Band Mini-Vichy blau-weiß
- 2 Glasfliegenpilze
- 0,10 m Webband Pippa und Pelle unterm Sternenzelt

Zuschnitt:
- 1 x Rückteil im Stoffbruch • 2x Vorderteil
- 2 x Ärmel im Stoffbruch

Anleitung:
Schneide die Jackenteile zu, das Versäubern der Kanten ist nicht nötig, du kannst jedoch die vorderen Ärmel- und Jackenkanten sowie die Unterkante mit einem Zierstich versehen. • Nähe zunächst die schrägen Kanten der beiden Ärmel

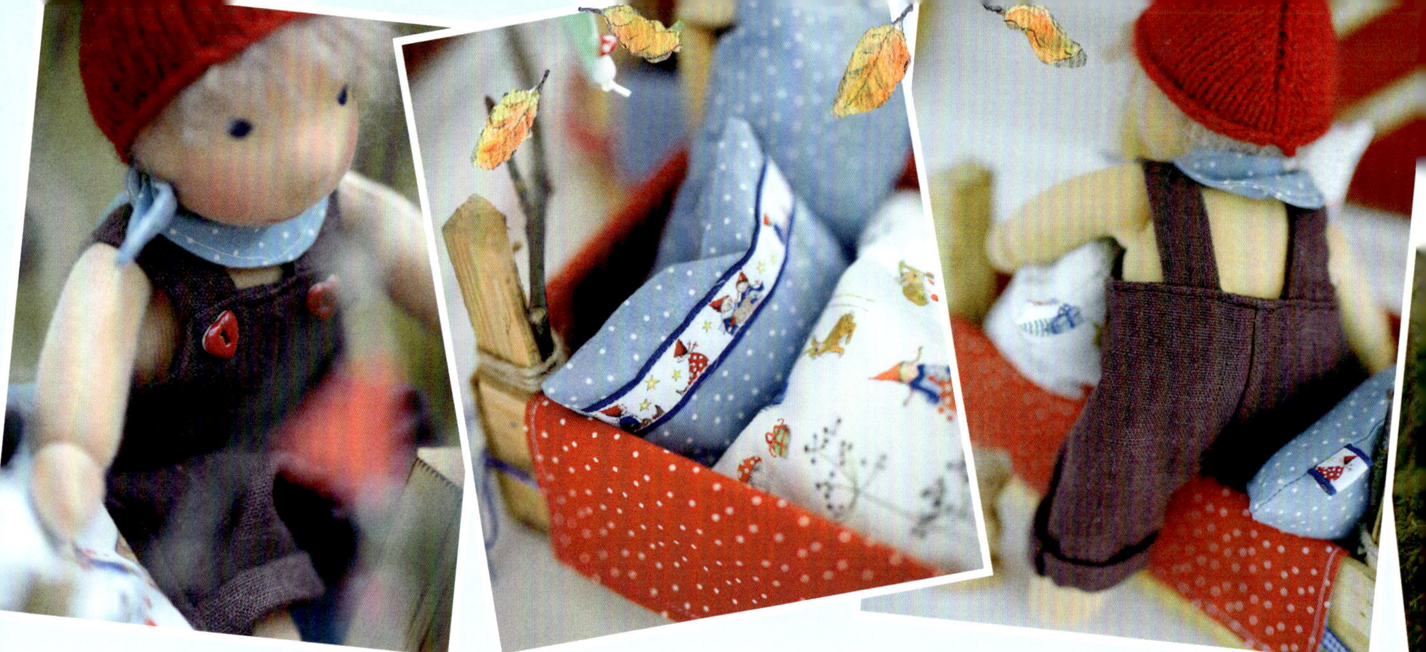

rechts auf rechts an die schrägen Kanten der beiden Vorderteile, wiederhole dasselbe am Rückteil des Jäckchens, dämpfe die Nahtzugaben mit einem feuchten Tuch auseinander. • Falte das Jäckchen rechts auf rechts und schließe die beiden Seitennähte in einem Zug vom Ärmel bis zur unteren Jackenkante, fasse dabei an einer Seitennaht das doppelt gelegte Stückchen Webband mit. • Dämpfe die Nahtzugabe auseinander. • Nähe die Nahtzugabe des Halsausschnitts nach innen, ziehe das Karoband mit einer dicken Stopfnadel ein, fädle an den beiden Enden jeweils ein Glaspilzchen auf das Band und fixiere dieses mit einem dicken Knoten. • Achtung: Soll das Püppchen für ein Kleinkind sein, verwende keinesfalls Kleinteile wie Glaspilzchen o.ä. (Verschluckungsgefahr!).

Pelles Latzhose
Schablone (inkl. 0,7 cm Nz.) Nr. 4.1–4.3, Seite 103

Material:
- 0,25 m Leinenstoff dunkelbraun
- 2 Herzknöpfe, rot

Zuschnitt:
- 2 x Hosen-Vorderteil
- 2 x Hosen-Rückteil
- 2 x Blende
- 2 x Träger (2 x 5 cm breit, 14 cm lang)

Anleitung:
Versäubere sämtliche Zuschnitte. Lege jeweils die beiden rückwärtigen, sowie die beiden vorderen Hosenzuschnitte rechts auf rechts aufeinander und steppe die Schrittnaht. • Lege Hosenvorder- und -rückteil rechts auf rechts und steppe die beiden Seitennähte. Lege die Nahtzugabe der Hosenunterkanten nach innen, steppe den Saum, schließe sodann die Beininnennähte. • Falte die beiden Trägerstücke der Länge nach mittig, steppe die Längsnaht ca. 0,5 cm breit, wende die Träger und bügle diese. • Lege die beiden Blendenzuschnitte rechts auf rechts aufeinander, steppe die vordere und hinteren Kanten. Lege die fertige Blende passgenau rechts auf rechts an die obere Hosenkante, die vorderen und hinteren Mittelnähte treffen jeweils aufeinander. Überprüfe die Passgenauigkeit, korrigiere ggf. Passe die Trägerlänge an, lege hierfür die beiden Träger mit den Enden zur oberen Hosenkante gerichtet zwischen die beiden Stofflagen von Hose und Blende. Die Länge soll so sein, dass Pelle die Hose mühelos anziehen kann, ohne dafür die Träger lösen zu müssen. Nimm für die Probe zunächst Stecknadeln zu Hilfe. Die Träger schließen am Vorderteil mit den Außenkanten des Latzes ab, beachte hier die Nahtzugabe, am Rückteil sind die Träger ca. 1 cm von der Hosenmitte entfernt. Stimmt die Trägerlänge, so steppe die Blende nun an die obere Hosenkante, fasse dabei die dazwischen liegenden Träger mit und steppe die obere Kante knapp. Nähe zwei kleine Herzknöpfe unterhalb der Träger.

Pelles Halstuch
Schablone (inkl. 0,7 cm Nz.) Nr. 5, Seite 103

Material:
- 0,20 m Baumwollstoff Tupfen graublau-weiß

Anleitung:
Falte ein 20 x 25 cm großes Stoffstück in den Stoffbruch, die rechte Stoffseite liegt innen. • Übertrage die Schablone auf die linke Stoffseite, steppe die Naht, lasse hierbei eine kleine Wendeöffnung offen. • Schneide an den Ecken bis knapp zur Naht ab, die Rundungen ein und die Nahtzugabe zurück. • Wende das Halstuch und steppe den unteren Rand knappkantig und schließe hierbei die Wendeöffnung.

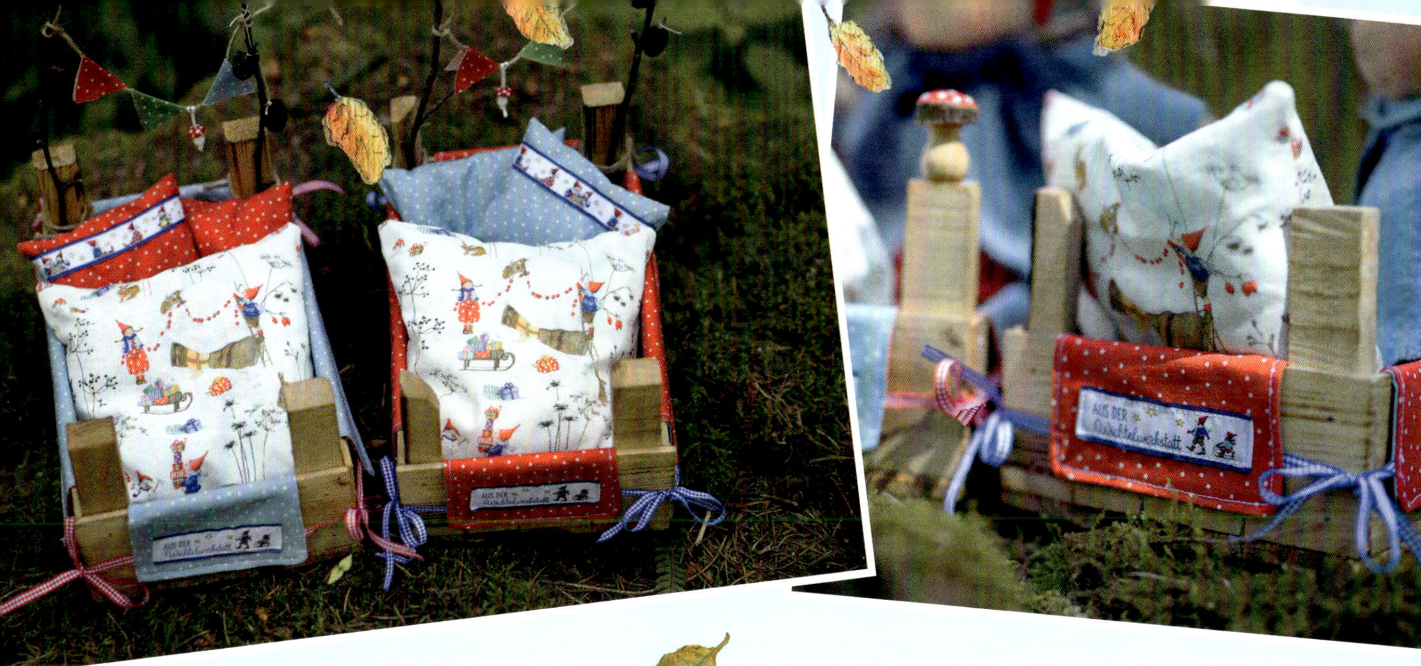

Puppen-Bettchen

Größe B 15 cm x L 23 cm x H 6 cm

Material für ein Bett:
- 1 kleine Holzkiste
- 0,40 m Baumwollstoff Tupfen rot-weiß ***oder*** 0,40 m Baumwollstoff Tupfen graublau-weiß
- 1,20 m Karo-Band Michi-Vichy blau-weiß 5 mm
- 1 Webetiket Wichtelwerkstatt blau

Zuschnitt:
- 2 x Bettcheneinlage

Anleitung:
Messe für die Bettcheneinlage zunächst die Grundfläche der Mandarinenkiste aus (hier 12,5 x 19 cm). • Für die vier seitlichen Umschläge berechne jeweils die Innenhöhe + ca. 2/3 der Außenseite (hier 10,5 cm), zzgl. Nahtzugaben rund herum. • Lege Innen- und Außenseite rechts auf rechts aufeinander, lege an alle 8 äußeren Umschlagkanten, ca. 3 cm von der Kante entfernt, jeweils ein ca. 15 cm langes Karoband zwischen beide Stofflagen, steppe rund herum, achte darauf, dass kein Band in die Naht gerät und lasse eine ca. 6 cm lange Wendeöffnung offen. • Schneide die Ecken bis kurz vor die Naht ein, wende die Einlage, bügle alle Kanten und steppe diese knapp. • Nähe ein Webetikett an eine der Schmalseiten. • Beziehe das Bettchen und verbinde die Umschlagkanten mit den Bändern. • Tipp: Du kannst das Bettchen mit einem Glückspilz, Minizapfen und einer bunten Wimpelkette aus Stoffresten verzieren, die du zwischen zwei dünne Zweigen bindest. Die Zweige lassen sich mit etwas Hanfschnur an den Bettpfosten fixieren • Achtung: Soll das Bettchen Spielzeug für ein Kleinkind sein, verwende wegen Verschluckungsgefahr keine Kleinteile wie Glaspilzchen o.ä.!

Bettwäsche für das Puppen-Bettchen

Größen: Kissen 1: B 10 x L 9 cm / Kissen 2:B 13 x L 9 cm / Bettdecke: B 16 x L 18 cm

Material:
- 0,20 m Baumwollstoff Tupfen rot-weiß ***oder*** graublau-weiß
- 0,40 m Baumwollstoff Schneewiese
- 2 x 0,20 m Webband Pippa und Pelle unterm Sternenzelt
- Füllwatte

Zuschnitt:
- 1 x Kissenzuschnitt 1, 12 x 20 cm
- 1 x Kissenzuschnitt 2, 15 x 20 cm
- 1 x Bettdeckenzuschnitt, 18 x 38 cm

Anleitung:
Kissen 1: Steppe das Webband ca. 6-7 cm von der unteren Kante entfernt quer auf den vorderen Bereich des Kissenzuschnitts, falte den Stoff rechts auf rechts, steppe die drei Kanten, lasse jedoch an der unteren Kante eine Wendeöffnung von ca. 5 cm offen. Wende das Kissen, fülle es mit Füllwatte und schließe die Wendeöffnung. • Kissen 2: Siehe Kissen 1, nähe jedoch kein Webband auf die Vorderseite, fasse stattdessen ein doppelt gefaltetes Stückchen Webband mit sitzender Pippa/ sitzendem Pelle mit in die rechte Seitennaht. Bettdecke siehe Kissen 1, jedoch ohne Webband oder Webetikett.

Die Blätter rauschen im Herbstwind

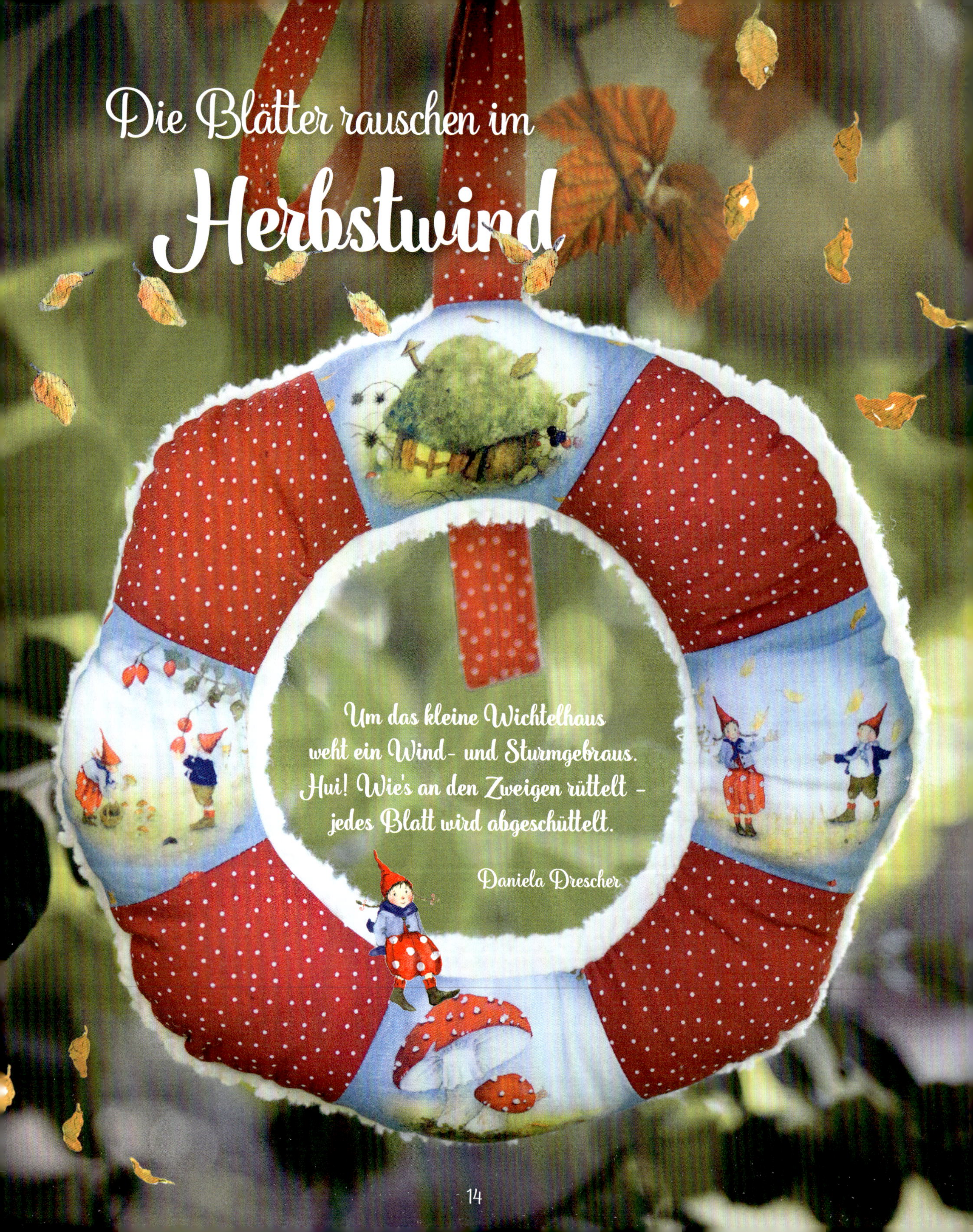

Um das kleine Wichtelhaus
weht ein Wind- und Sturmgebraus.
Hui! Wie's an den Zweigen rüttelt –
jedes Blatt wird abgeschüttelt.

Daniela Drescher

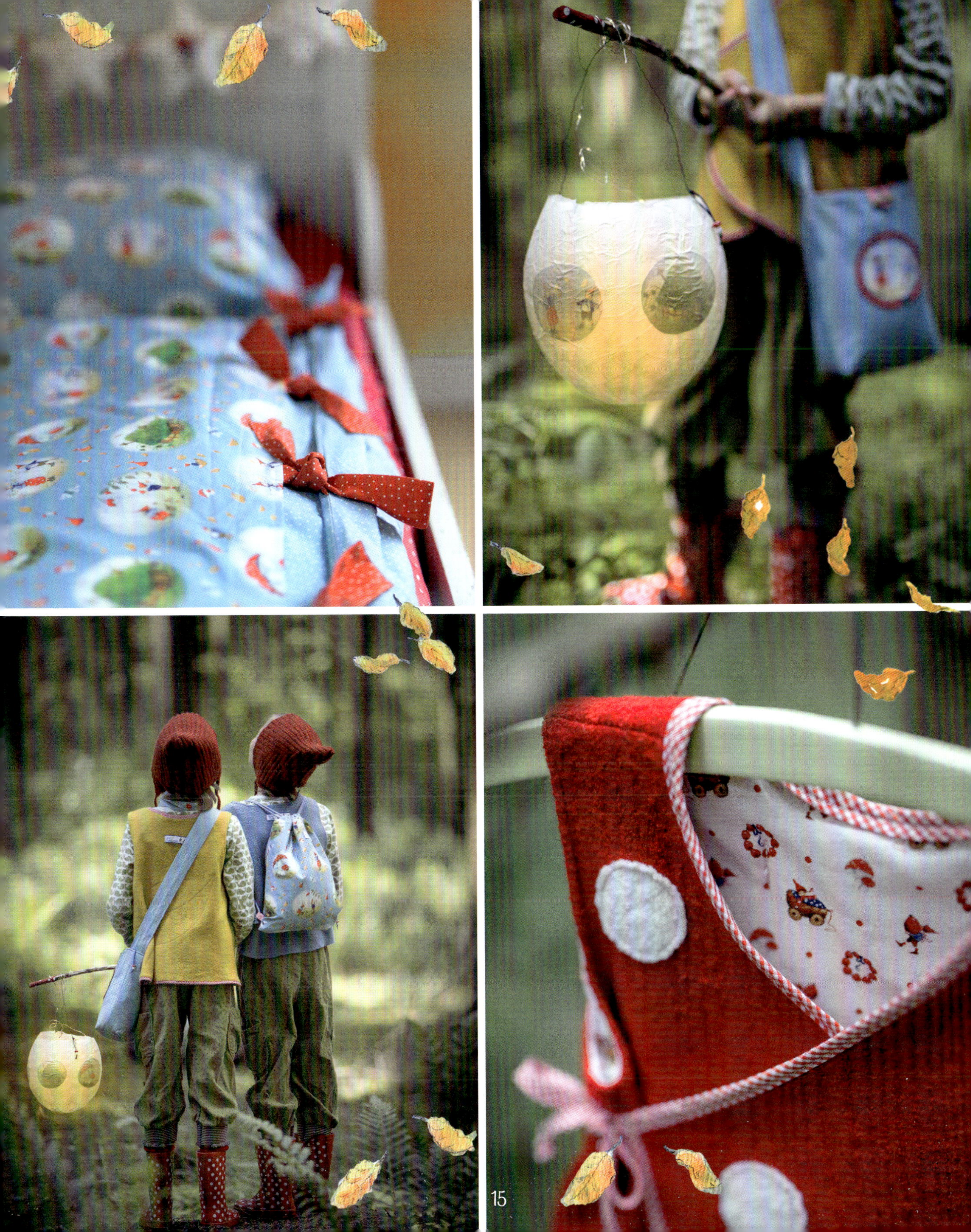

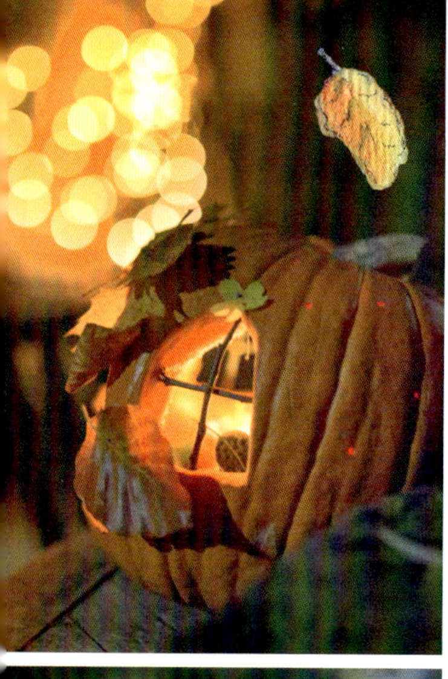

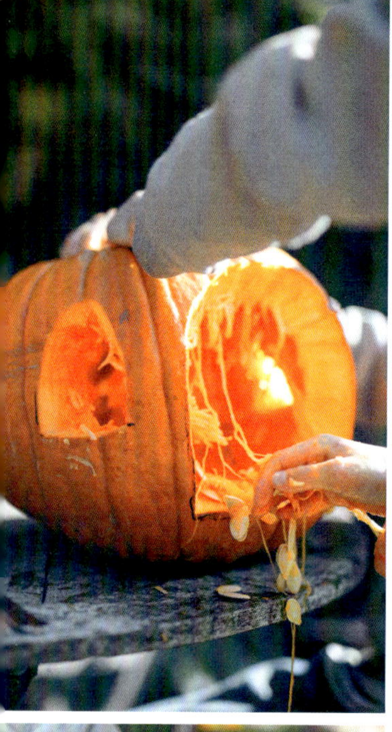

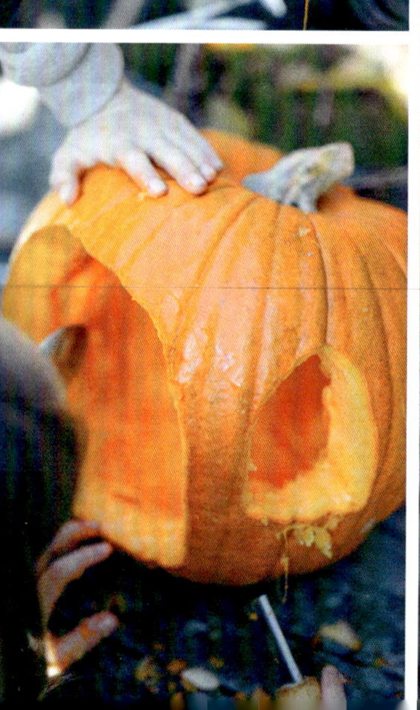

Ein schönes Zuhause für Pippa & Pelle

Kürbishaus

Material:

- 1 sehr großer Halloweenkürbis
- Schnitzmesser
- dünne Ästchen
- Moos
- Herbstlaub
- dünne kurze Nägel
- Löffel

Anleitung:
Höhle den Kürbis mit einem Löffel aus, zeichne Fensterchen und eine Tür vor und schneide diese mit einem scharfen Messer aus. • Stecke kleine Ästchen als Sprossen in die Fenster. Umrande die Türe mit Herbstlaub, die Blättchen werden mit den Nägelchen fixiert. • Kleide den Kürbisboden mit Moos aus, setze ein Teelicht in einem Teelichtglas in das Häuschen, alternativ kannst du auch einen batteriebetriebenen Lichterkettendraht als Lichtquelle benutzen. • Die gestrickten kleinen Zwerge wohnen sehr gerne in diesem Häuschen.

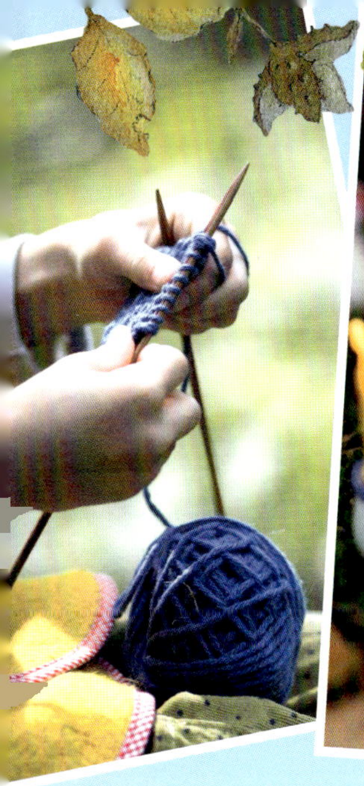

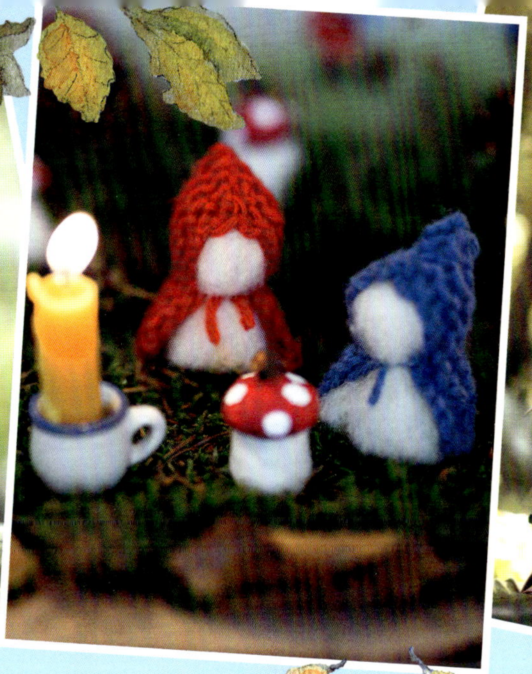

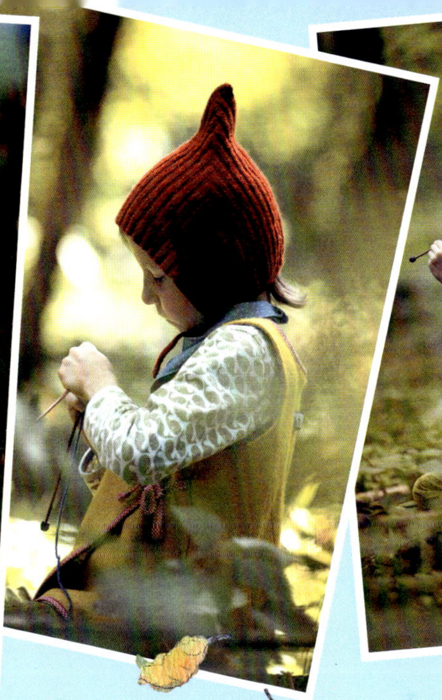

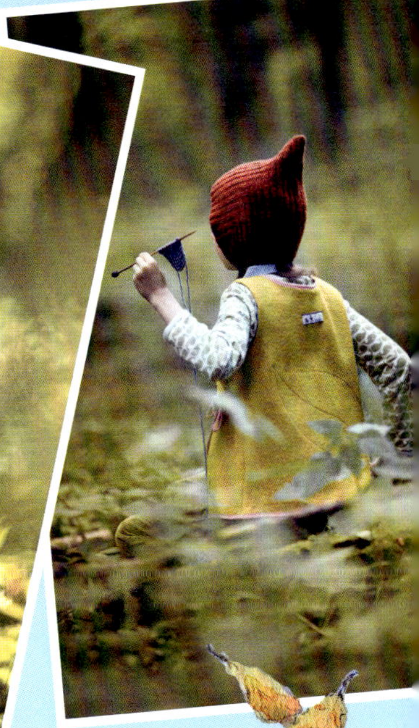

Strickwichtel

Material:

- 1 Knäuel Wolle Bergamo rot und blau
- Stricknadeln 3-3,5
- etwas naturfarbene Schafwolle

Anleitung:

Schlage 15 Maschen an und stricke im Muster rau rechts ein Quadrat. Kette die Maschen ab, falte das Quadrat mittig und schließe die obere Kante, sodass eine Wichtelkapuze entsteht. • Fülle das Gestrick mit etwas Schafwolle, fädle mittig ein Stückchen Strickgarn hindurch, ziehe es an und verknote die Enden vorne. • Schneide die Schafwolle am Boden gerade ab, sodass der Wichtel einen guten Stand hat. • Soll der Wichtel größer oder kleiner werden, verringere oder erhöhe die Anzahl der Maschen. Stricke jedoch immer ein Quadrat.

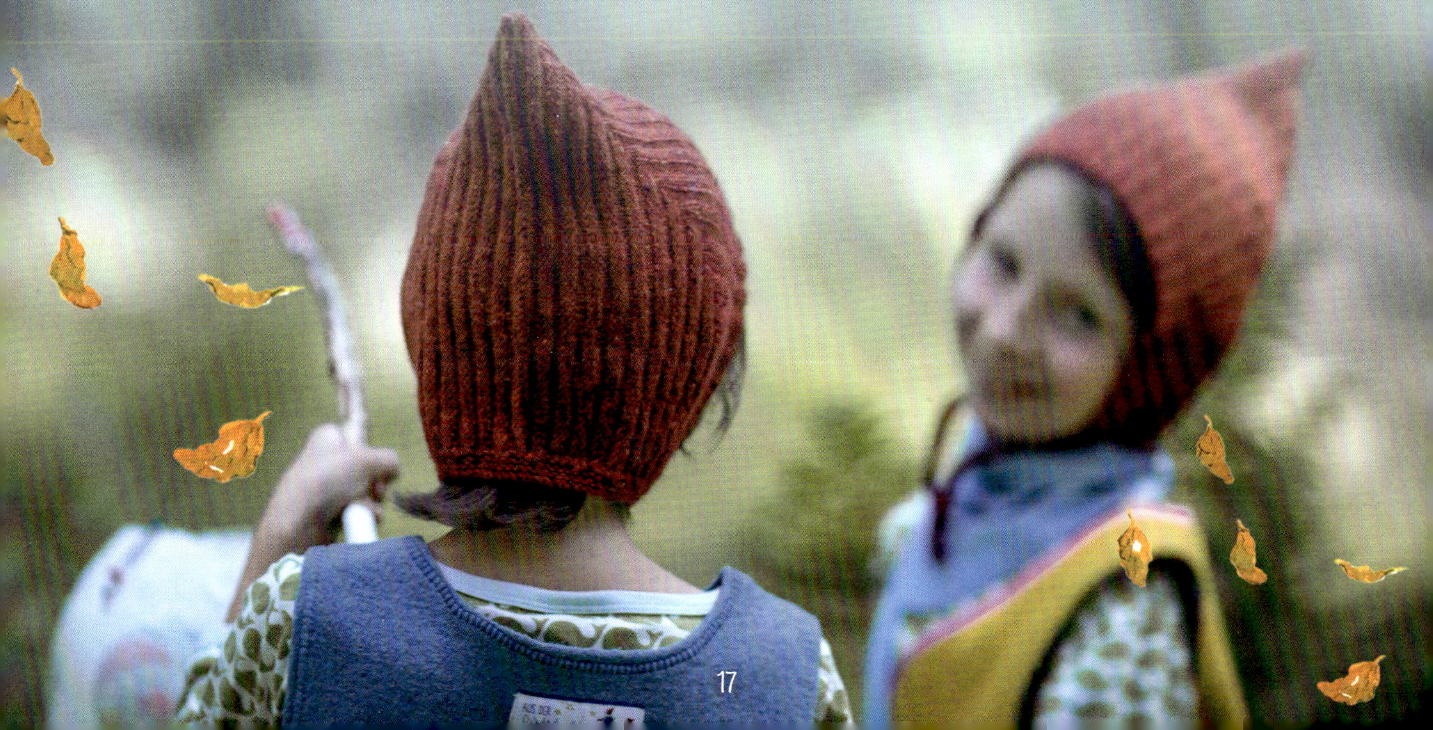

Wickelweste Pippa

Größe ca. 80/86 • Länge 32 cm
Schablone Nr. 6.1–7.2, Seite 104

Material:

- 0,50 m gekochte Wolle rot
- 0,10 m gekochte Wolle cremeweiß
- 0,40 m Baumwollstoff Wichtelminis
- 2,40 m Schrägband rot kariert 18 mm
- 1 Webetikett Meins- Rotkehlchen
- 0,10 m Satinkordel blau

Zuschnitt jeweils aus gekochter Wolle und Baumwollstoff:
• 2 x vorderes Wickelteil A + B • 1 x Rückenteil C • ca. 15-18 Kreise aus weißem Wollstoff, Durchmesser ca. 3,5 cm

Anleitung:
Wasche die Stoffe unbedingt vor dem Zuschnitt. Wasche die gekochte Wolle mit Wollwaschmittel in kaltem bis handwarmem Wasser von Hand. Wasche die Wolle mehrmals, sodass ggf. Farbreste austreten können! Die gekochte Wolle beim Waschen nicht drücken oder wringen, sondern nur durchs Wasser ziehen, nach der Wäsche abtropfen lassen und möglichst liegend trocknen. • Wasche den Baumwollstoff bei 40 ° in der Waschmaschine. • Schneide zwei ca. 20 cm lange Stücke Schrägband zurecht, falte diese, steppe sie knappkantig und knote jeweils ein Ende. Lege die vorderen Zuschnitte A + B überlappend rechts auf rechts an Zuschnitt C, die seitlichen Kanten und Schultern liegen aufeinander. • Schiebe eines der Schrägbandstücke an der linken Seite 3 cm vom oberen Rand entfernt zwischen die Stofflagen, das lange Stück ist nach innen gerichtet. • Lege die blaue Satinkordel zur Schlaufe und schiebe sie an der rechten Seite ca. 4-5 cm vom unteren Rand entfernt zwischen die Stofflagen, die Schlaufe ist nach innen gerichtet. • Steppe die Schulternähte sowie die beiden Seitennähte, fasse Schrägband und Kordelschlaufe mit. Ordne die weißen Kreise wunschgemäß verteilt auf der Außenseite des Leibchens an und steppe sie rund herum knappkantig fest. • Nähe das Webetikett ca. 2 cm vom Halsausschnitt entfernt mittig auf das Rückteil. Nähe nun die Futterteile ebenso zusammen, jedoch ohne Schrägband in der Seitennaht. • Lege Außen- und Futterteil rechts auf rechts, steppe die beiden Armausschnitte, schneide die Nahtzugaben etwas zurück, wende die beiden Teile links auf links und steppe die Armausschnitte knappkantig. • Nähe das zweite Stück Schrägband ca. 1,5 cm vom Armausschnitt entfernt an die rechte Innenseite direkt in den Nahtschatten. • Lege den übrigen Schrägbandanfang zusammen und steppe die ersten 18 cm knappkantig. • Nähe das Schrägband dann rund um die vordere Ausschnittkante und den rückseitigen Halsausschnitt bis an das Ende des zweiten Vorderteils. • Steppe hier das Schrägband wiederum ca. 18 cm am Ende aufeinander. • Verknote die beiden Schrägbandenden. • Tipp: Gekochte Wolle muss nur selten gewaschen werden, meist genügt es, wenn das Kleidungsstück an der frischen Luft ausgelüftet wird. Soll die Weste gewaschen werden, bitte nur mit Handwäsche kalt bis handwarm. • Das Kleidungsstück im Wasser nicht drücken oder wringen, gut abtropfen lassen und möglichst liegend trocknen. Nach dem Trocknen in Form ziehen und bei Bedarf mit einem schützenden Tuch dampfbügeln.

Wickelweste Brausewind

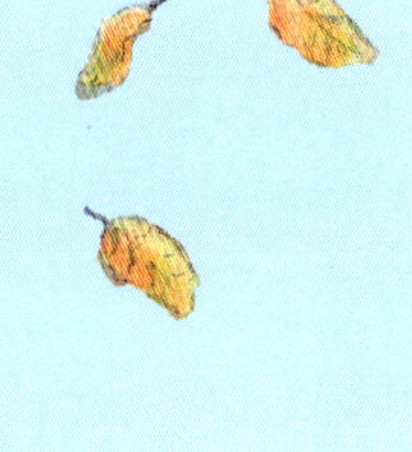

Größe ca. 122/128 • Länge 46 cm
Schablone Nr. 8.1–9.4, Seite 105

Material:

- 0,60 m gekochte Wolle rauchblau
- 0,50 m Baumwollstoff Brausewind
- 3,00 m Schrägband rot kariert 18 mm
- 0,10 m Webband Wichtelminis
- 1 Webetikett Wichtelwerkstatt rot
- 1 bezogener Knopf 25 mm Brausewind

Zuschnitt jeweils aus gekochter Wolle und Baumwollstoff:
• 2 x vorderes Wickelteil A + B • 1 x Rückenteil C

Anleitung:
(Siehe Weste Pippa mit folgenden Änderungen:) Falte ein Stückchen Webband und nähe es ca. 7 cm von der Unterkante entfernt in die linke Seitennaht. • Nähe kein Schrägbandstück zum Schließen mit in die Seitennaht des Wollzuschnitts, befestige stattdessen den bezogenen Knopf etwas unterhalb des Armausschnitts an die rechte Seitennnaht. • Am oben auf liegenden Vorderteil der Weste ist bei dieser Variante zum Schließen dann auch kein langes Stück Schrägband nötig. Das letzte Stückchen Schrägband, das wie auch bei der Pippa-Weste gesteppt wird, jedoch nur auf eine Länge von ca. 8 cm, wird stattdessen am Ende des Ausschnitts zur Schlaufe gelegt und so angepasst und festgenäht, dass der Knopf durch die Schlaufe passt. • Lediglich an den Innenseiten wird dieses Wickelleibchen mit den längeren Schrägbandstücken geschlossen. Beachte bitte die Pflegehinweise in der anderen Anleitung.

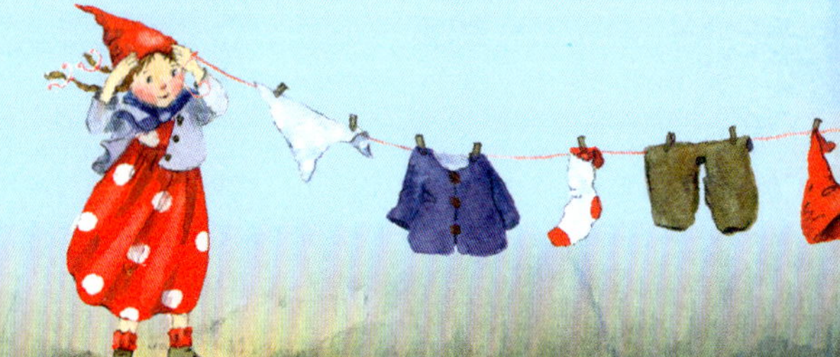

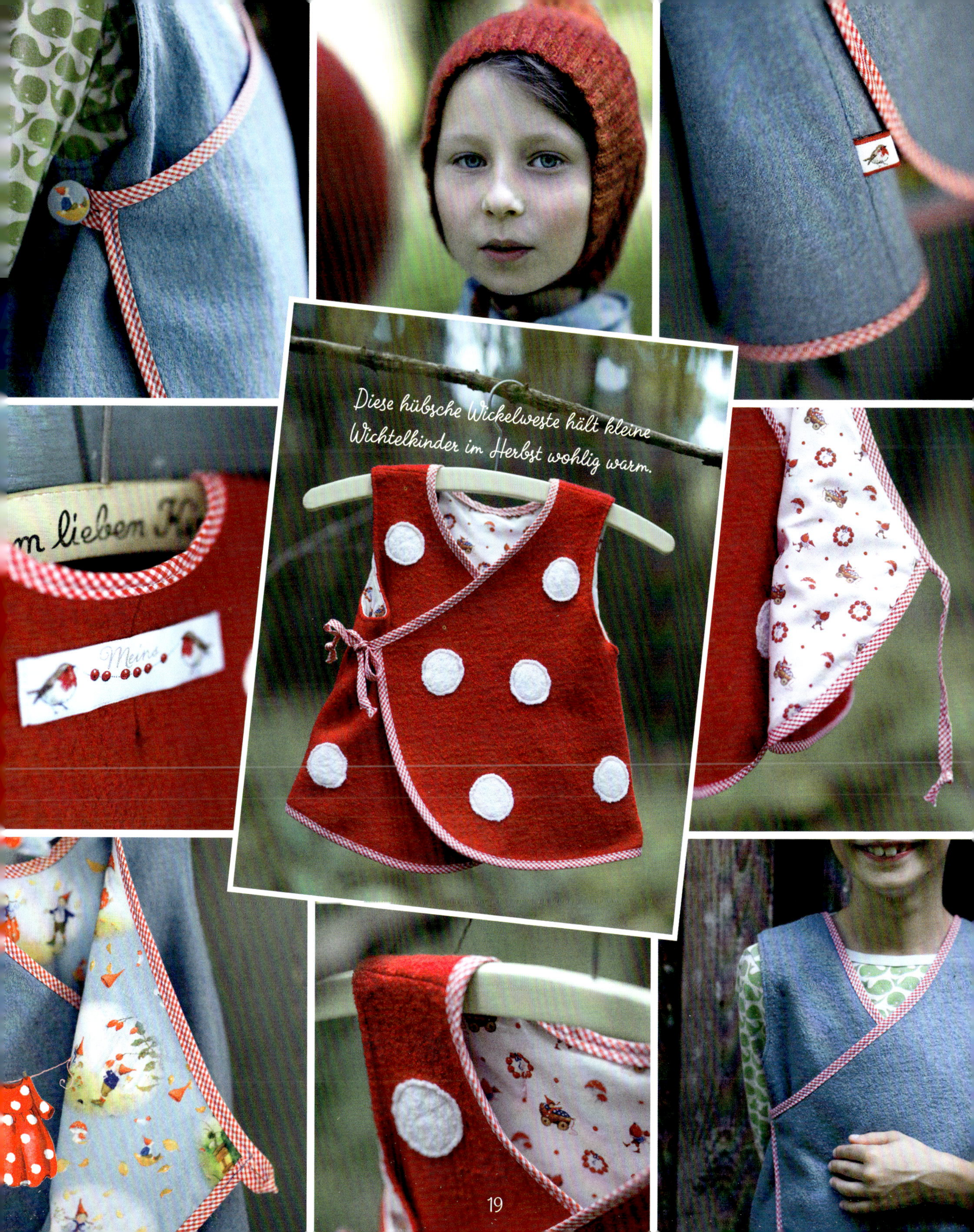
Diese hübsche Wickelweste hält kleine
Wichtelkinder im Herbst wohlig warm.
m lieben H
Meins

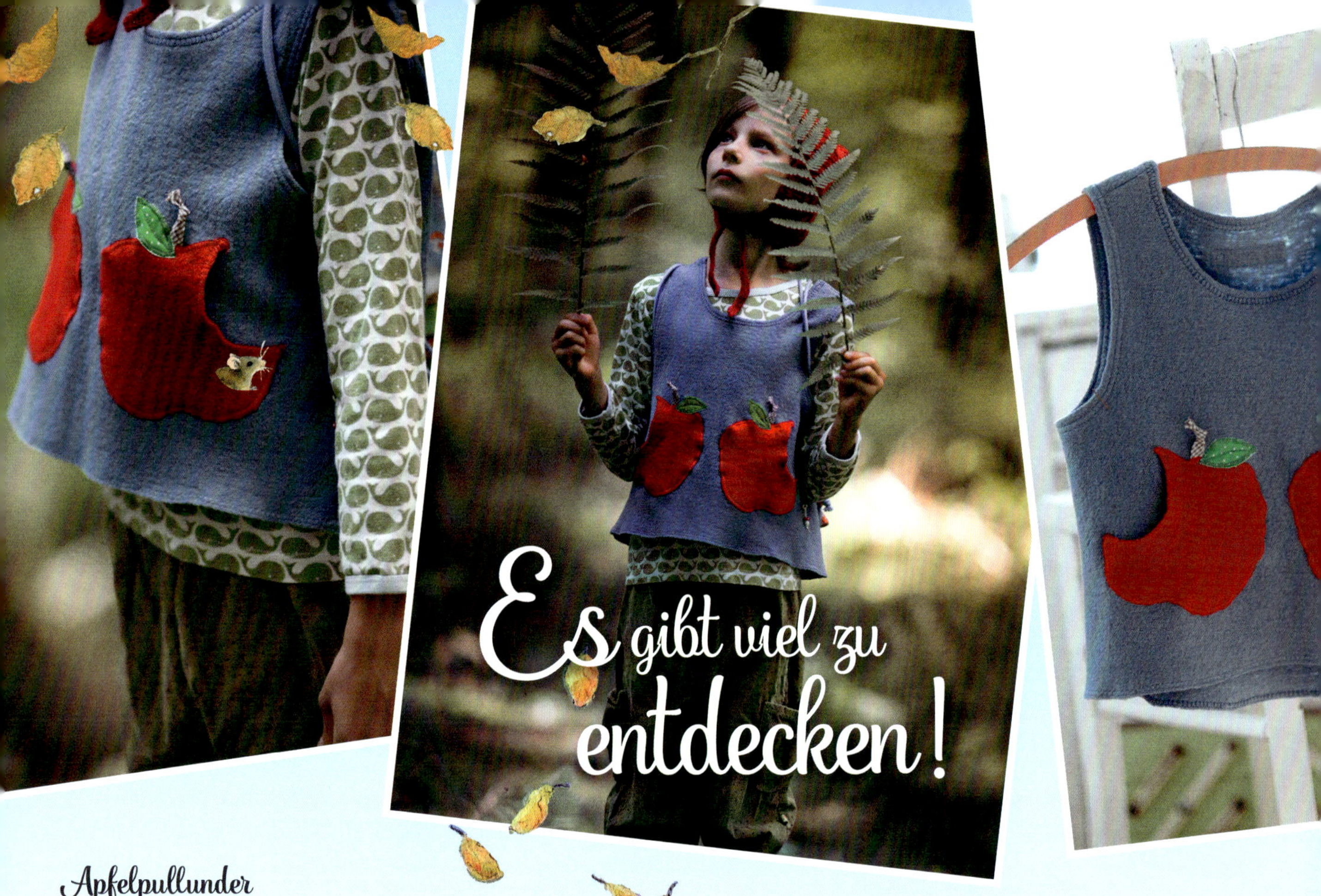

Apfelpullunder

Größe ca. 116/122 / Länge ca. 44 cm
Schablone Nr. 10.1–10.5, Seite 106

Material:

- 0,50 m gekochte Wolle rauchblau
- 0,15 m gekochte Wolle rot
- 0,10 m Baumwollstoff Tupfen grün-weiß
- 0,15 m Schrägband kariert, 18 mm
- 0,10 m Satinkordel blau
- 0,10 m Satinband weiß
- 1 Webetikett Wichtelwerkstatt blau
- 1 Glasfliegenpilz

Zuschnitt:

• 1 x Vorder- und Rückteil im Stoffbruch • 2 x Apfel • 2 x Blättchen • 2 x Stängel aus Schrägband

Anleitung:

Bitte die gekochte Wolle entsprechend der Hinweise bei der Weste Pippa vorab waschen! Halbiere das Schrägband, falte die Stücke, steppe diese knappkantig, knote jeweils ein Ende. • Versäubere die Apfeltaschenbissstellen, z.B. mit dem Overlock-Zierstich oder mit einem Zickzackstich. Nähe die Äpfel mit der Bissstelle (Tasche) nach außen gerichtet mit Overlock-Zierstich oder mit engem Zickzackstich leicht schräg gerichtet auf das Vorderteil, fasse dabei den Stängel oben mit, das Schrägbandende liegt dabei ca. 1 cm unter dem Apfel. • Lege die Blättchen an, steppe diese mit einer Mittelnaht fest und umrande sie zusätzlich mit sehr kleinem Zickzackstich. • Lege Vorder- und Rückenteil rechts auf rechts, schließe die Schulter- und Seitennähte, fasse dabei an einer Seite das zur Schlaufe gelegte blaue Kordelstückchen mit. • Wende den Pullunder, säume Halsausschnitt und Ärmelkanten mit dem Overlock-Zierstich oder mit einer Zwillingsnaht. • Die untere Kante kann offenkantig bleiben, auf Wunsch kannst du diese aber ebenso mit einer Ziernaht versehen. • Nähe das Webetikett mittig unterhalb des Halsausschnitts auf das Rückteil. Fädle den Glückspilz auf das doppelt gelegte weiße Satinbändchen, verknote die Enden unterhalb des Pilzes und befestige den Baumler an der seitlich angebrachten Satinkordelschlaufe.

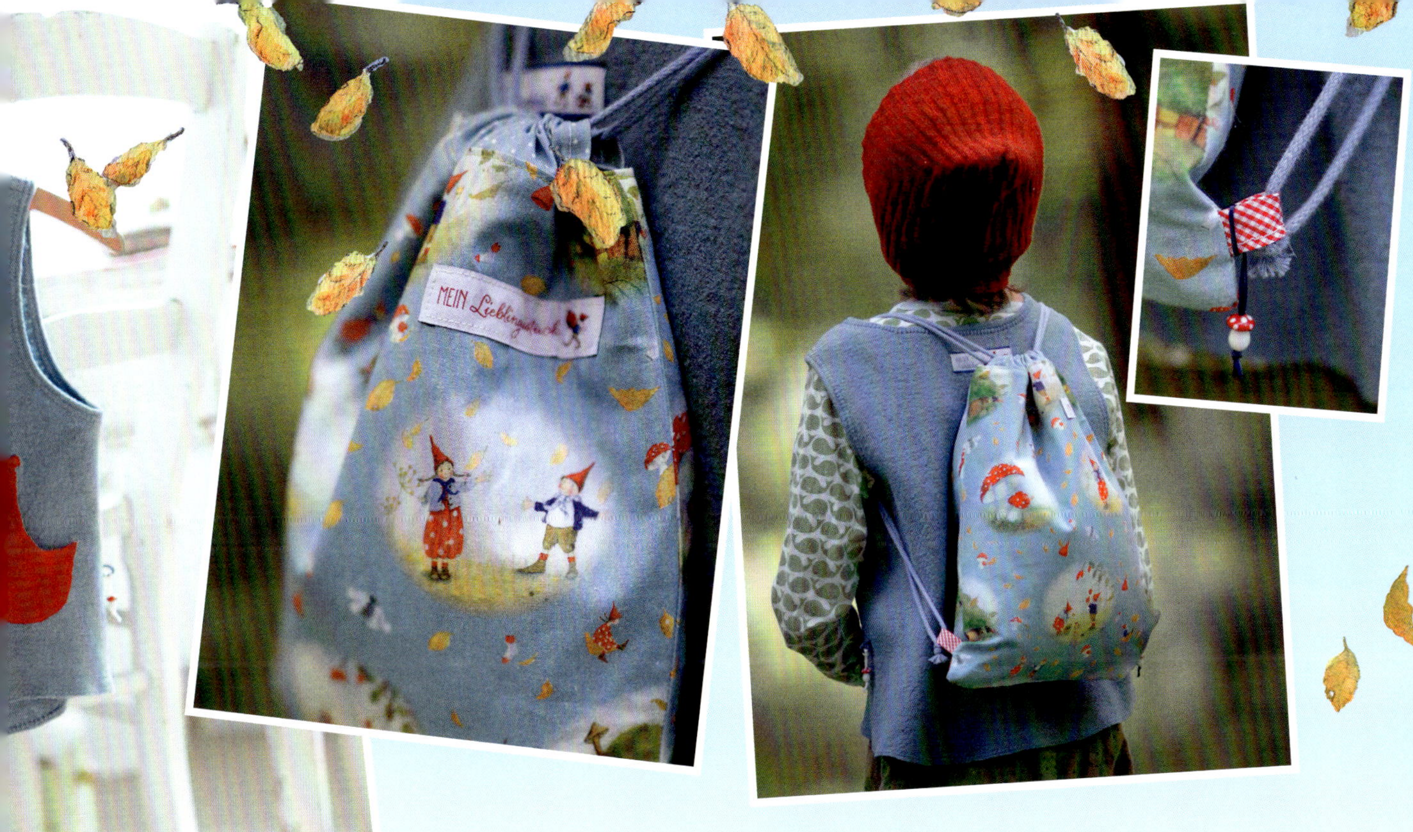

Rucksack/Turnbeutel Brausewind

Material:
- 0,40 m Baumwollstoff Brausewind
- 0,40 m Baumwollstoff Tupfen grün-weiß
- 0,10 m Baumwollstoff Tupfen graublau-weiß
- 0,40 m dünnes Volumenvlies
- 2,20 m Baumwollkordel blau
- 0,15 m Satinband blau
- 0,15 m Schrägband kariert rot-weiß 18 mm
- 1 Webetikett Mein Lieblingsstück-Pelle
- 1 Glasfliegenpilz

Zuschnitt inkl. Nz:
- 2 x Rucksack-Außenteile Brausewind, L 32 cm x B 27 cm
- 2 x Rucksack-Innenteile Tupfen grün-weiß, L 32 cm x B 27 cm
- 2 x Volumenvlies, L 32 cm x B 27 cm
- 2 x Tunnelzug Tupfen graublau-weiß, B 25 cm x L 8 cm
- 2 x Schrägband 7,5 cm
- 2 x Kordel à 1,10 m

Anleitung:
Nähe das Webetikett rechtsseitig oben auf einen der Brausewind-Zuschnitte. • Falte die Schrägbandzuschnitte und steppe diese knappkantig. • Stecke die beiden zur Schlaufe gelegten Schrägbandstücke ca. 3 cm von der Unterkante entfernt rechts und links an die seitlichen Stoffränder des Rucksack-Vorderteils, die Schlaufen sind nach innen gerichtet. • Lege die beiden äußeren Zuschnitte rechts auf rechts, steppe die beiden seitlichen und die untere Kante, fasse hierbei die Schrägbandschlaufen mit. • Hinterbügle die beiden Innenteil-Zuschnitte mit Volumenvlies und steppe die Innenteile ebenso wie die Außenteile aufeinander, lasse jedoch an einer der beiden Seiten im unteren Bereich eine ca. 10 cm lange Wendeöffnung. • Falte und bügle die Nahtzugaben der beiden Tunnelzug-Zuschnitte jeweils an den kurzen Seiten zwei Mal knapp nach innen, steppe die Säume. • Falte die beiden Tunnelzug-Zuschnitte der Breite nach mittig links auf links und lege diese mit den offenen Kanten nach oben gerichtet mittig rechts auf rechts an die oberen Kanten des Rucksack-Außenteils, fixiere zunächst mit Stecknadeln. • Stülpe das Rucksack-Innenteil rechts auf rechts über das äußere Säckchen, der Tunnelzug liegt dazwischen, entferne die Stecknadeln, fixiere mit diesen die drei Teile. • Steppe die obere Kante, wende den Rucksack durch die Wendeöffnung, schließe diese und stülpe das Innenteil in das Außenteil. • Ziehe jeweils ein langes Stück Kordel in der erforderlichen Länge mal von rechts, mal von links durch den Tunnelzug und die seitlichen Schlaufen, überprüfe die Passgenauigkeit, kürze bei Bedarf und verknote die Kordelenden. Schmücke die rechte Schlaufe mit einem Glückspilzchen.

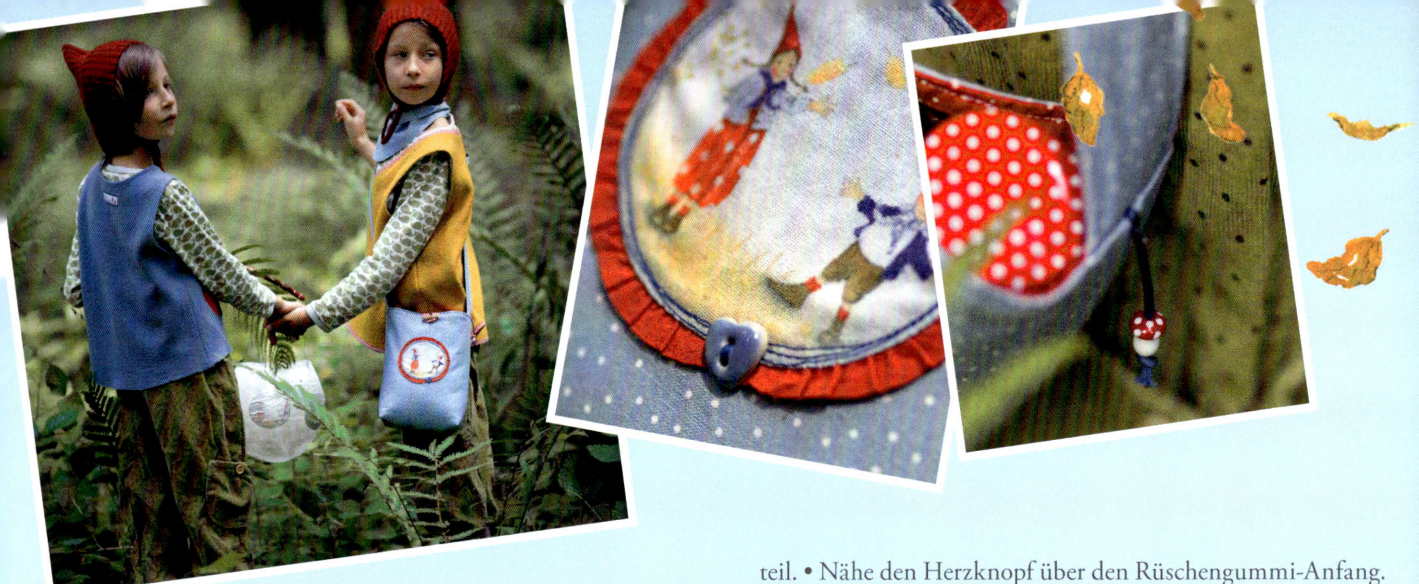

Brausewind-Tasche

Größe 21 x 22 cm

Material:

- 0,65 m Baumwollstoff Tupfen graublau-weiß
- 0,55 m Baumwollstoff Tupfen rot-weiß
- 0,25 m Baumwollstoff Brausewind (für ein Oval)
- 0,65 m Vlieseline
- 0,15 cm Schrägband kariert rot-weiß 18 mm
- 0,10 m Satinkordel blau
- 0,35 m Rüschenband Emma rot
- 1 Webetikett Mein Lieblingsstück
- 1 Knebelholzknopf
- 1 Herzknopf blau
- 1 Glasfliegenpilz

Zuschnitt inkl. Nz:

- Tupfen graublau-weiß, 24 cm x 52 cm
- Tupfen graublau-weiß, 95 cm* x 11 cm (*Taschenriemen länge ans Kind anpassen)
- Tupfen rot-weiß, 24 cm x 52 cm
- Vlieseline, 24 cm x 52 cm
- 1 Oval aus Stoff Brausewind

Anleitung:

Schneide dein Lieblingsoval aus dem Brausewindstoff aus, nähe das Rüschengummi rechts auf rechts knapp an die Außenkante, beginnend rechtsseitig knapp neben der unteren Ovalmitte, Anfang und Ende der Litze überlappen etwas und laufen schräg aus. • Schneide die Taschenteile aus, versäubere alle Kanten und nähe das Oval mit kontrastfarbenem Nähgarn in mehreren unregelmäßigen Runden ca. 7,5 cm vom oberen Taschenrand entfernt mittig auf das vordere Taschenteil. • Nähe den Herzknopf über den Rüschengummi-Anfang. Nähe das Webetikett ca. 5 cm von der oberen Kante entfernt mittig auf die rückwärtige Seite. • Hinterbügle den Taschenfutter-Zuschnitt mit der Vlieseline. Falte jeden Taschenzuschnitt jeweils der Länge nach rechts auf rechts aufeinander und steppe die Seitennähte, im Futterteil lasse an einer Seite, beginnend ca. 14 cm von der oberen Stoffkante entfernt, eine ca. 5-6 cm lange Wendeöffnung. • Nähe für den Taschenboden am Außen- sowie am Futterteil jeweils rechts und links die Ecken 3 cm von der Spitze entfernt gemessen ab. Hinterbügle den Trägerzuschnitt mit Vlieseline. Falte für den Träger den Baumwollstoff der Länge nach mittig rechts auf rechts und nähe diesen zu einem langen Schlauch zusammen. • Bügle die Nahtzugaben auseinander und wende den Träger. • Bügle den Schlauch noch einmal rechtsseitig, sodass die Naht genau in der hinteren Mitte liegt. Fixiere die beiden Enden mit einem Zickzackstich und steppe für eine schönere Optik und besseren Halt die Längskanten beidseitig knappkantig. • Falte das Schrägband, steppe es knappkantig, lege es mittig zur Schlaufe und fixiere es mit einigen Stichen an der Oberkante des rückwärtigen Taschenteils, die Schlaufe ist dabei zur Taschenmitte gerichtet. • Passe die Taschenträgerlänge an, stecke die Trägerenden rechts auf rechts an die seitlichen Nähte des Taschenvorderteils, achte hierbei darauf, dass sich die Nähte jeweils an derselben Stelle befinden, die Trägerenden ragen etwa 1 cm über die Oberkante der Tasche. • Fasse an der rechten Seite das Stückchen Satinkordel mit. Stülpe Taschenaußen- und -innenteil rechts auf rechts ineinander und nähe beide Teile an der oberen Kante zusammen, Träger und Knopfschlaufe liegen dabei zwischen beiden Lagen. • Achte darauf, dass die beiden Trägerkanten parallel zur Oberkante der Tasche liegen. Wende die Tasche durch die Wendeöffnung, schließe diese, stülpe das Innenteil in das Außenteil, dämpfe das Täschchen mit einem feuchten Tuch und steppe die obere Kante knappkantig. • Nähe den Knebelknopf mittig an das Vorderteil. • Fädle das Glaspilzchen auf die Kordel, fixiere es unterhalb mit einem Knoten.

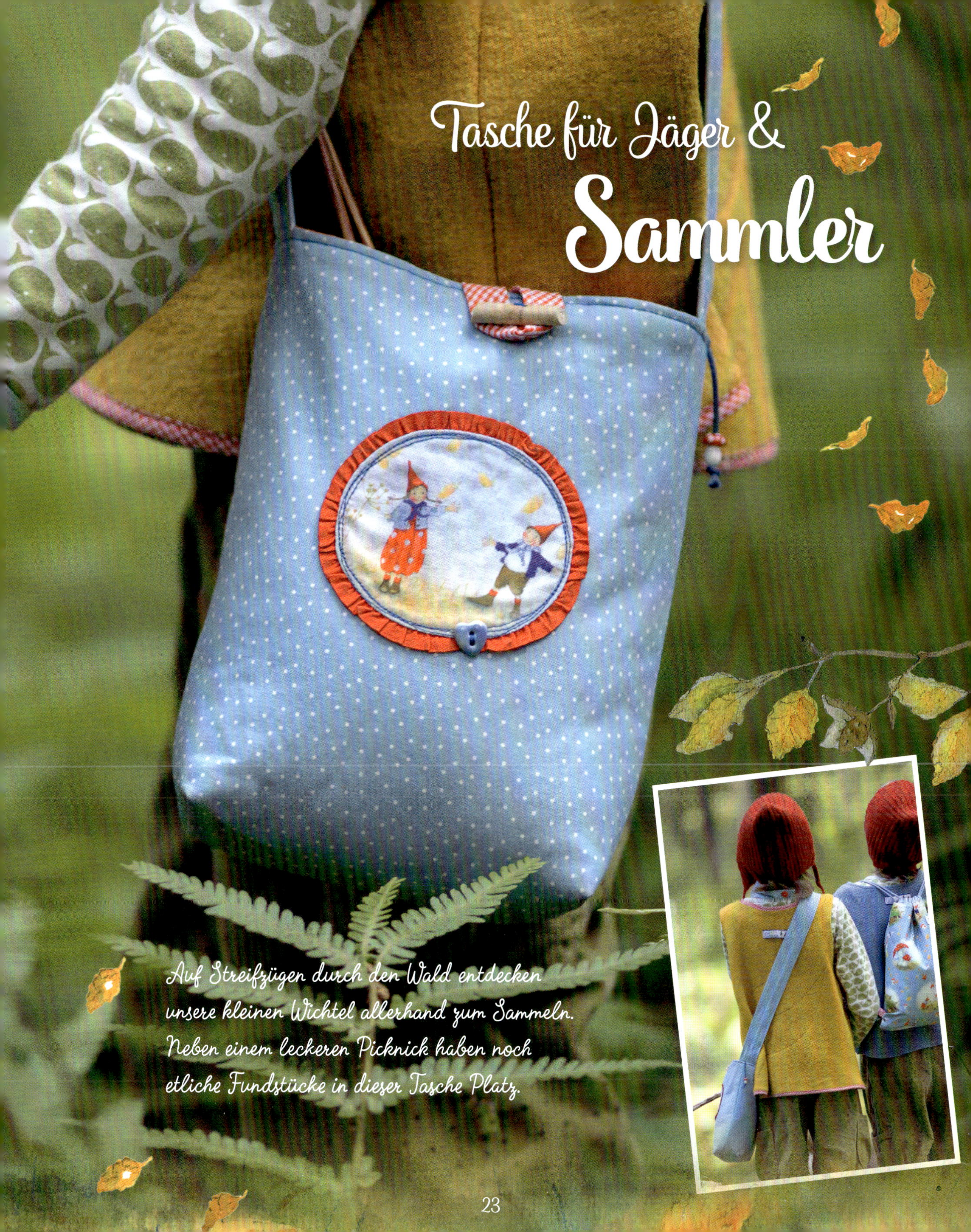

Tasche für Jäger & Sammler

Auf Streifzügen durch den Wald entdecken unsere kleinen Wichtel allerhand zum Sammeln. Neben einem leckeren Picknick haben noch etliche Fundstücke in dieser Tasche Platz.

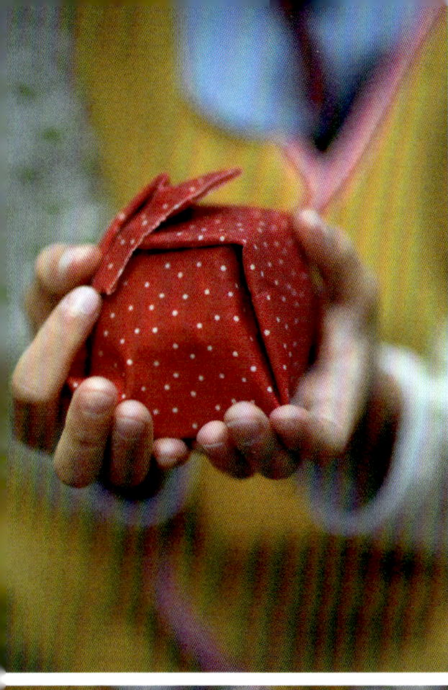

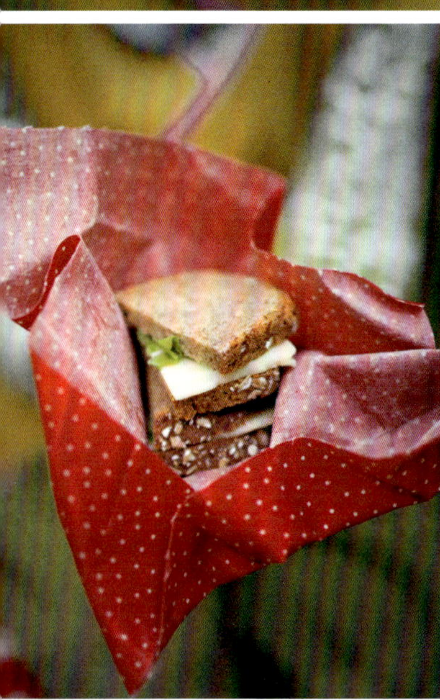

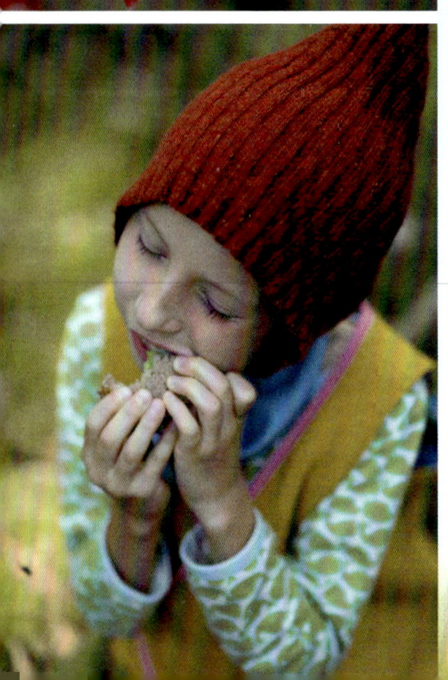

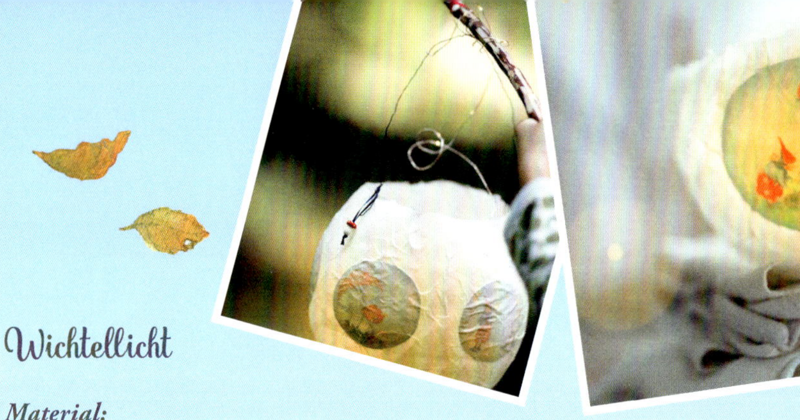

Wichtellicht

Material:
• Kleister • Luftballon • 2- 3 große Bögen weißes Transparentpapier für 1 Laterne • einige Ovale aus Stoff Brausewind • Draht • Ast • rote und weiße Bastelfarbe • 1 Wattestäbchen • Pinsel • 1 Glasfliegenpilz

Anleitung:
Puste den Luftballon bis zur gewünschten Größe auf. Zerreiße das Transparentpapier in kleine Stücke und klebe zwei Schichten der Schnipsel mit Kleister um den Ballon. • Ordne die ausgeschnittenen Stoffovale um den Ballon herum an, fixiere diese wie die Schnipsel mit Kleister und klebe eine dritte Schicht Transparentpapier-Schnipsel auf den Luftballon, sodass die Stoffovale überdeckt werden. • Lasse den Ballon trocknen, piekse ein kleines Loch in den Ballon, sodass die Luft entweicht und entferne den Ballon. • Für die Kinderlaterne steche rechts und links ein Loch an die obere Kante der Laterne, fädle die Drahtenden durch und verdrehe diese. • Befestige an eine Seite am Draht ein Glaspilzchen an einer Satinkordel. • ***Anleitung Laternenstab:*** Bemale das eine Ende eines Astes mit weißer Bastelfarbe, das andere mit roter. Tupfe mit Hilfe eines Wattestäbchen kleine weiße Pünktchen auf den roten Teil, schnitze eine Kerbe knapp hinter den roten Bereich, in der du den Draht der Laterne befestigen und verzwirbeln kannst. • Beleuchte die Laterne mit einem Teelicht im Glas oder mit Batterieteelicht oder -Lichterkette, das ist sicher.

Frischhalte-Bienenwachstücher

Material:
• vorgewaschene (ohne Weichspüler) Baumwollstoffzuschnitte in Wunschgröße • ca. 50 g reines Bienenwachs (mögl. vom Bio-Imker oder Granulat aus der Apotheke) • 1 Esslöfel Kokosöl oder Olivenöl • leeres Einmachglas • Topf • breiter Borstenpinsel (nicht haarend) • Backpapier • Backblech • Bügeleisen • Föhn • Holzspieß

Anleitung:
Gib das Bienenwachs in ein trockenes, sauberes Einmachglas und schmelze es im Wasserbad. Gib ca. 1 EL Olivenöl oder Kokosfett dazu, verrühre die Fette mit einem Holzspieß. Lege Backpapier auf ein Backblech und darauf einen oder mehrere Stoffzuschnitte. Pinsle das flüssige Wachs zügig über den Stoff, lege ein weiteres Backpapier darüber und bügle auf höchster Stufe, damit das Wachs gleichmäßig in den Stoff dringt. Entferne das obere Backpapier nach kurzem Abkühlen und lasse die Bienenwachstücher vollständig erkalten. Föhne die Tücher nochmal kurz heiß. Bienenwachs-Frischaltetücher lassen sich mit Handwärme gut formen. Nach Gebrauch mit warmem Wasser, bei Bedarf auch mit etwas Spülmittel abwaschen. Die Tücher eignen sich für Pausenbrote, zum Abdecken von Gläsern und Schüsseln, zum Einwickeln von angeschnittenen Zwiebeln, Käse usw. Wegen Bakterien keinesfalls rohes Fleisch einwickeln!

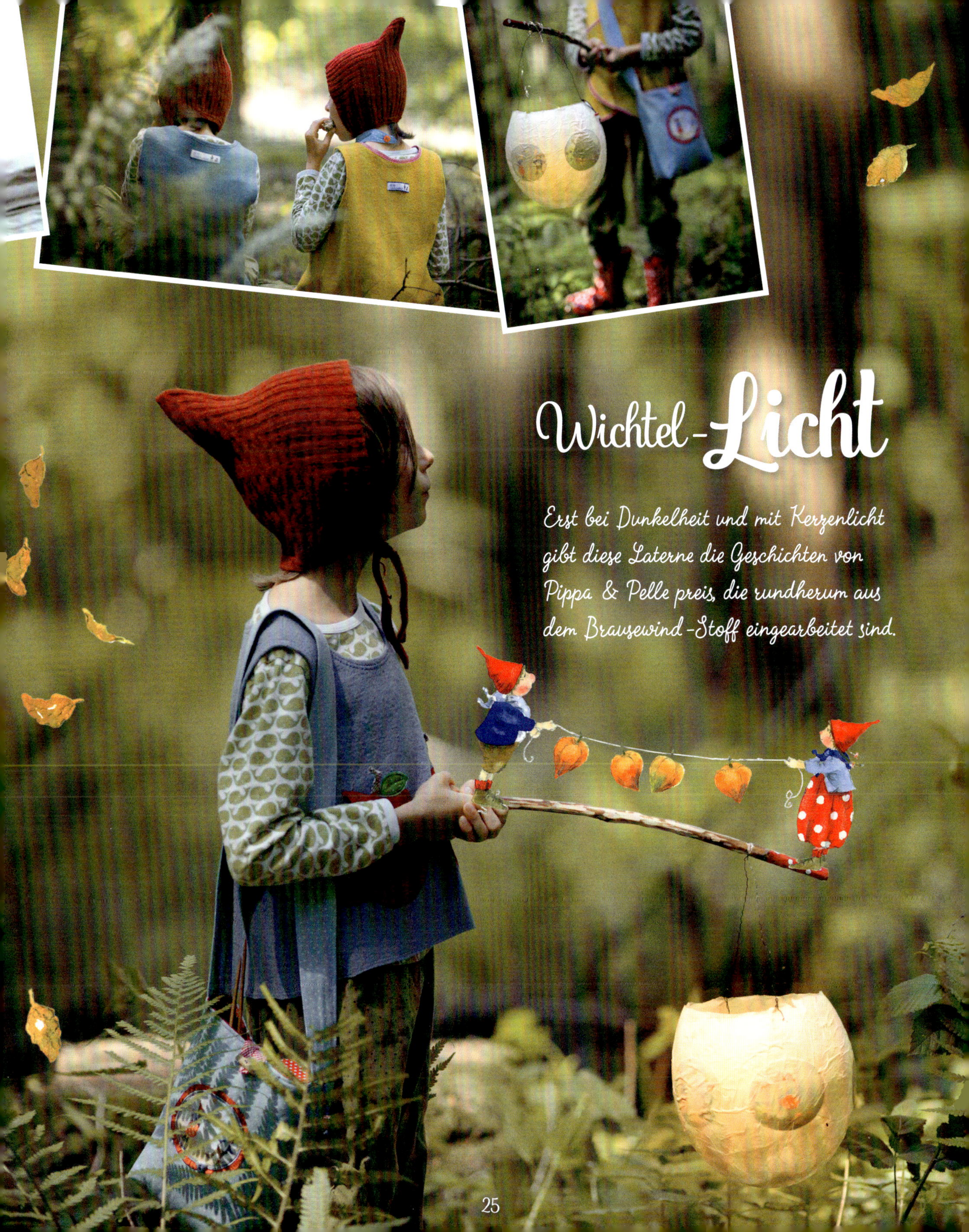

Wichtel-Licht

Erst bei Dunkelheit und mit Kerzenlicht gibt diese Laterne die Geschichten von Pippa & Pelle preis, die rundherum aus dem Brausewind-Stoff eingearbeitet sind.

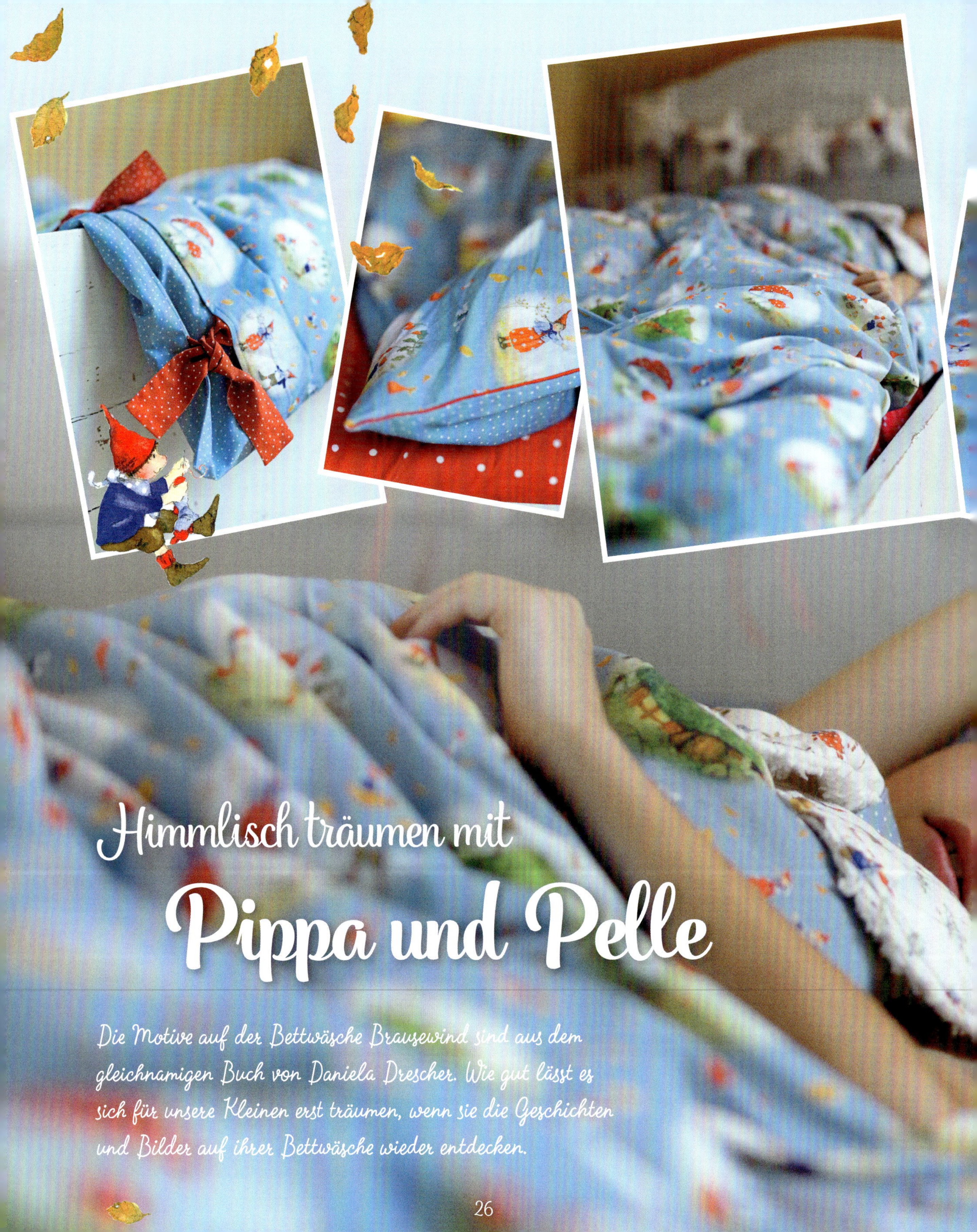

Himmlisch träumen mit Pippa und Pelle

Die Motive auf der Bettwäsche Brausewind sind aus dem gleichnamigen Buch von Daniela Drescher. Wie gut lässt es sich für unsere Kleinen erst träumen, wenn sie die Geschichten und Bilder auf ihrer Bettwäsche wieder entdecken.

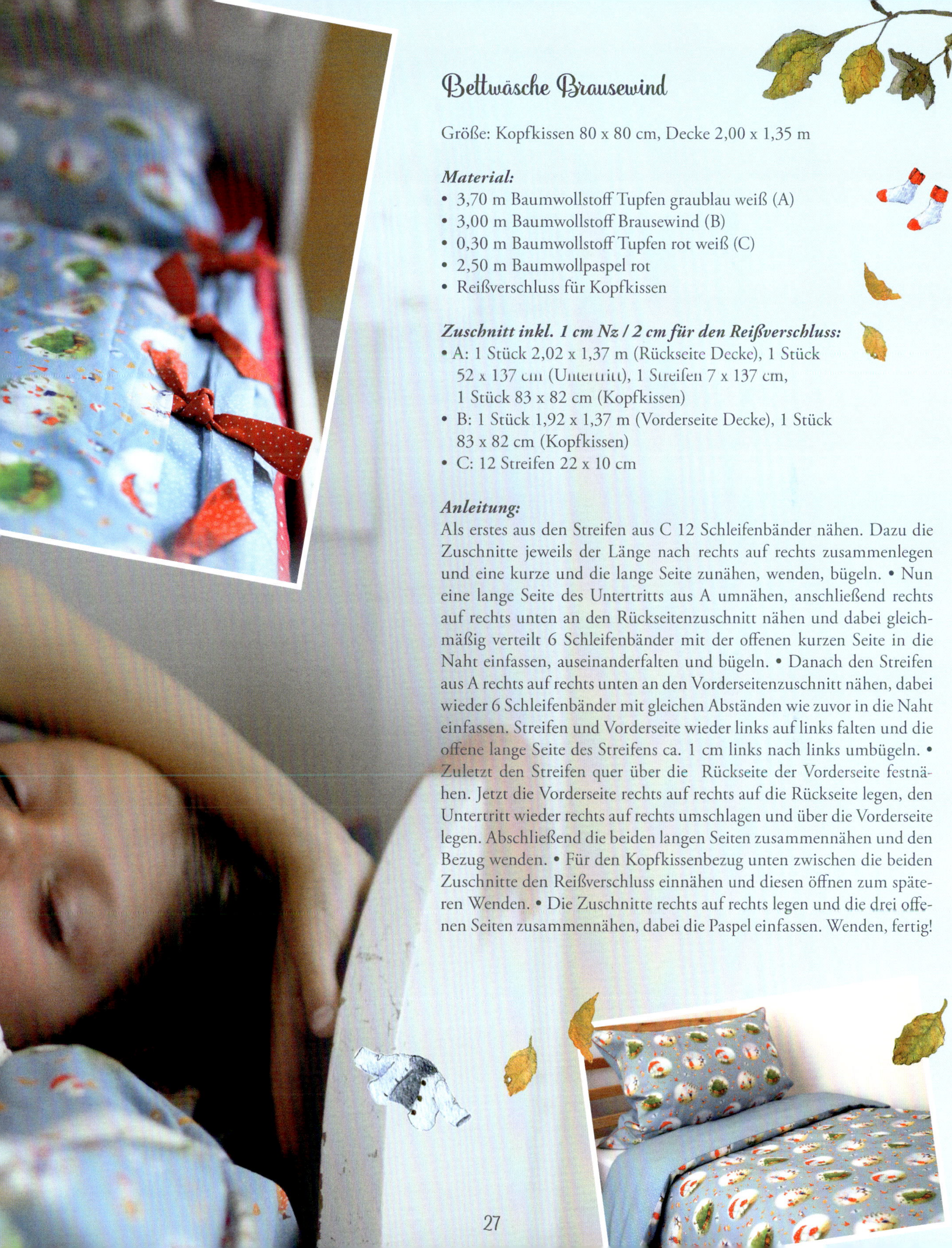

Bettwäsche Brausewind

Größe: Kopfkissen 80 x 80 cm, Decke 2,00 x 1,35 m

Material:

- 3,70 m Baumwollstoff Tupfen graublau weiß (A)
- 3,00 m Baumwollstoff Brausewind (B)
- 0,30 m Baumwollstoff Tupfen rot weiß (C)
- 2,50 m Baumwollpaspel rot
- Reißverschluss für Kopfkissen

Zuschnitt inkl. 1 cm Nz / 2 cm für den Reißverschluss:

- A: 1 Stück 2,02 x 1,37 m (Rückseite Decke), 1 Stück 52 x 137 cm (Untertritt), 1 Streifen 7 x 137 cm, 1 Stück 83 x 82 cm (Kopfkissen)
- B: 1 Stück 1,92 x 1,37 m (Vorderseite Decke), 1 Stück 83 x 82 cm (Kopfkissen)
- C: 12 Streifen 22 x 10 cm

Anleitung:

Als erstes aus den Streifen aus C 12 Schleifenbänder nähen. Dazu die Zuschnitte jeweils der Länge nach rechts auf rechts zusammenlegen und eine kurze und die lange Seite zunähen, wenden, bügeln. • Nun eine lange Seite des Untertritts aus A umnähen, anschließend rechts auf rechts unten an den Rückseitenzuschnitt nähen und dabei gleichmäßig verteilt 6 Schleifenbänder mit der offenen kurzen Seite in die Naht einfassen, auseinanderfalten und bügeln. • Danach den Streifen aus A rechts auf rechts unten an den Vorderseitenzuschnitt nähen, dabei wieder 6 Schleifenbänder mit gleichen Abständen wie zuvor in die Naht einfassen. Streifen und Vorderseite wieder links auf links falten und die offene lange Seite des Streifens ca. 1 cm links nach links umbügeln. • Zuletzt den Streifen quer über die Rückseite der Vorderseite festnähen. Jetzt die Vorderseite rechts auf rechts auf die Rückseite legen, den Untertritt wieder rechts auf rechts umschlagen und über die Vorderseite legen. Abschließend die beiden langen Seiten zusammennähen und den Bezug wenden. • Für den Kopfkissenbezug unten zwischen die beiden Zuschnitte den Reißverschluss einnähen und diesen öffnen zum späteren Wenden. • Die Zuschnitte rechts auf rechts legen und die drei offenen Seiten zusammennähen, dabei die Paspel einfassen. Wenden, fertig!

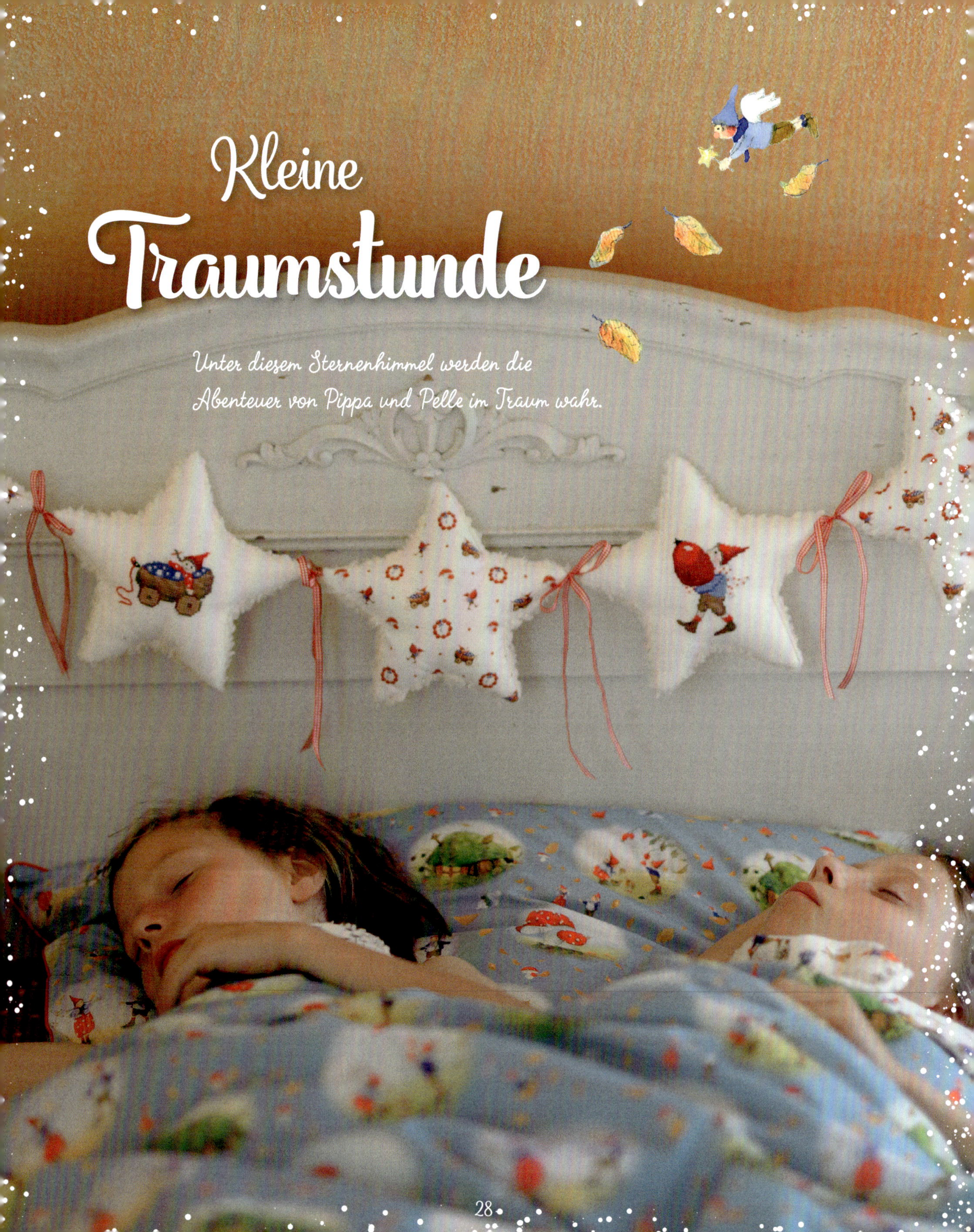

Kleine Traumstunde

Unter diesem Sternenhimmel werden die Abenteuer von Pippa und Pelle im Traum wahr.

Sternengirlande

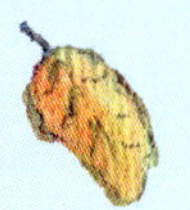

Größe: 20 x 90 cm
Stickereigröße: Wagen 5,5 x 7 cm, Pelle 8 x 6 cm
Stickmuster Seite 94
Schablone Nr. 11, Seite 107

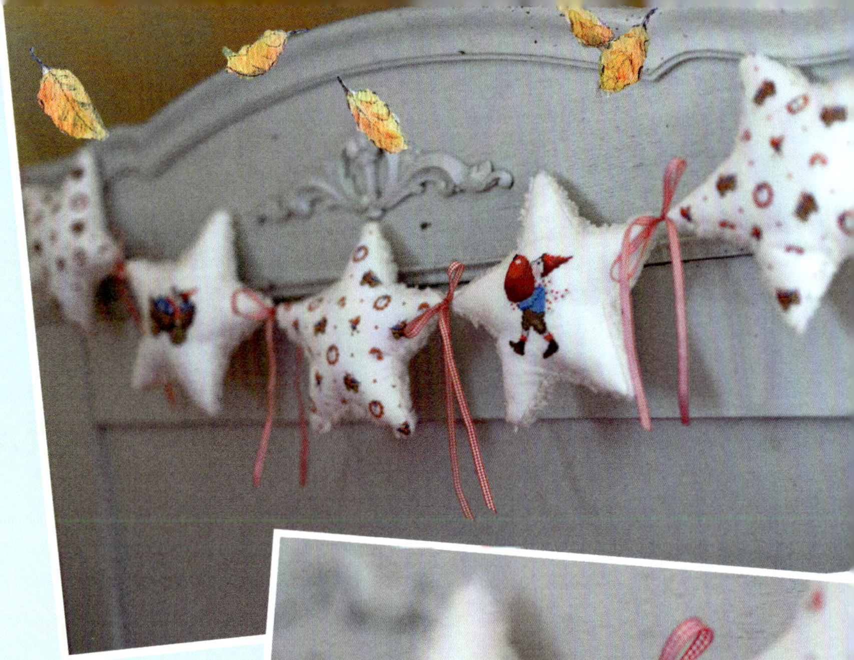

Material:
- 0,30 m Stickleinen creme-weiß gebleicht (A)
- 0,30 m Baumwollstoff Wichtelkinder (B)
- 0,30 m Teddyplüsch (C)
- 0,30 m Vlieseline (D)
- 5,00 m Karo-Band Mini-Vichy rot-weiß 5 mm (E)
- 1 Beutel Füllwatte
- Stickgarne

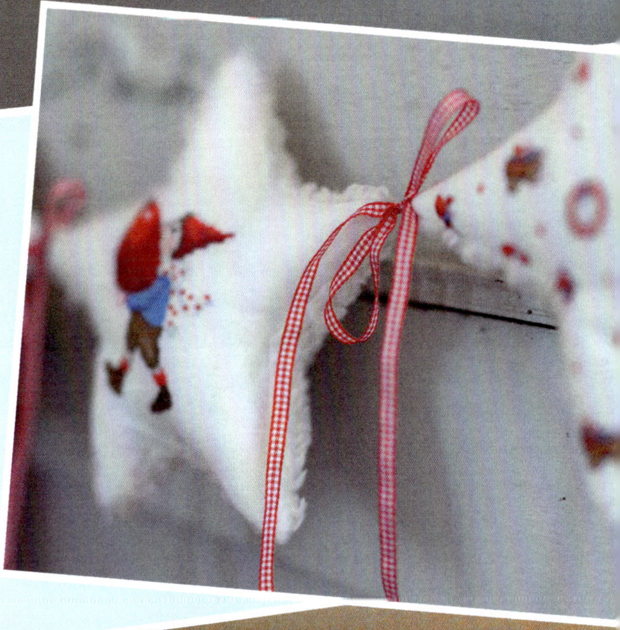

Zuschnitt inkl. Nz:
- A und D: jeweils zwei Teile 0,30 x 0,30 m
- B: drei Teile 0,30 x 0,30 m
- C: fünf Teile 0,30 x 0,30 m
- E: 2 Stücke à 1 m, 8 Stücke à 30 cm

Anleitung:
Sticke die beiden Motive mittig auf A und übertrage anschließend die Schablone auf die Rückseite. • Schneide den Stern zzgl. Nahtzugabe aus und bügle die Vlieseline auf die Rückseite. • Übertrage dann die Schablone auf die Rückseiten der Zuschnitte B und schneide sie ebenfalls zzgl. Nahtzugabe aus. • Lege nun die Sternvorderseiten jeweils rechts auf rechts auf ein Teil C. • Für die Aufhängung bekommen die drei mittleren Sterne an den beiden „Ärmchen" links und rechts jeweils ein kurzes Stück E. Das Band dazu nach innen zwischen die beiden Stoffteile legen und beim Zusammennähen des Sterns in die Naht einfassen. • Damit die Bänder fest eingenäht werden können und die Sterne anschließend stabil miteinander verbunden sind, werden die beiden „Ärmchen" nicht spitz, sondern leicht, ca. 0,5 cm vor der Spitze abgenäht, zusammengenäht, siehe dazu die Markierung auf der Schablone. • Die beiden äußeren Sterne bekommen am äußeren „Ärmchen" jeweils ein zur Hälfte zusammengelegtes langes Band E. Es hängen dann zwei Enden zu jeweils 50 cm heraus, mit denen du die Girlande aufhängen kannst. An dem anderen „Ärmchen" ebenfalls ein kurzes Stück E einnähen wie oben beschrieben. • Alle Sterne mit einer Wendeöffnung ringsum zusammennähen, wenden, mit Watte füllen und die Wendeöffnung schließen. • Dann die Sterne miteinander zur Girlande verbinden und einen extra schönen Platz für das besondere Schmuckstück suchen!

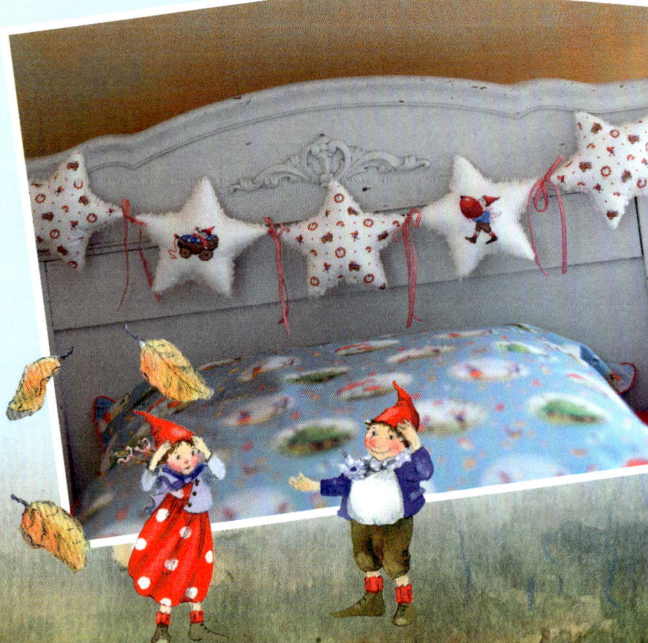

Leise rieselt der Schnee

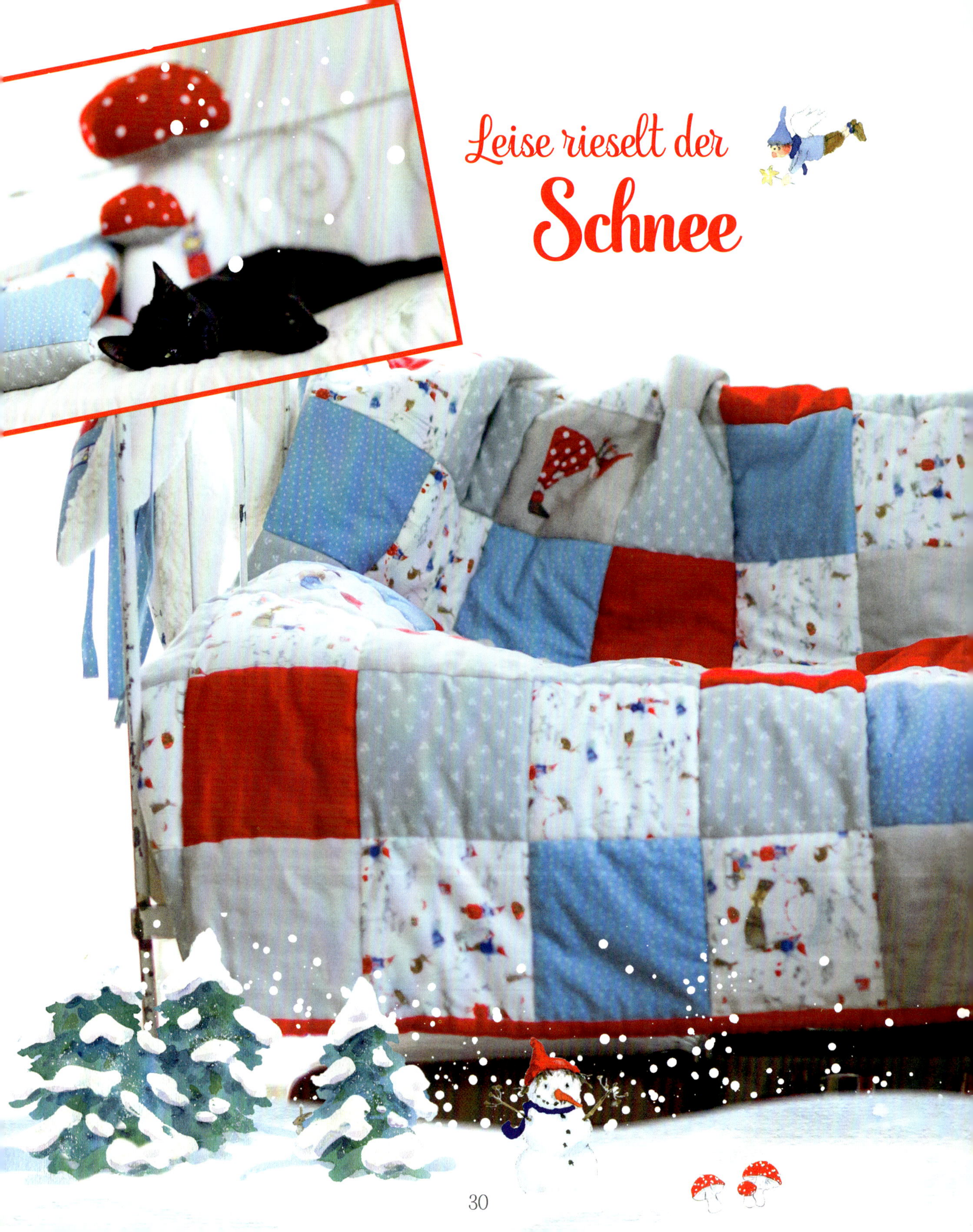

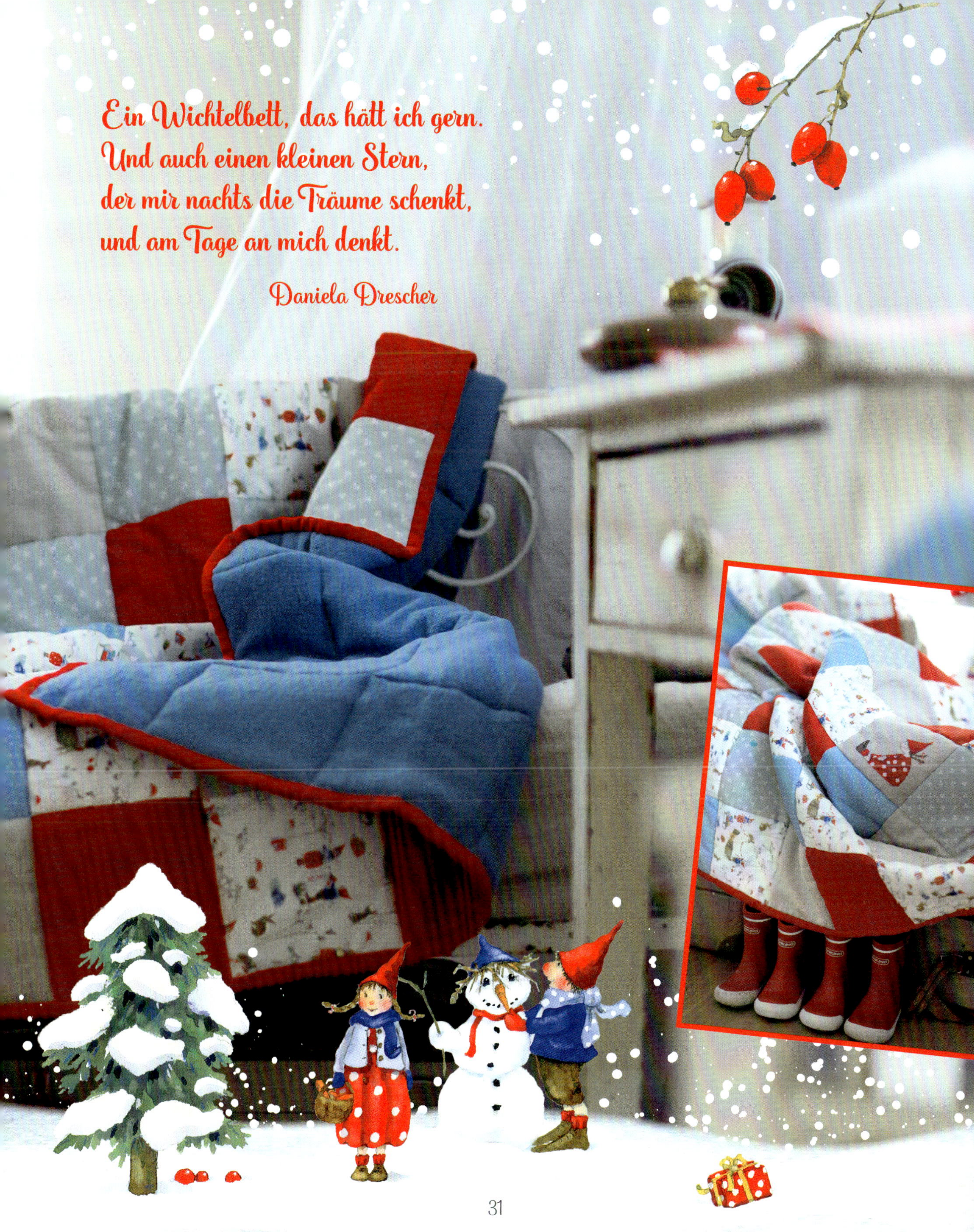
Ein Wichtelbett, das hätt ich gern.
Und auch einen kleinen Stern,
der mir nachts die Träume schenkt,
und am Tage an mich denkt.
Daniela Drescher

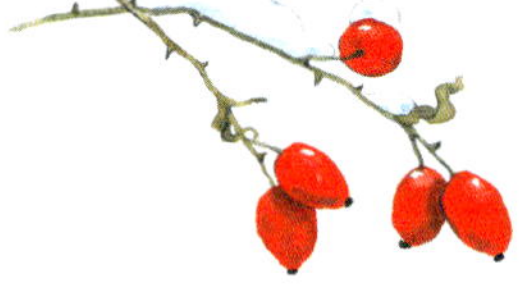

Patchworkdecke

Größe: 196 x 140 cm / Stickereigröße: 10 x 9 cm
Stickmuster Seite 92

Ein Wort vorab:
Diese Decke ist ein wunderbares Werkstück. Sei gut zu ihr und gib sie bei Bedarf in die chemische Reinigung.

Material:
- 0,20 m Stickleinen natur (A)
- 0,85 m Leinenstoff rot (B)
- 0,55 m Leinenstoff natur (C)
- 0,40 m Baumwollstoff Tupfen graublau-weiß (D)
- 0,90 m Baumwollstoff Schneewiese (E)
- 0,75 m Baumwollstoff Blättchen grau (F)
- 2,00 m Volumenvlies
- 2,20 m gekochte Wolle graublau (G)
- Stickgarne

Zuschnitt inkl. 1 cm N:
- A: 4 Stücke 20 x 20 cm
- alle weiteren Teile für die Vorderseite entsprechend der Schemazeichnung zuschneiden, alle Quadrate 16 x 16 cm
- G: 200 x 140 cm (Rückseite)
- Volumenvlies: 196 x 140 cm (Rückseite)
- B: 5 Streifen 5 x 140 cm (Rand)

Anleitung:
Sticke auf die vier Stücke aus A jedes Motiv von Seite 92 mittig auf. Anschließend kurz von Hand durchwaschen und auf 16 x 16 cm zurechtschneiden. • Nähe die Teile für die Vorderseite gemäß der Schemazeichnung zusammen. • Die Vorderseite auf das Volumenvlies reihen, anschließend links auf links auf die Rückseite aus G legen. Erneut mehrfach alle drei Lagen reihen und entlang der Nähte auf der Vorderseite durchsteppen. • Zuletzt ringsum mit einem Rand aus den Streifen aus B einfassen. Hierfür wird nach dem Begradigen der Schnittkanten die Näharbeit mit dem sogenannten Rand-Binding eingefasst. • Nähe einzelne Streifen mit schrägen Nähten zu einem Band zusammen, das um die ganze Näharbeit reicht. Schlage den Anfang im 45° Winkel zur linken Stoffseite ein (Bild 1) und falte den Streifen der Länge nach auf die Hälfte, die rechte Seite liegt außen, anschließend bügeln. • Lege die Einfassung oben auf die Näharbeit und nähe das Band an (Bild 2 + 3). • Beginne die Naht 10 cm hinter dem Bandanfang. Um eine Ecke zu nähen, stoppe 0,75 cm vor der Kante. Drehe die Näharbeit um 90° gegen den Uhrzeigersinn, schlage den Streifen im 90° Winkel nach oben und falte den Streifen entlang der nächsten Kante nach unten (Bild 4). • Nähe nun die zweite Kante an. Verfahre so mit allen Kanten. Wenn du wieder am Anfang ankommst, schiebe das Ende des Einfassstreifens in den gefalteten Anfang (Bild 5). Schlage zum Schluss den Streifen auf die Rückseite und nähe ihn dort von Hand mit feinen Stichen fest (Bild 6).

Rand-Binding

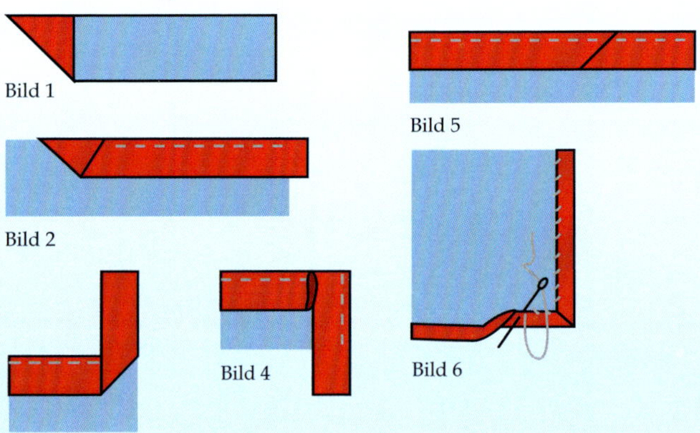

F	E	B	F	E	C	D	E	B	F
B	F	E	C	D	B	E	F	C	E
C	D	A	B	E	F	C	B	E	F
F	B	E	F	C	D	E	A	F	B
E	C	F	B	E	F	B	D	C	E
D	E	C	F	D	E	C	F	E	B
C	F	E	C	E	B	F	E	D	C
E	B	D	E	F	C	D	B	F	E
F	C	F	B	E	F	E	F	E	D
B	E	A	D	C	E	B	C	F	E
E	C	F	E	B	D	A	E	B	C
F	B	E	D	F	E	F	C	E	F
E	F	C	F	E	B	D	E	F	B
B	D	E	C	F	E	F	B	C	E

A 4x / B 24x / C 23x / D 16x / E 40x / F 33x
(insgesamt 140 Stück)

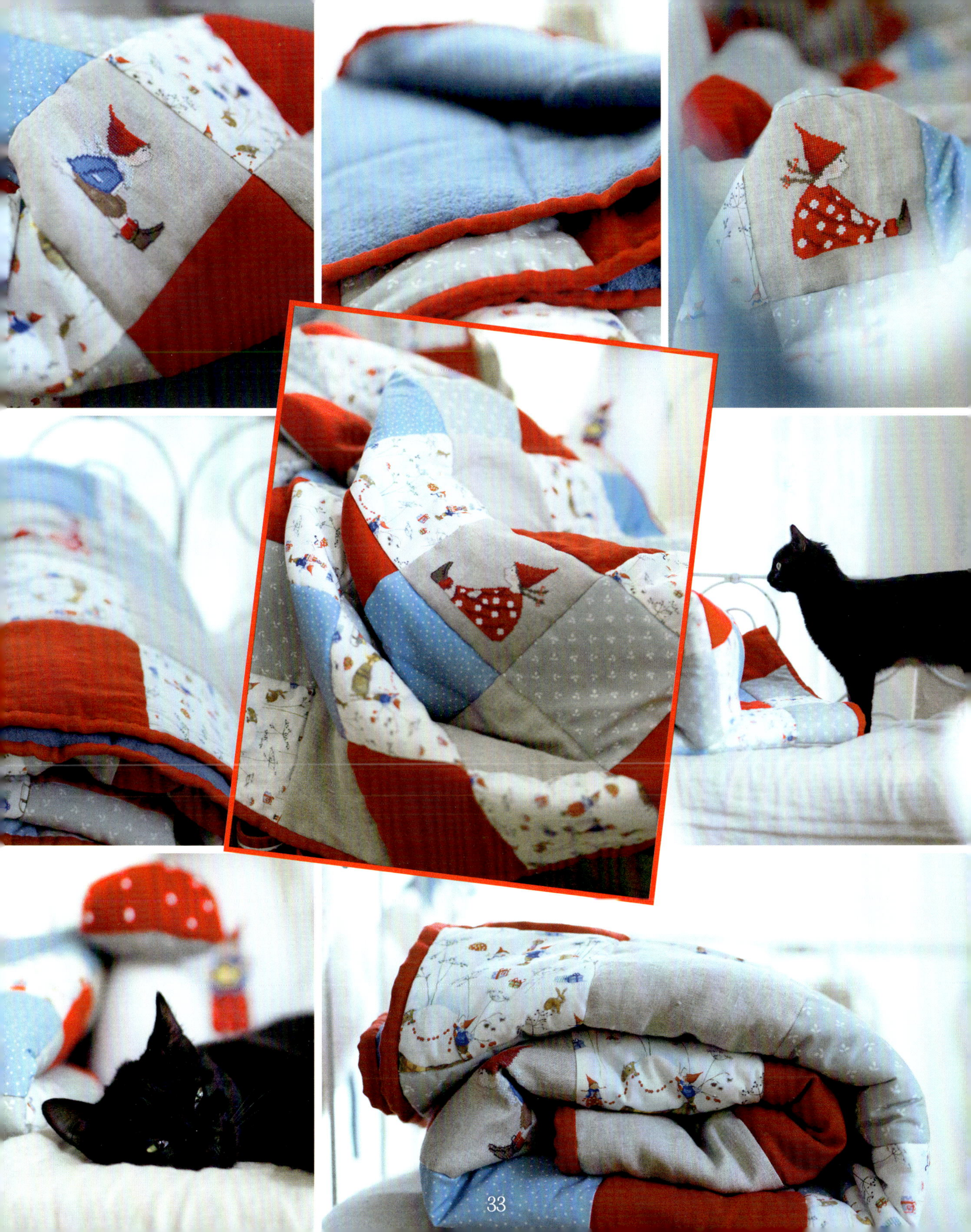

Patchworkkissen

Größe: 40 x 80 cm
Stickereigröße: 10 x 9 cm
Stickmuster Seite 92

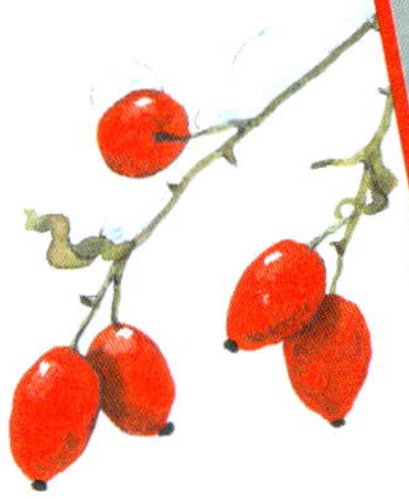

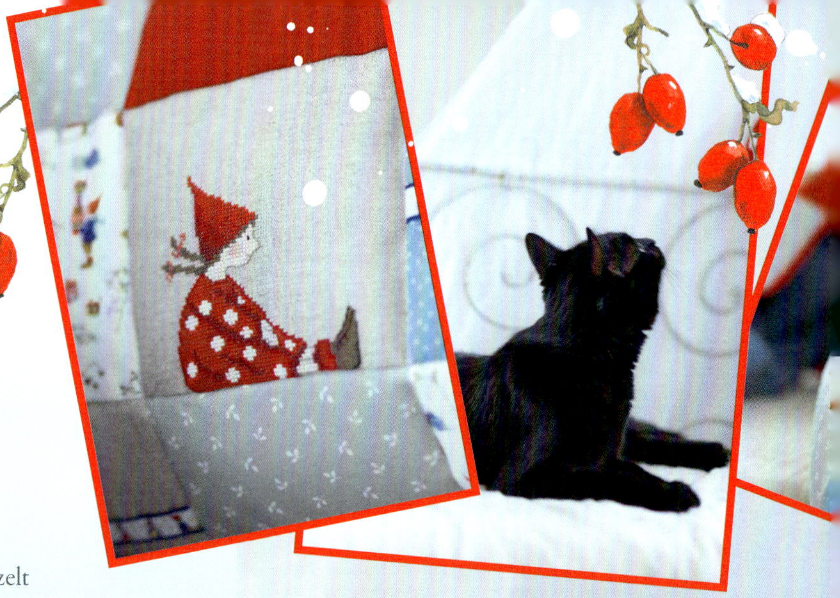

Material:

- 0,20 m Stickleinen natur (A)
- 0,30 m Leinenstoff rot (B)
- 0,20 m Leinenstoff natur (C)
- 0,50 m Leinenstoff blau (D)
- 0,50 m Baumwollstoff Tupfen graublau-weiß (E)
- 0,50 m Baumwollstoff Schneewiese (F)
- 0,20 m Baumwollstoff Blättchen grau (G)
- 0,45 m Volumenvlies
- 0,60 m Webband Pippa und Pelle unterm Sternenzelt
- Stickgarne
- Reißverschluss
- Kissenfüllung 40 x 80 cm

Zuschnitt inkl. 1 cm Nz / 2 cm für den Reißverschluss:

- A: zwei Stücke 20 x 20 cm
- alle weiteren Teile für die Vorderseite entsprechend der Schemazeichnung zuschneiden
- F zusätzlich: 42 x 82 cm
- Volumenvlies: 42 x 82 cm
- Webband: 3 Stücke à 16 cm
- D: ein Stück 38 x 82 cm, ein Stück 8 x 82 cm (Rückseite)
- B: 2 Streifen 5 x 140 cm (Rand)

Anleitung:

Sticke auf die zwei Stücke aus A die Motive beginnend ca. 2 cm vom unteren Rand in der Breite mittig auf. Anschließend kurz von Hand durchwaschen und auf 16 x 16 cm zurechtschneiden. • Das Webband vor dem Aufnähen kurz unter einem Tuch, auf kleinster Stufe ohne Dampf bügeln. Nähe nun die Teile für die Vorderseite entsprechend der Schemazeichnung zusammen und zwischen die beiden Teile aus D für die Rückseite den Reißverschluss. • Die Vorderseite auf das Volumenvlies reihen, anschließend links auf links auf den großen Zuschnitt aus F legen, alle drei Lagen noch einmal reihen und entlang der Nähte auf der Vorderseite alle drei Lagen durchsteppen. • Vorder- und Rückseite jetzt links auf links aufeinanderlegen und ringsum mit einem Rand aus den Streifen aus B einfassen, wie im Randbinding auf Seite 32 beschrieben.

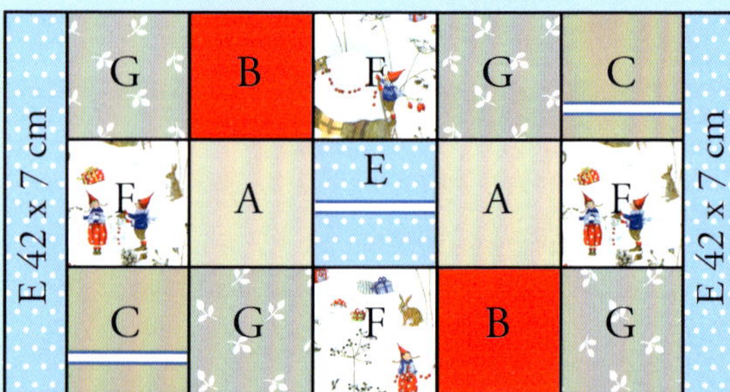

Alle Quadrate sind inkl. NZ 16 x 16 cm groß

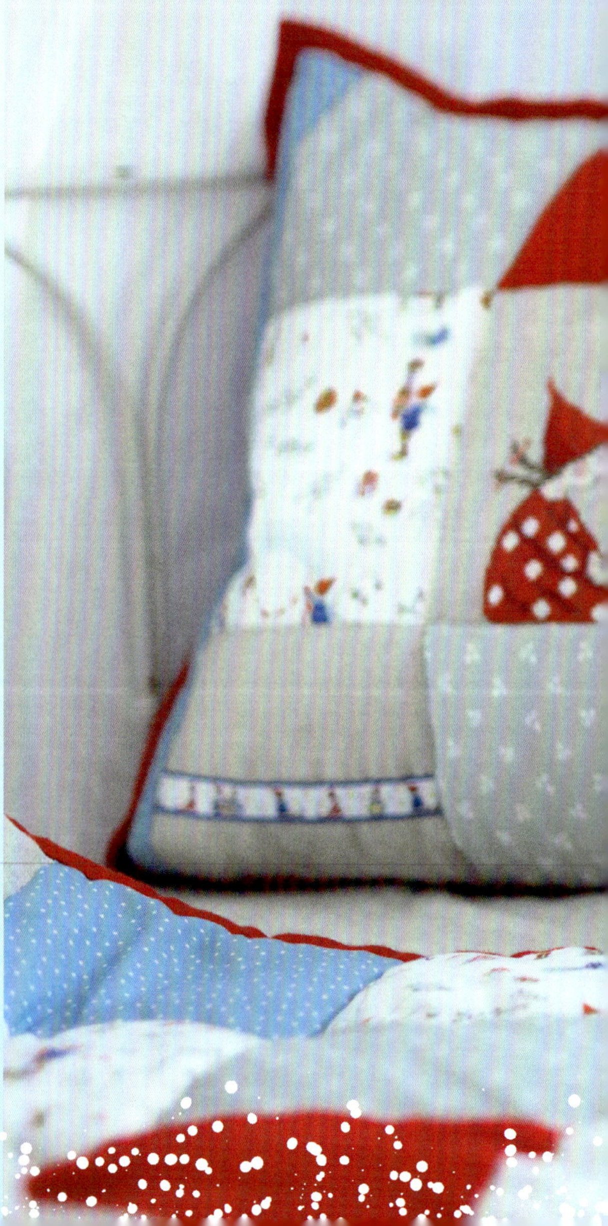

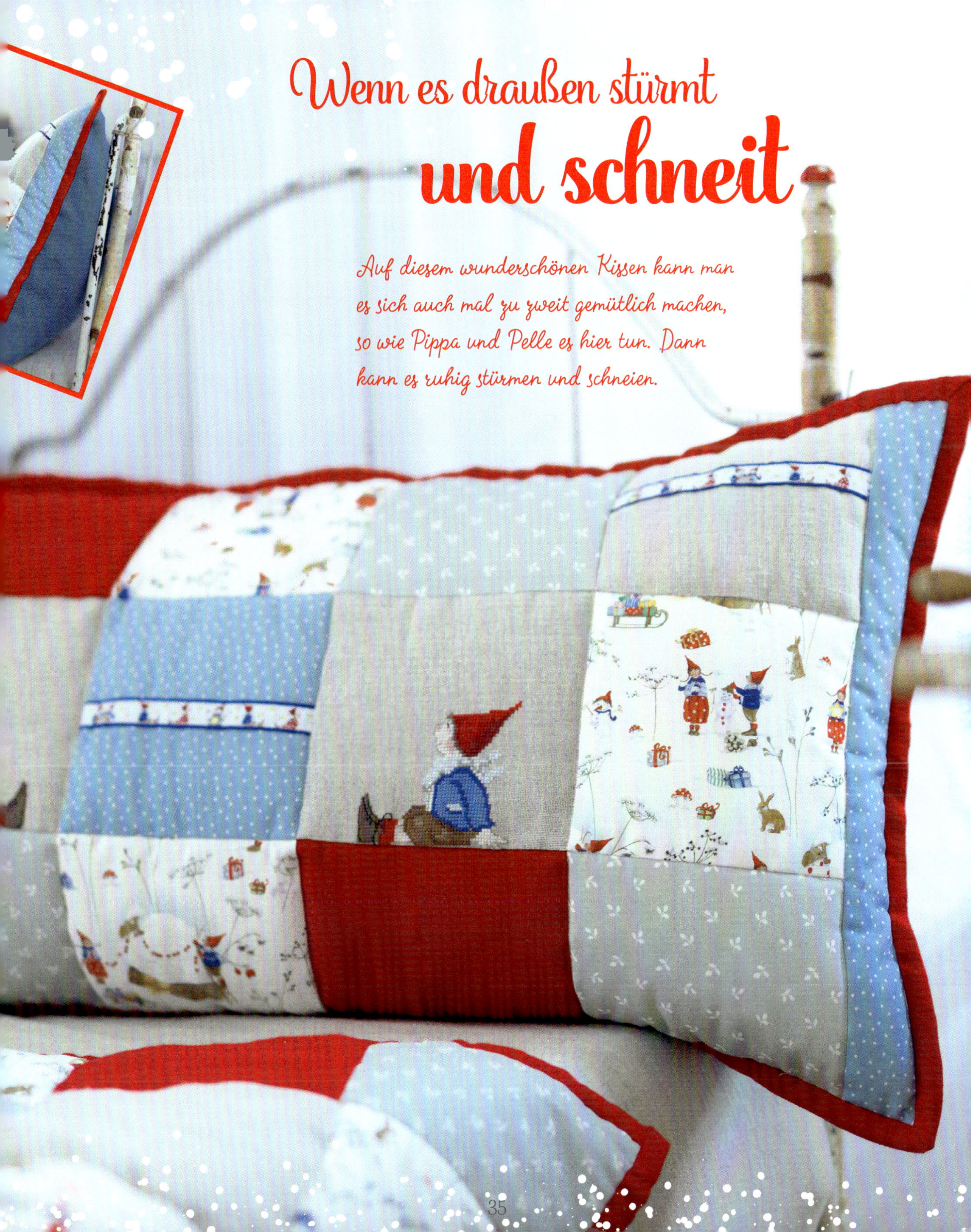

Wenn es draußen stürmt und schneit

Auf diesem wunderschönen Kissen kann man es sich auch mal zu zweit gemütlich machen, so wie Pippa und Pelle es hier tun. Dann kann es ruhig stürmen und schneien.

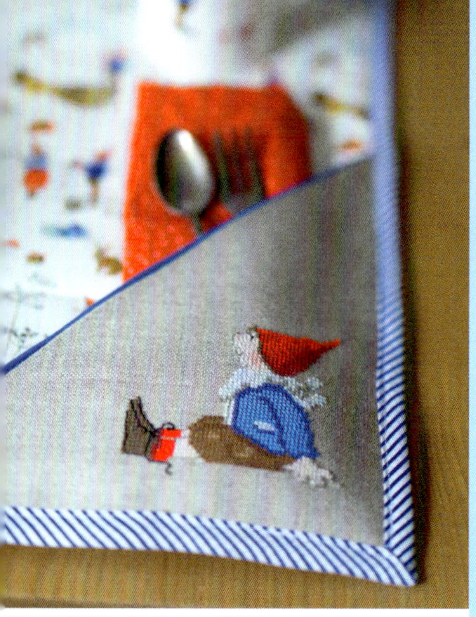

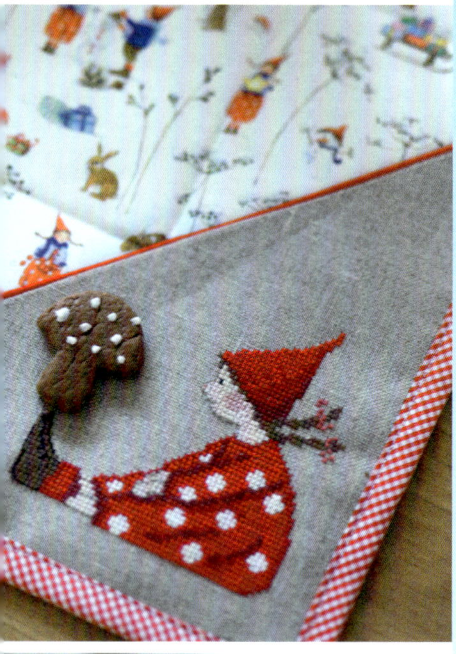

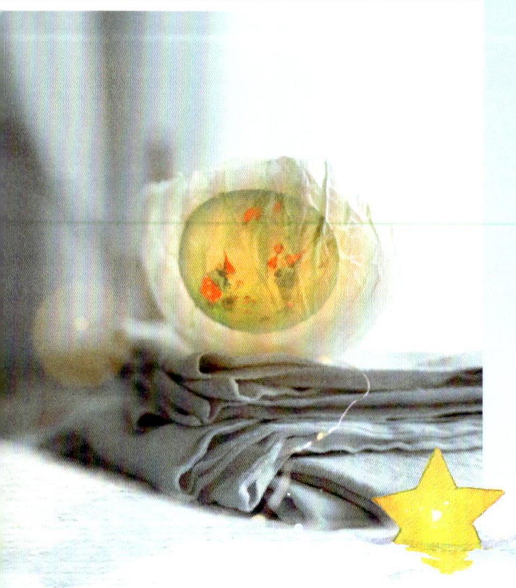

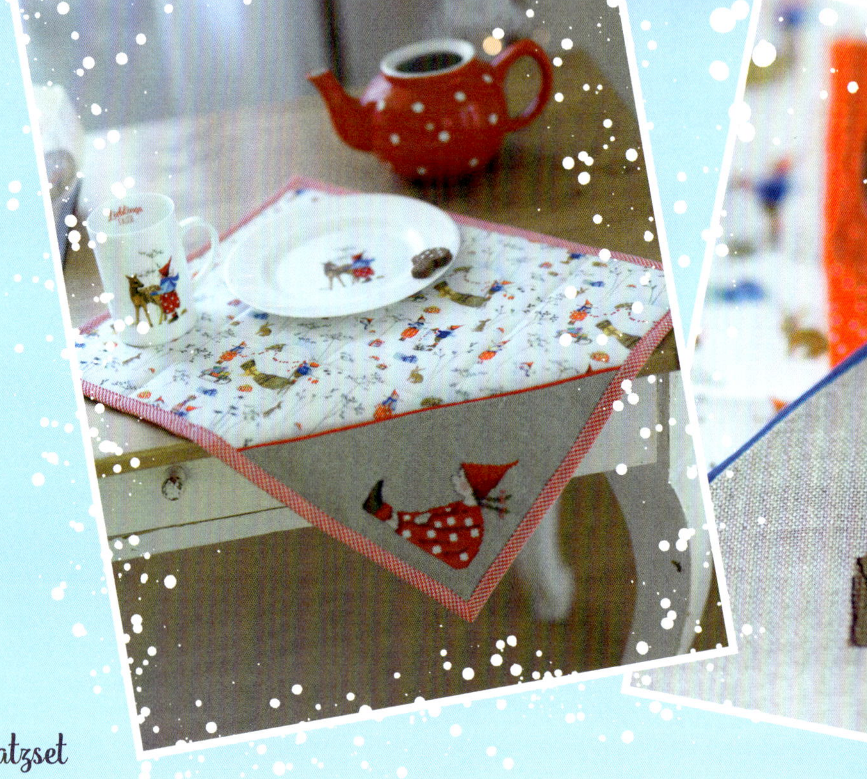

Platzset

Größe 35 x 45 cm / Stickereigröße 10 x 9 cm
Stickmuster Seite 92

Material für ein Platzset:
- 0,25 m Stickleinen natur (A)
- 0,50 m Baumwollstoff Schneewiese (B)
- 0,50 m Volumenvlies zum Aufbügeln
- 0,40 m Baumwollpaspel rot ***oder*** blau
- 1,80 m Schrägband rot- ***oder*** blau-weiß kariert 30 mm
- Stickgarne

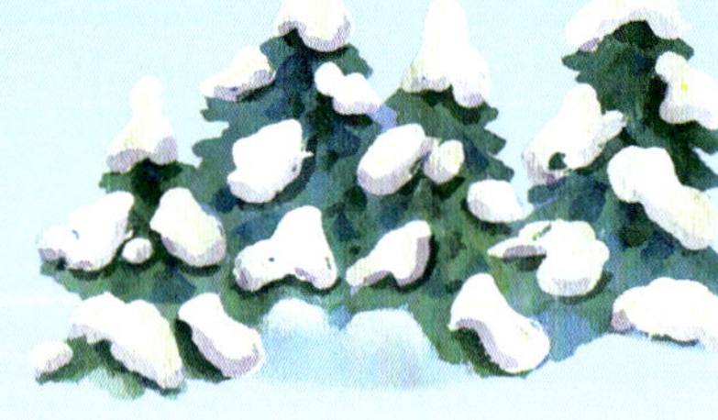

Zuschnitt inkl. 1 cm Nz:
- A: 25 x 25 cm
- B: 2 Teile 35 x 45 cm
- Volumenvlies: 35 x 45 cm

Anleitung:
Falte A diagonal zum Dreieck und sticke rechts unten das Motiv auf. Wähle hierfür die nach links schauenden Wichtel aus. Beginne dazu ca. 2,5 cm vom rechten und vom unteren Rand. Anschließend kurz von Hand durchwaschen, auf 23 x 23 cm zurechtschneiden und wieder diagonal zum Dreieck falten. Baumwollpaspel und Schrägband vor der Verarbeitung unter einem Tuch, auf mittlerer Stufe mit Dampf bügeln. An die diagonale Kante auf der Rückseite die Paspel annähen. • Bügle das Volumenvlies auf die Rückseite eines Zuschnitts von B, lege beide Zuschnitte B dann links auf links aufeinander und steppe alle drei Lagen drei Mal längs und zwei Mal quer durch. • Lege nun das Dreieck aus A rechts unten auf die Vorderseite und fasse das Platzset dann ringsum mit dem ebenfalls vorher gebügelten Schrägband ein.

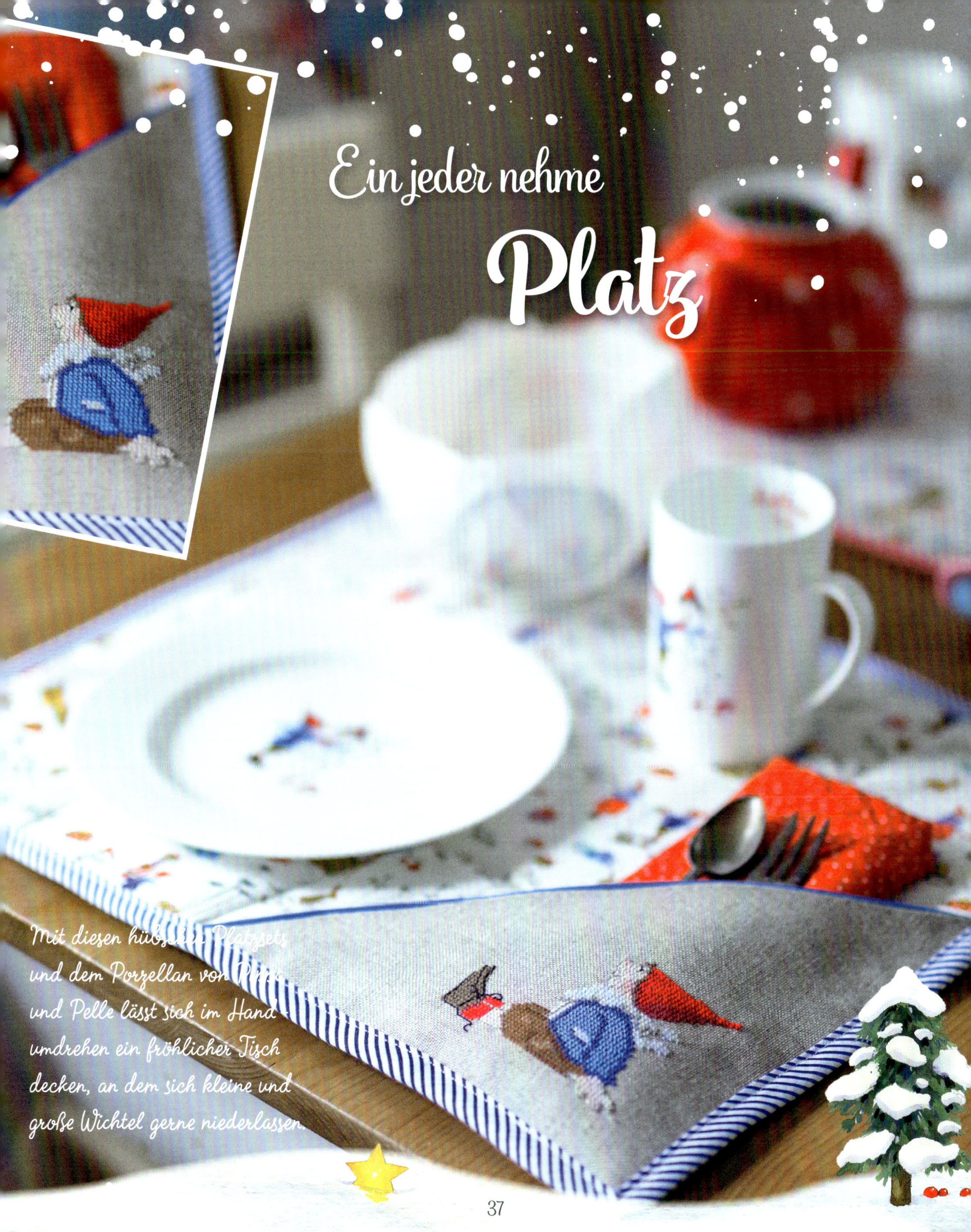

Ein jeder nehme Platz

Mit diesen hübschen Platzsets und dem Porzellan von Pippa und Pelle lässt sich im Handumdrehen ein fröhlicher Tisch decken, an dem sich kleine und große Wichtel gerne niederlassen.

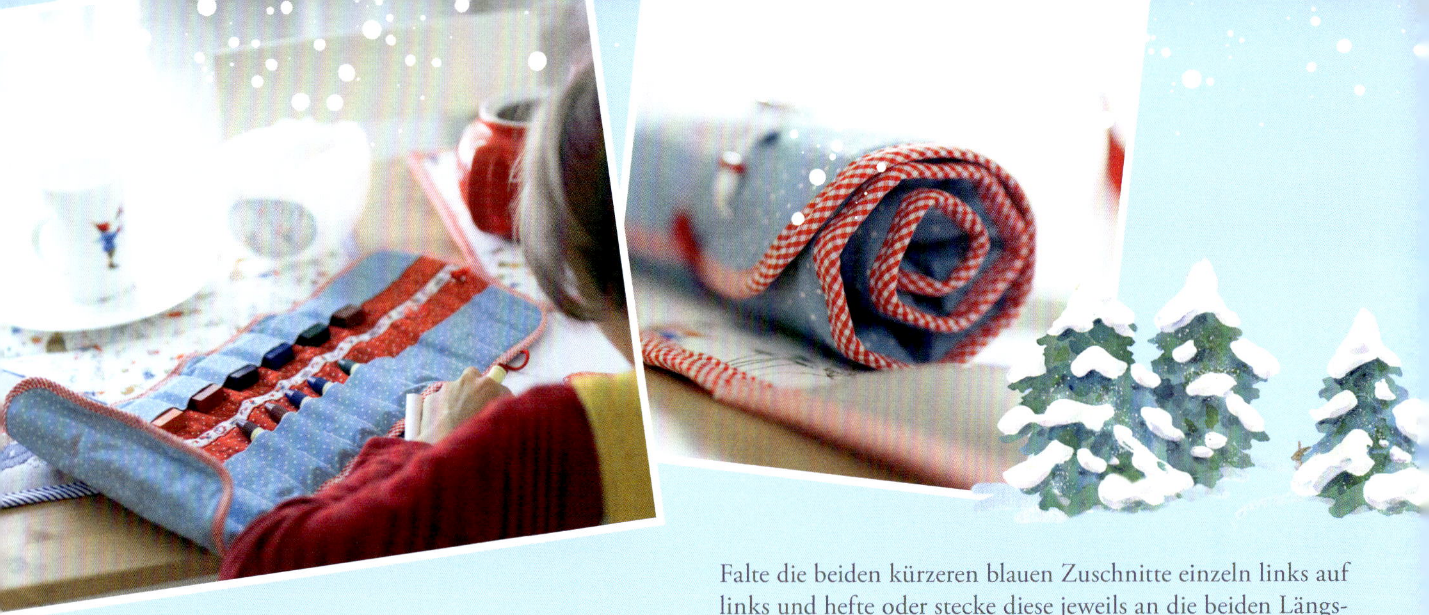

Stifte-Rollmäppchen

Größe 20 x 50 cm

Material:

- 0,50 m Baumwollstoff Tupfen graublau-weiß
- 0,25 m Baumwollstoff Tupfen rot-weiß
- 1 Webetikett Mein Lieblingsstück-Pelle
- 0, 60 m Webband Wichtelkinder
- 1,50 m Schrägband rot-weiß kariert, 18 mm
- 0,50 m Volumenvlies zum Aufbügeln
- 0,50 m Gummikordel rot
- 0,10 m Satinkordel blau
- 1 Öse Durchmesser 10 mm
- 0,10 m Satinband weiß, 1,5 mm
- 1 Glasfliegenpilz, mit Loch
- 1 Knebelholzknopf, 35 mm, Bambus

Zuschnitt inkl. Nz:

- 52 x 22 cm Baumwollstoff Tupfen graublau-weiß
- 52 x 12 cm Baumwollstoff Tupfen graublau-weiß
- 52 x 14 cm Baumwollstoff Tupfen graublau-weiß
- 52 x 22 cm Baumwollstoff Tupfen rot-weiß
- 52 x 22 cm Volumenvlies
- 52 cm Webband Wichtelkinder

Anleitung:

Runde alle vier Ecken der beiden großen Zuschnitte jeweils gleichmäßig ein, nimm hierfür z.B. ein kleines Glas, einen Deckel o.ä. zu Hilfe. Nähe das Webetikett ca. 4 cm von einer der Schmalkanten des äußeren Zuschnitts, fasse dabei an der rechten Seite die zur Schlaufe gelegte blaue Kordel mit. Hinterbügle den roten Zuschnitt rückseitig mit Volumenvlies.

Falte die beiden kürzeren blauen Zuschnitte einzeln links auf links und hefte oder stecke diese jeweils an die beiden Längskanten des roten Zuschnitts. Passe die Ecken der blauen Zuschnitte den Rundungen am roten Zuschnitt an. Nähe das Webband in die Mitte des sichtbaren roten Bereichs. Teile zunächst den schmaleren blauen Streifen in jeweils 4 cm breite Segmente und steppe diese jeweils von unten bis knapp zum oberen Rand und wieder zurück. Verfahre mit dem längeren Streifen ebenso, die Segmente sind hier jedoch 3 cm breit und werden nicht bis knapp zum oberen Rand, sondern lediglich bis zur Höhe von 4,5 cm genäht. Auch hier ist die Steppnaht doppelt. Lege den roten Zuschnitt mit den blauen Täschchen nun links auf links auf den blauen Zuschnitt und steppe diese knappkantig rund herum aufeinander, sodass nichts verrutscht. Nähe sodann das Schrägband rund herum, Anfang und Ende überlappen etwas. Setze die Öse mit einem Abstand von ca. 1,5 cm zum Rand mittig an die Seite, an der sich auch das Webetikett befndet. Fädle den Pilz auf das Satinbändchen und knüpfe es in die Schlaufe am Webetikett. Nähe den Holzknopf etwa 1, 5 cm mittig über das Webetikett. Zur Stabilität kannst du im Innenteil einen einfachen Knopf dagegen nähen. Fülle das Mäppchen mit Wachsstiften und -Blöckchen, lege die Gummikordel doppelt, führe die Enden durch die Öse, rolle das Mäppchen zusammen, passe die Länge der Gummikordel an und knote diese vor und nach der Öse.

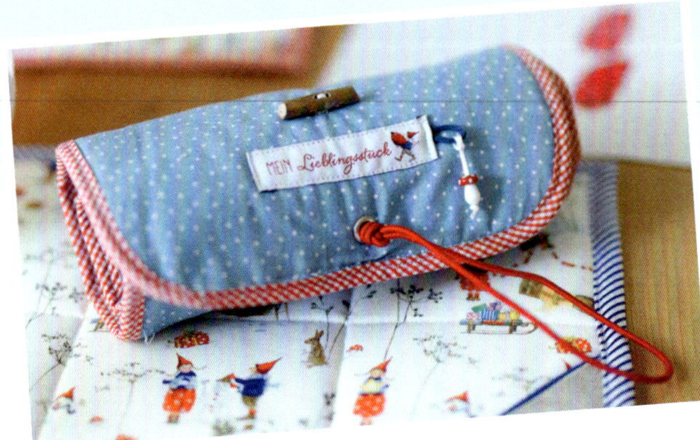

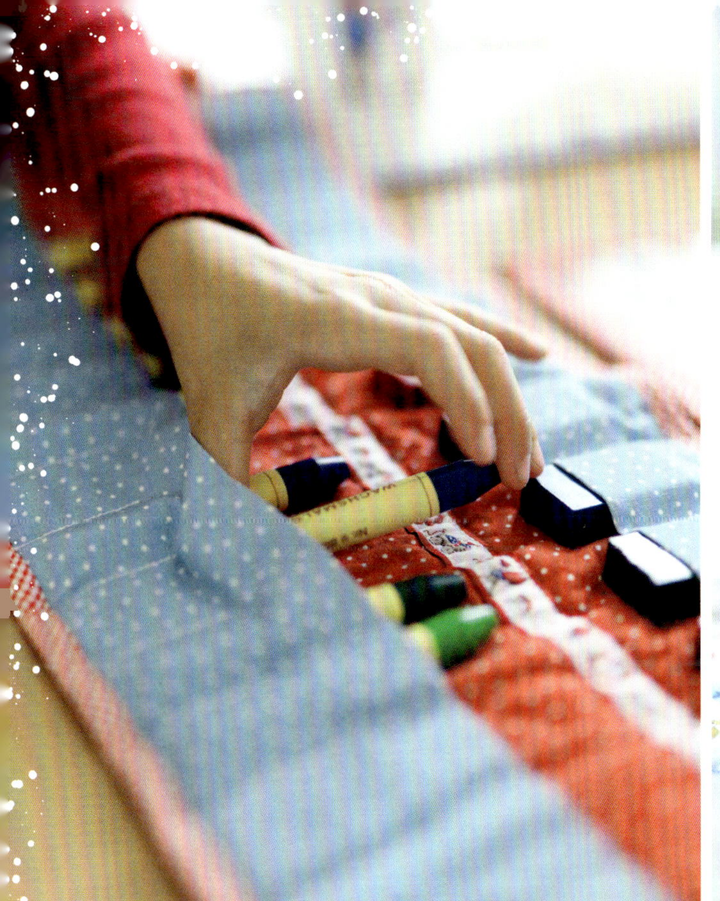

Alle meine Farben

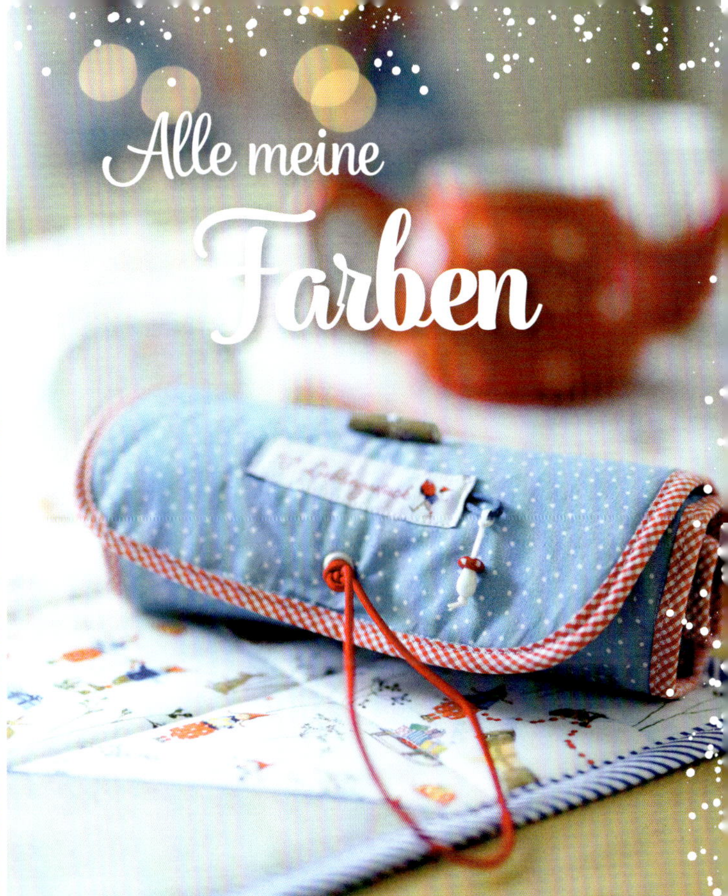

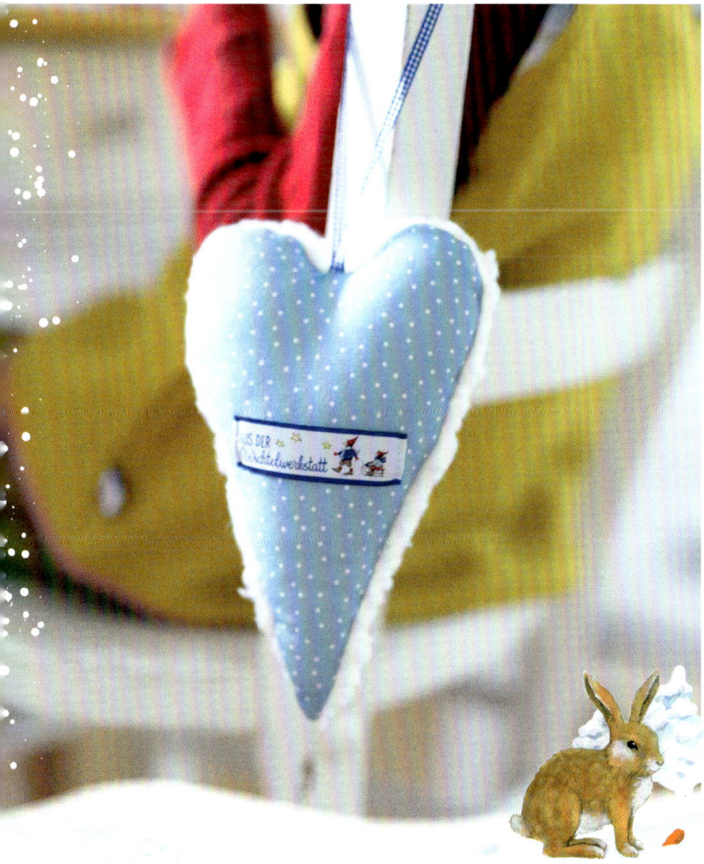

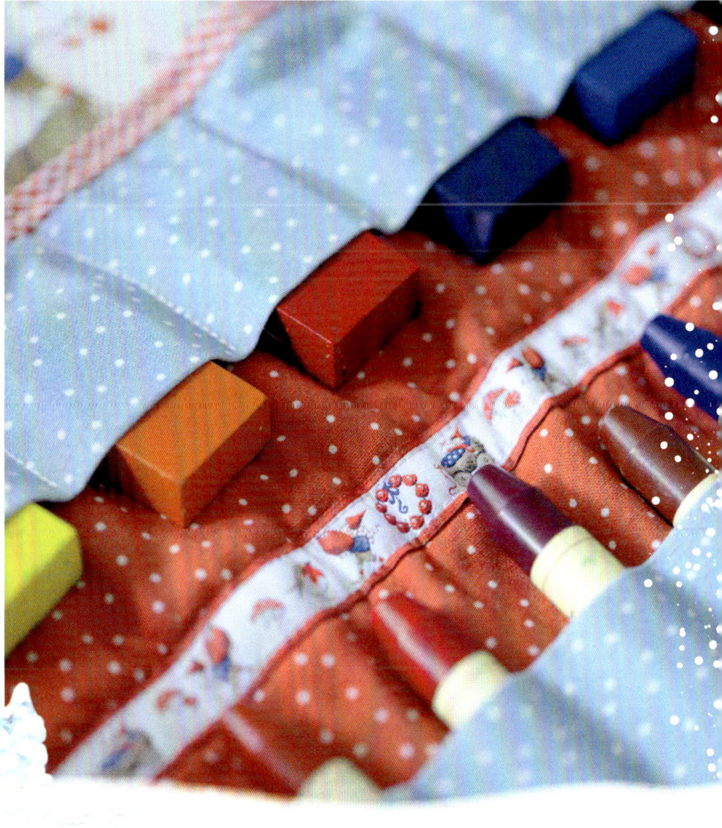

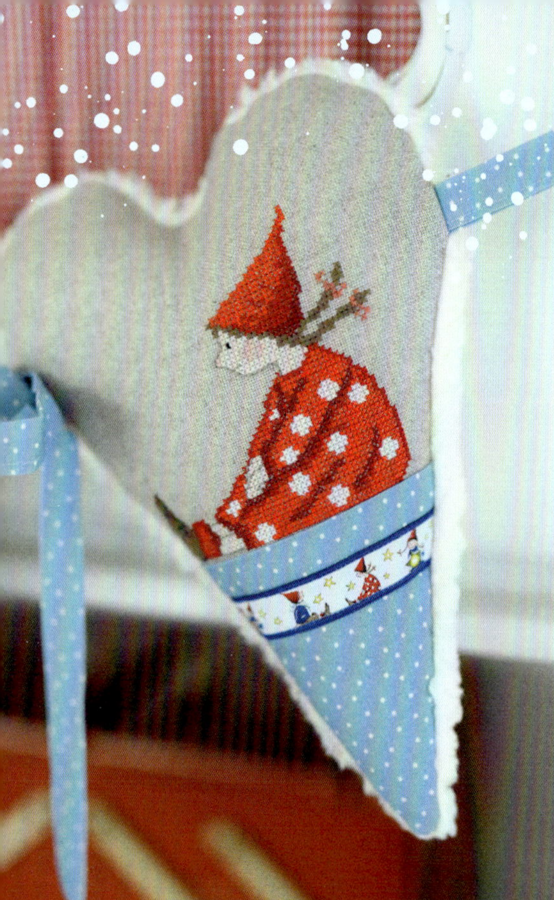

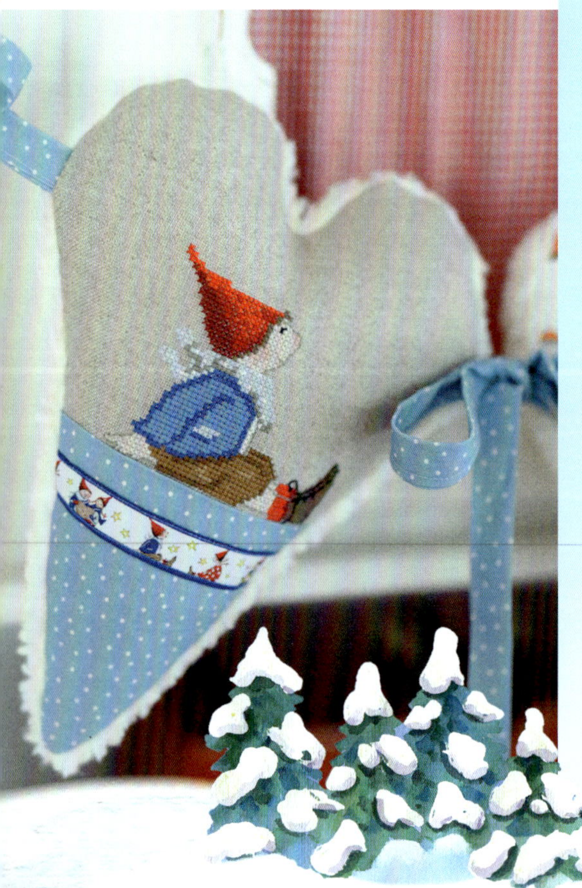

Herzgirlande

Größe: ca. 30 x 50 cm
Stickereigröße: ca. 10 x 9 cm
Stickmuster Seite 92
Schablone Nr. 12, Seite 107

Material:

- 0,30 m Stickleinen natur (A)
- 0,30 m Baumwollstoff Tupfen graublau weiß (B)
- 0,30 m Baumwollstoff Schneewiese (C)
- 0,30 m Teddyplüsch (D)
- 0,30 m Webband Pippa und Pelle unterm Sternenzelt
- Füllwatte
- Stickgarne

Zuschnitt:

- A: 2 Stücke 30 x 25 cm
- B: 2 Stücke 18 x 18 cm, 2 Streifen 5 x 140 cm, 4 Streifen 5 x 45 cm
- C: 30 x 20 cm
- D: 3 Stücke 30 x 20 cm
- Webband: 2 Stücke à 15 cm

Anleitung:

Sticke die beiden Motive jeweils mittig auf die Zuschnitte A. • Nähe jeweils einen Zuschnitt B knapp unter die Stickerei, danach jeweils einen Teil des Webbandes ca. 1 cm unterhalb der Stickerei auf den graublau-weiß getupften Stoff und übertrage dann die Herzschablone auf die Rückseite. • Übertrage die Herzschablone ebenfalls auf die Rückseite von Zuschnitt C. • Nähe nun aus den schmalen Streifen aus B die Bänder zum Zusammenbinden und Aufhängen. Dazu die Streifen an den langen Seiten jeweils ca. 1 cm links auf links einfalten und kräftig bügeln. • Danach die Streifen noch einmal in der Mitte zusammenfalten und erneut kräftig bügeln. • Die langen offenen Seiten der Bänder jetzt zusammennähen, dabei die Enden immer leicht nach innen schieben und ebenfalls zunähen. • Lege nun für das mittlere Herz den Zuschnitt C rechts auf rechts auf einen Zuschnitt D. Das Herz rundherum zusammennähen, dabei eine Öffnung zum Wenden lassen. An der breitesten Stelle des Herzens oben links und rechts dabei jeweils ein kurzes Band aus B in die Naht einfassen. • Das Herz wenden, mit Füllwatte füllen und die Öffnung von Hand schließen. • Für die beiden Herzen links und rechts ebenso die Vorderseite rechts auf rechts auf den Teddyplüsch legen. Das linke Herz der Girlande bekommt an der breitesten Stelle oben rechts ein kurzes Band, mit dem es später dann mit dem mittleren Herz zusammengebunden wird. • Oben links bekommt es ein langes Band als Aufhängung. Dieses lange Band auf der Hälfte zusammenlegen und dann so in die Naht einfassen, dass zwei Enden aus dem Herz ragen. Teddyplüsch und Vorderseite mit einer Wendeöffnung rechts auf rechts rundum zusammennähen, wenden, füllen und die Öffnung schließen. • Mit dem rechten Herz der Girlande genauso verfahren, nur seitenverkehrt. • Zum Schluss links und rechts an das mittlere Herz die beiden bestickten Herzen mit einer Schleife anbinden.

Liebevolle Herzen

Mit selbstgenähten und bestickten Herzen zieht Liebe und Freude in dein Zuhause ein!

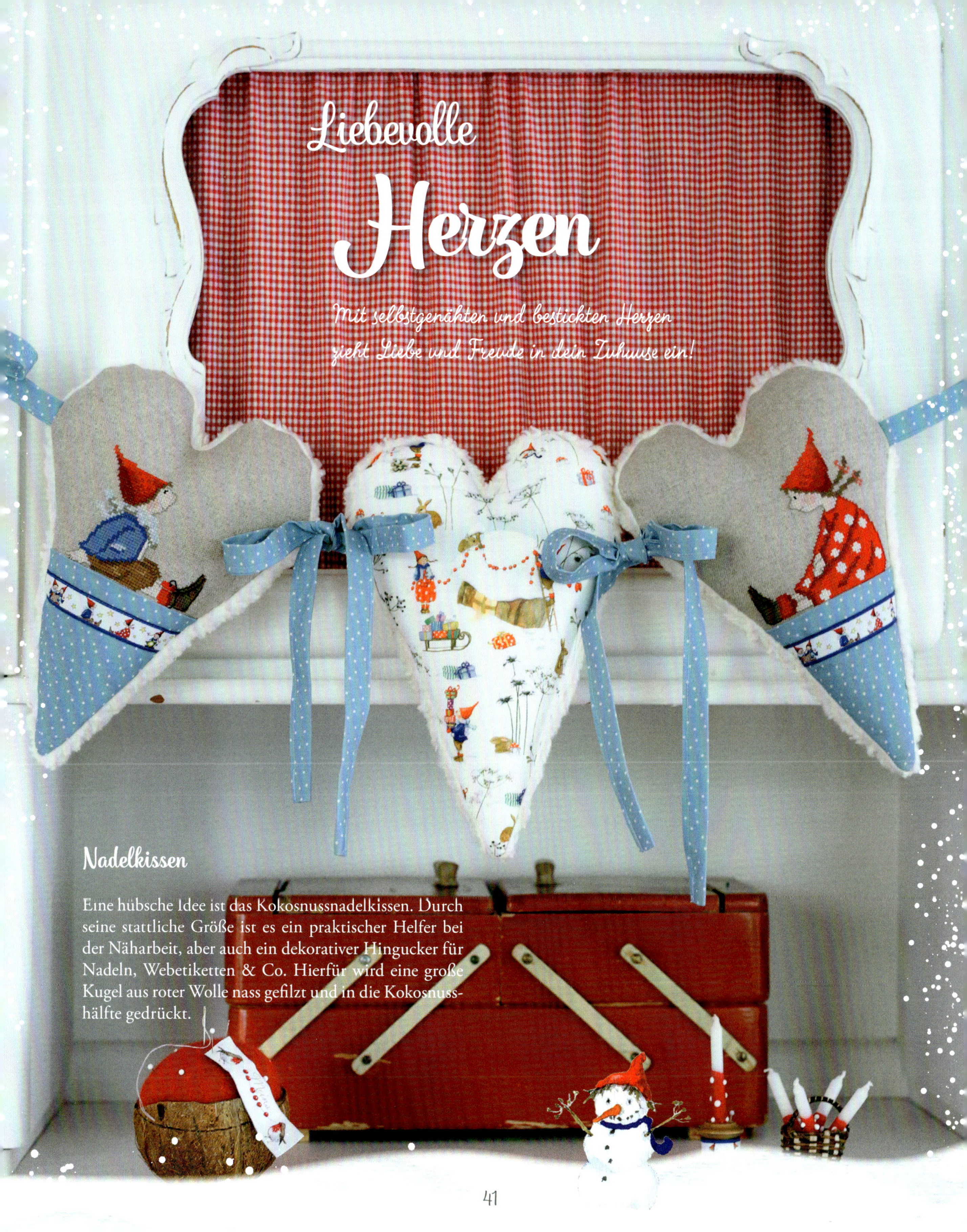

Nadelkissen

Eine hübsche Idee ist das Kokosnussnadelkissen. Durch seine stattliche Größe ist es ein praktischer Helfer bei der Näharbeit, aber auch ein dekorativer Hingucker für Nadeln, Webetiketten & Co. Hierfür wird eine große Kugel aus roter Wolle nass gefilzt und in die Kokosnusshälfte gedrückt.

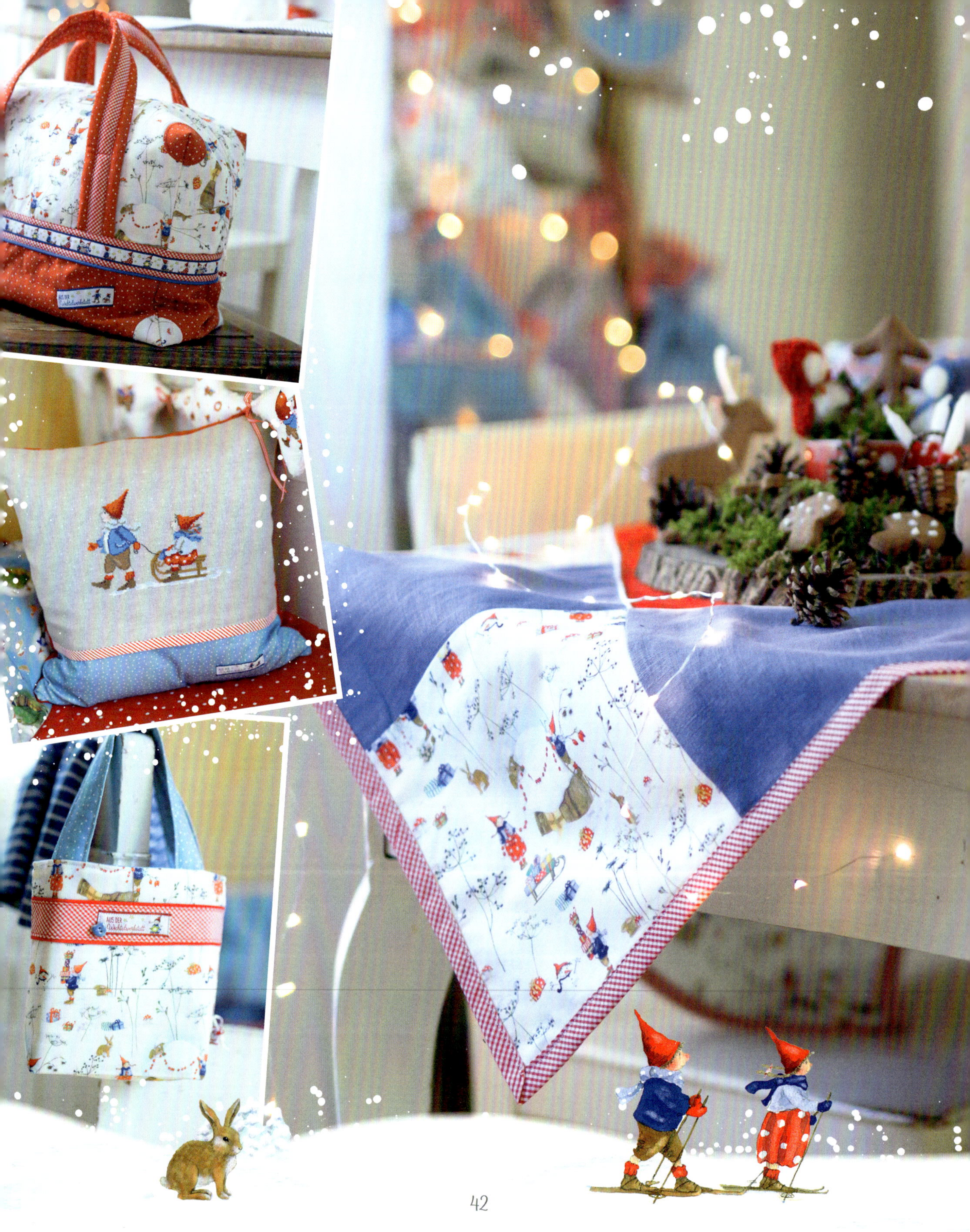

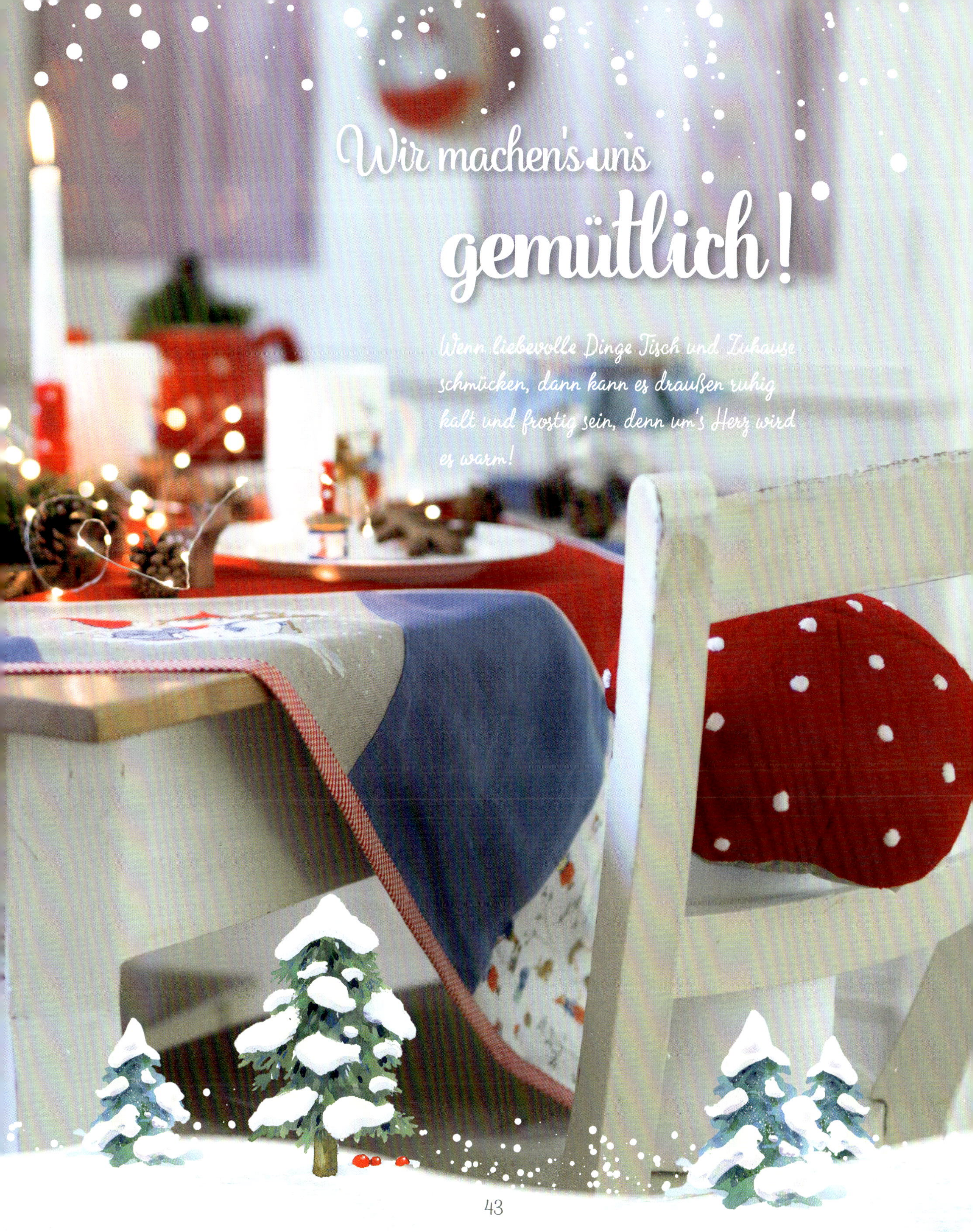

Wir machen's uns gemütlich!

Wenn liebevolle Dinge Tisch und Zuhause schmücken, dann kann es draußen ruhig kalt und frostig sein, denn um's Herz wird es warm!

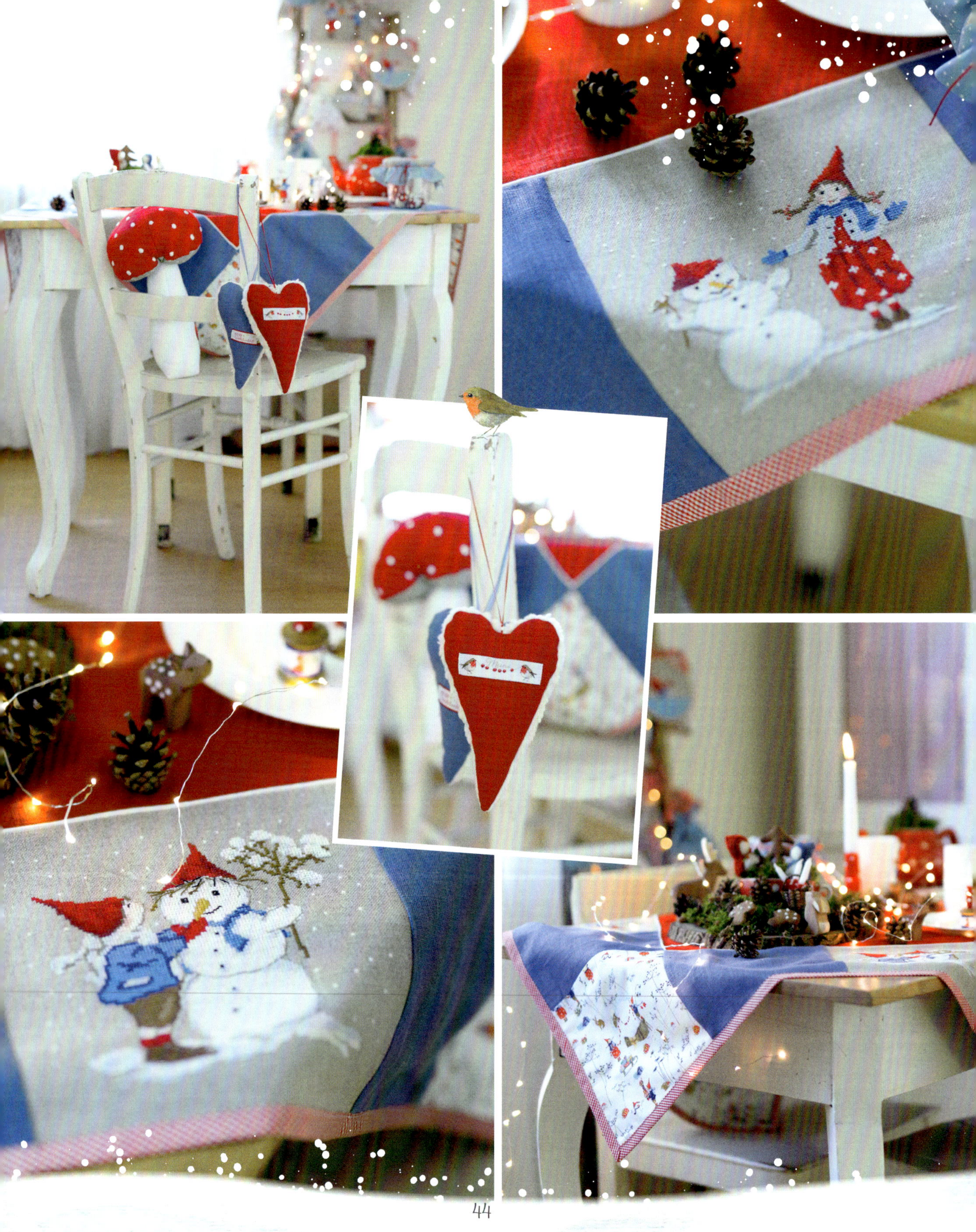

Tischdecke

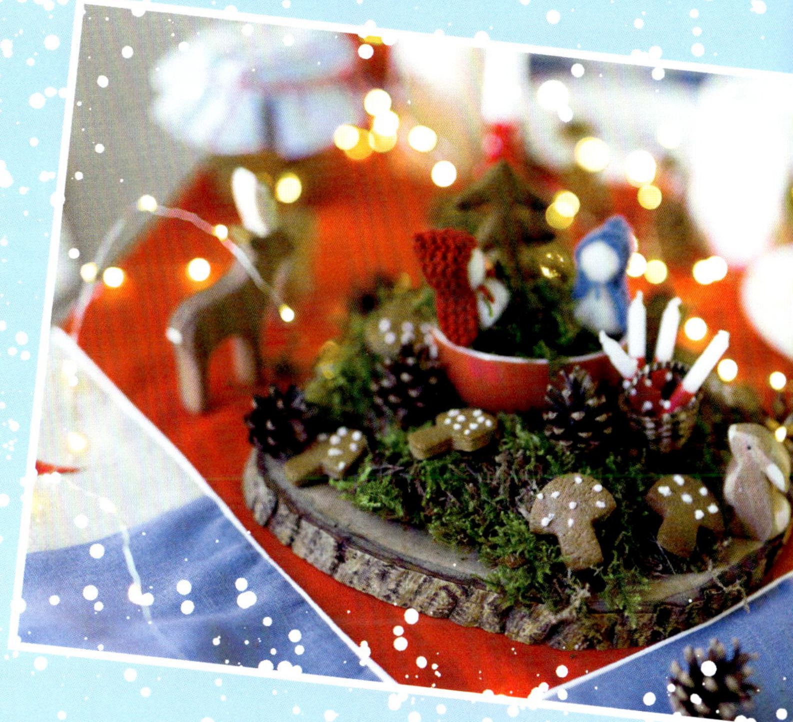

Größe: ca. 100 x 100 cm
Stickereigröße: Pippa 13 x 16 cm, Pelle 16 x 18 cm
Stickmuster Seite 96, 97

Material:
- 0,25 m Stickleinen natur (A)
- 0,65 m Leinenstoff rot (B)
- 0,50 m Leinenstoff blau (C)
- 1,10 m Baumwollstoff Schneewiese (D)
- 2,50 m Baumwollpaspel weiß
- 4,30 m Schrägband rot weiß kariert 30 mm
- Stickgarne

Zuschnitt inkl. 1 cm Nz:
Vorderseite:
- A: 4 Stücke 25 x 25 cm
- B: 62 x 62 cm
- C: 8 Stücke 22 x 22 cm
- D: 4 Stücke 22 x 22 cm, 1 Stück 102 x 102 cm (Rückseite)

Anleitung:
Sticke auf die vier Zuschnitte A die Motive mittig auf, zwei Mal Pippa und zwei Mal Pelle. Anschließend kurz von Hand durchwaschen und auf 22 x 22 cm zurechtschneiden. Baumwollpaspel und Schrägband vor der Verarbeitung unter einem Tuch, auf mittlerer Stufe mit Dampf bügeln. Reihe dann die Baumwollpaspel rundum vorne auf B, dabei die Paspel locker um die Ecken führen, es dürfen keine „runden Ecken" entstehen. • Nähe nun jeweils links und rechts ein Teil C an A, so dass du vier kurze Randstreifen erhältst. Die beiden kurzen Streifen mit Pippa an zwei gegenüberliegende Seiten an B nähen. • Zwei dieser kurzen Streifen (einer mit Pippa, einer mit Pelle) an zwei gegenüberliegende Seiten an B nähen. • An die anderen beiden kurzen Randstreifen mit Pelle jeweils links und rechts ein Teil D nahen. Achte darauf, dass jedes Teil C dabei anders ausgerichtet wird, so dass die vier Teile zum Schluss in vier verschiedene Richtungen „schauen". • Die Vorderseite links auf links auf die Rückseite legen und beide Lagen ringsum mit dem Schrägband einfassen.

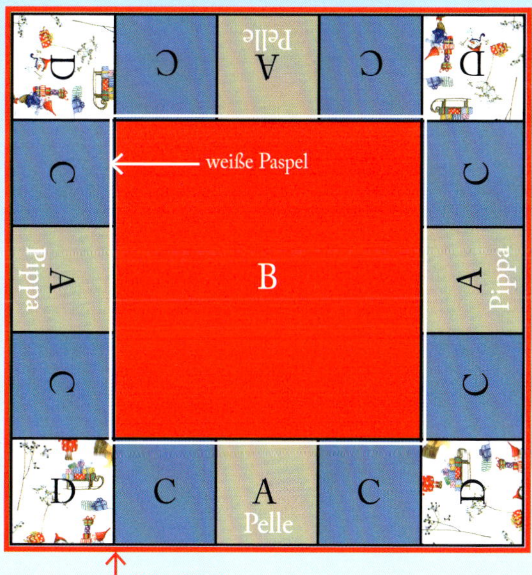

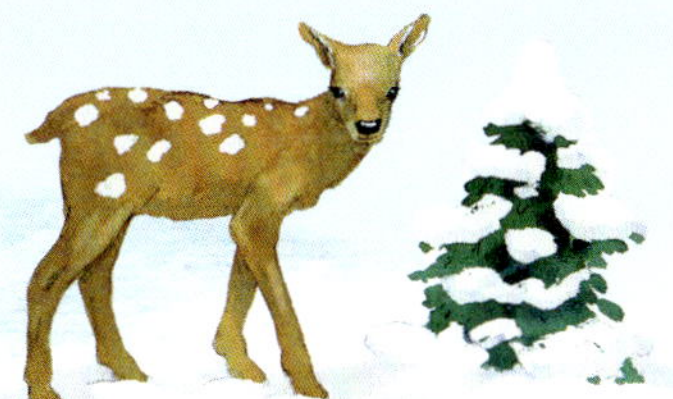

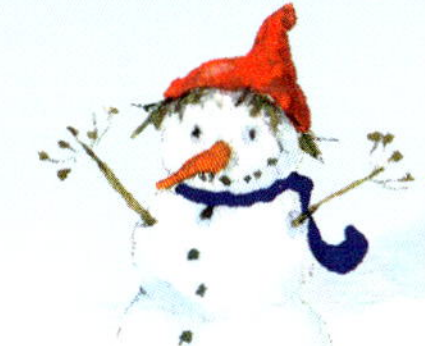

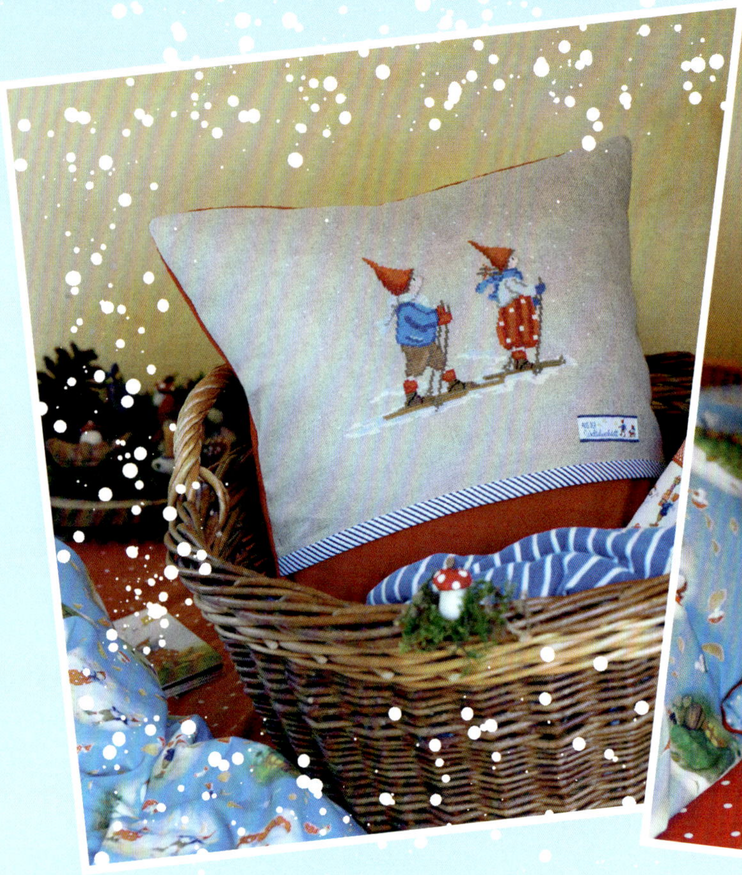

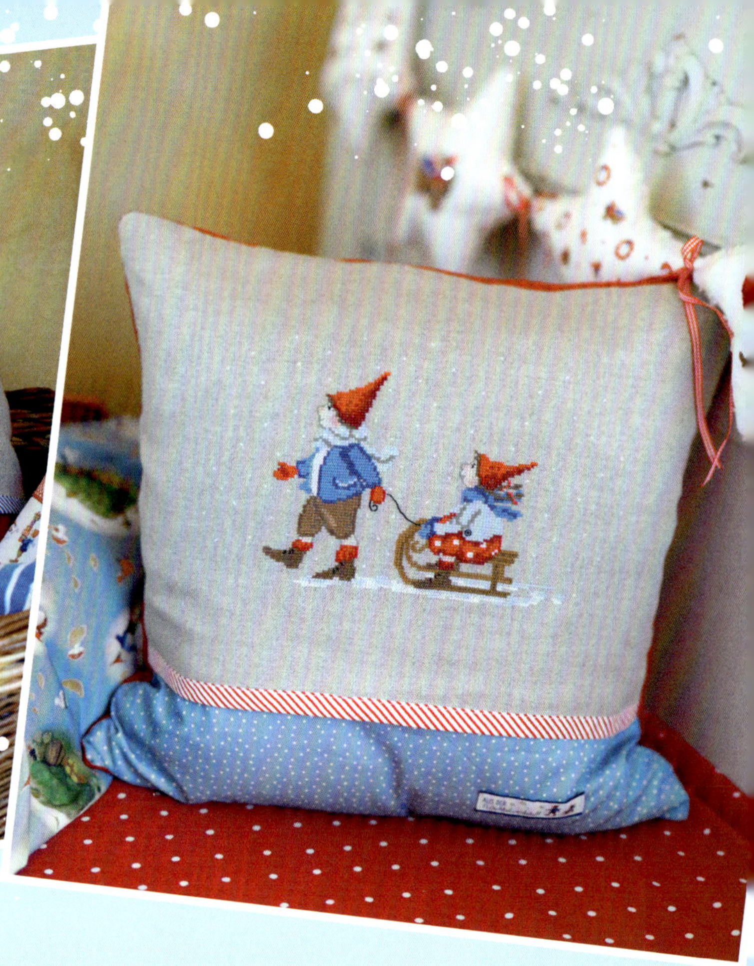

Kissen Pippa und Pelle im Schnee

Größe: 40 x 40 cm
Stickereigröße: 13 x 16 cm
Stickmuster Seite 94

Material für ein Kissen:

- 0,35 m Stickleinen natur (A)
- 0,45 m Leinenstoff rot (B)
- 0,35 m Baumwollstoff Schneewiese (C) zur Hinterlegung der Stickerei
- 0,35 m Baumwollstoff Tupfen graublau-weiß (D)
- 0,45 m Schrägband rot oder blau weiß gestreift 30 mm
- 1 Webetikett Wichtelwerkstatt blau
- Stickgarne
- Kissenfüllung 40 x 40 cm

Zuschnitt inkl. 1 cm Nz:

Vorderseite Hotelverschluss:

- A: 35 x 45 cm (Übertritt)
- C: 30 x 42 cm
- D oder B: 30 x 42 cm (Untertritt)
- B: 42 x 42 cm (Rückseite)

Anleitung:

Sticke das Motiv mittig auf A. Anschließend kurz von Hand durchwaschen und auf 30 x 42 cm zurechtschneiden. • Das Webetikett wie auf den Fotos zu sehen aufnähen, entweder auf den Über- oder auf den Untertritt. Das Schrägband vor der Verarbeitung unter einem Tuch, auf mittlerer Stufe mit Dampf bügeln. • A und C links auf links aufeinander legen und an der unteren Kante mit dem Schrägband zusammenfassen. • Eine lange Seite des Untertritts umnähen. • Lege jetzt die Rückseite und die Vorderseite aus den beiden Teilen des Hotelverschlusses rechts auf rechts aufeinander und nähe den Bezug ringsum zusammen. Wenden, fertig!

Die wunderschönen Stickereien haben wir für diese beiden Kissen mit unserem Baumwollstoff Schneewiese hinterlegt. Du siehst es zwar nicht auf den ersten Blick, aber umso mehr Freude macht es, wenn der Blick z. B. beim Auf- oder Abziehen der Kissenhülle darauf fällt … zauberhafte Details, die das ganz Besondere an deinem handgefertigten Unikat ausmachen!

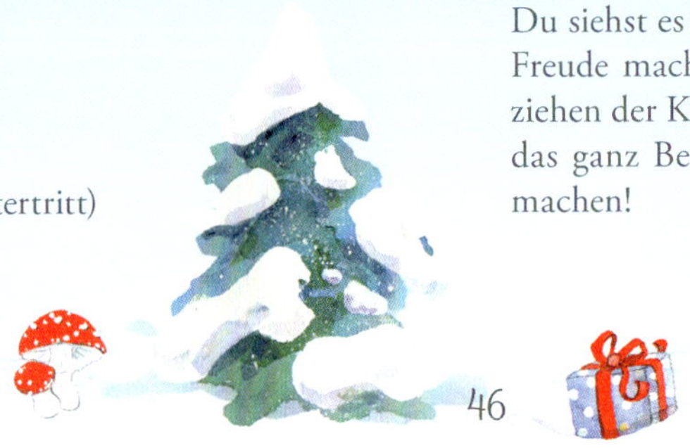

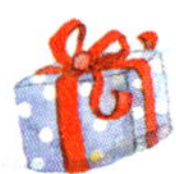

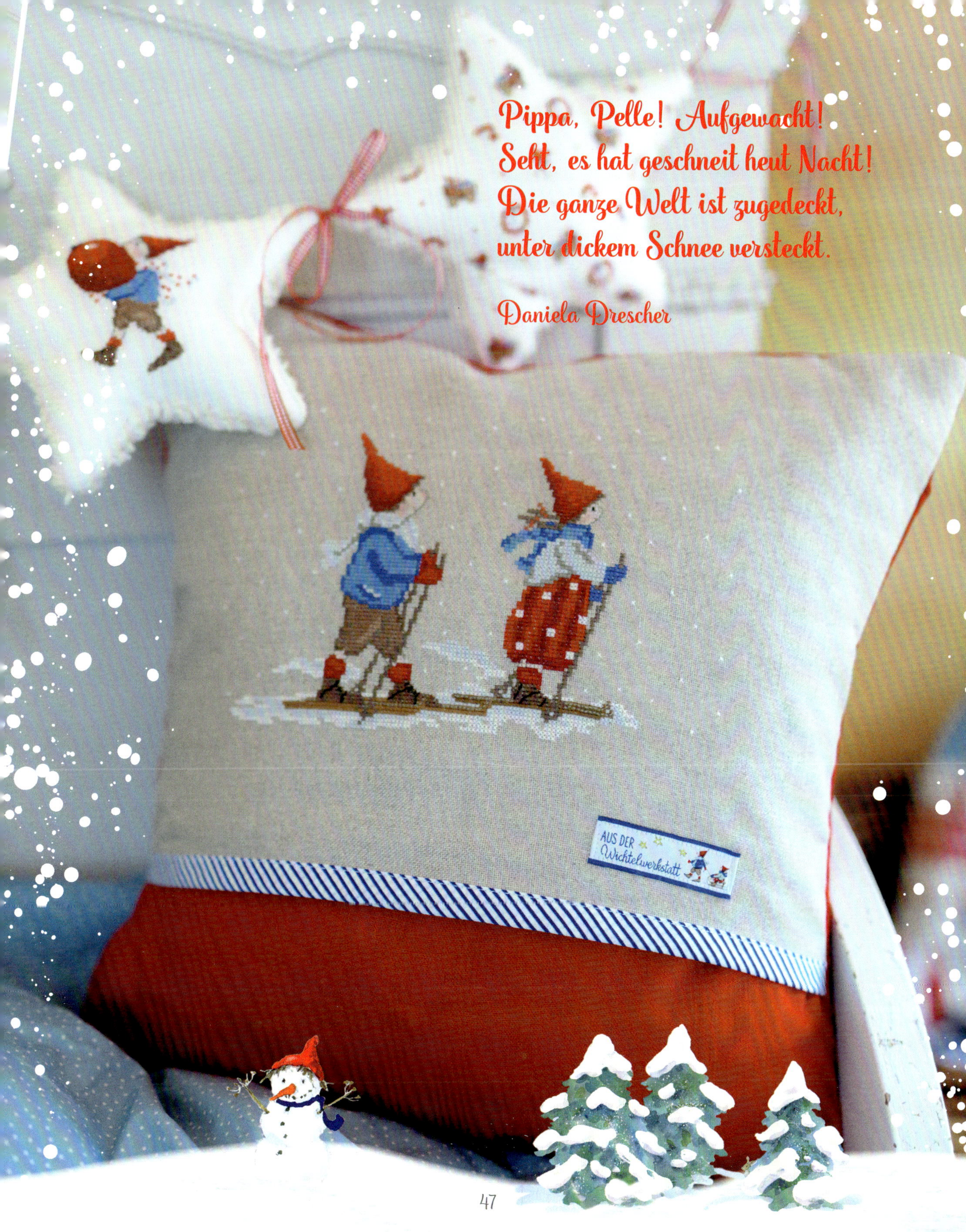
Pippa, Pelle! Aufgewacht!
Seht, es hat geschneit heut Nacht!
Die ganze Welt ist zugedeckt,
unter dickem Schnee versteckt.
Daniela Drescher
AUS DER
Wichtelwerkstatt

Koffertasche

Größe 33 x 24 x 15 cm (B x H x T)
Schablone Nr. 13, Seite 108

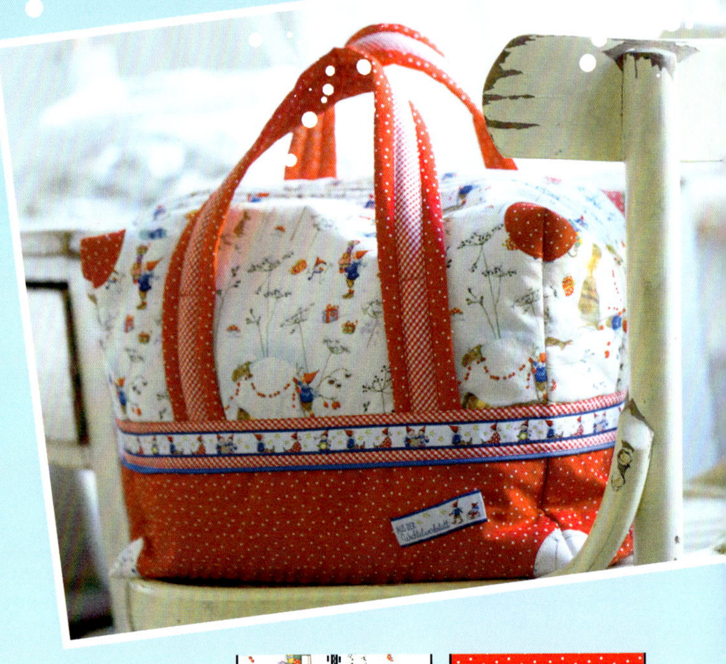

Material:

- 0,80 m Baumwollstoff Schneewiese
- 0,65 m Baumwollstoff Tupfen rot-weiß
- 2,25 m Schrägband Kariert rot-weiß 30 mm
- 1,05 m Webband Pippa & Pelle unterm Sternenzelt
- 1,05 m Baumwollpaspel blau
- 0,65 m dünnes Volumenvlies
- 0,10 m Vliesofix
- 1 Webetikett Wichtelwerkstatt blau
- 0,60 m Reißverschluss (Meterware)
- 0,10 m Satinband weiß
- 1 Glasfliegenpilz

Zuschnitt inkl. 1 cm Nz:

- Baumwollstoff Tupfen rot-weiß: 59 x 41 cm (Außenteil unten) und 2 Stück 60 x 10 cm (Henkel), 80 x 59 cm (Futter)
- Baumwollstoff Schneewiese: 2 Stück 59 x 21 cm (Außenteil oben)

Anleitung:

Bügle das Volumenvlies hinter die Außenteil- und die Henkel-Zuschnitte. • Falte die langen Seiten der Henkel-Zuschnitte links auf links und nähe die Stofflagen zusammen. • Schiebe die Naht in die Mitte und bügle die Nahtzugabe auseinander. • Über der Nahtzugabe nähe das Schrägband zur Hälfte gefaltet auf. Fixiere es ggf. vorher mit etwas Textilkleber. • Nähe zwischen die oberen Außenteil-Zuschnitte den Reißverschluss. • Übertrage die Schablone acht Mal auf das Vliesofix. • Schneide den Kreis großzügig aus. • Bügle vier Kreise auf den Baumwollstoff Tupfen und vier Kreise auf den Baumwollstoff Schneewiese. Schneide die Kreise anschließend aus. • Lege die Außenteile mit der rechten Seite nach oben vor dich hin. Markiere in den Ecken die Position der Kreise, indem du von den Eckseiten 13 cm abmisst. • Ziehe das Trägerpapier von den Kreisen und bügle diese mittig auf die Markierung. Tipp: Lege das Außenteil gleich auf das Bügelbrett. Markiere die Mitte des Kreises, steche mit einer Stecknadel hindurch und mit dieser dann in die Markierung auf dem Außenteil. So kann nichts verrutschen. • Fixiere die Kanten mit einem Zickzackstich. • Lege nun die Außenteile rechts auf rechts (Teile müssen genau gleichgroß sein) und nähe die Teile rundherum zusammen. An den langen Seiten nähe die Henkel mittig mit einem Abstand von 12 cm fest. • Lege die Nähte in den Ecken aufeinander und stecke sie mit Stecknadeln fest. Achte darauf, dass die Kreise gut aufeinander liegen. Nähe die Ecken 24 cm breit ab. • Schneide die Nahtzugabe zurück. • Fertige das Futter nach dem gleichen Prinzip. Die kurzen Seiten vorher 1 cm breit einschlagen und beim aufeinander Falten einen Abstand von ca. 0,75 cm lassen. • Wende die Tasche und das Futter auf rechts. • Nähe das restliche Schrägband und die Baumwollpaspel mit dem darüber liegenden Webband knapp auf die umlaufende Naht. Nähe ein Webetikett laut Fotografie vorne auf der Tasche an. • Nähe das Futter von innen von Hand am Reißverschluss fest. Knote den Glasfliegenpilz mit dem Satinband an den Zipper.

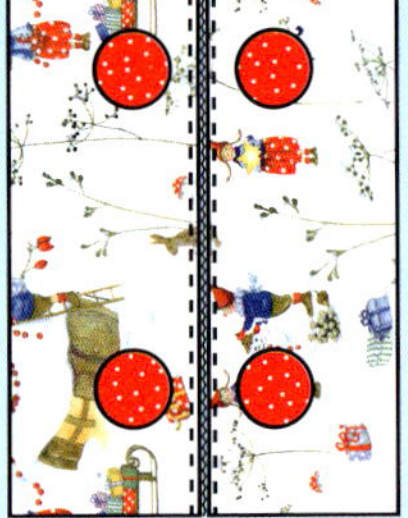

Bild 1

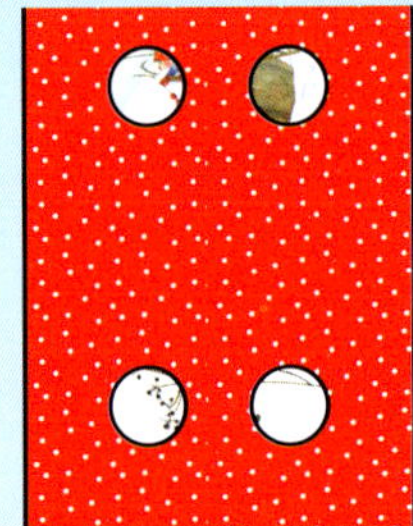

Bild 2

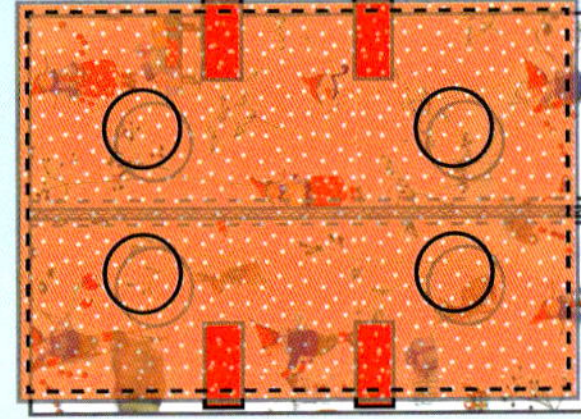

Bild 3

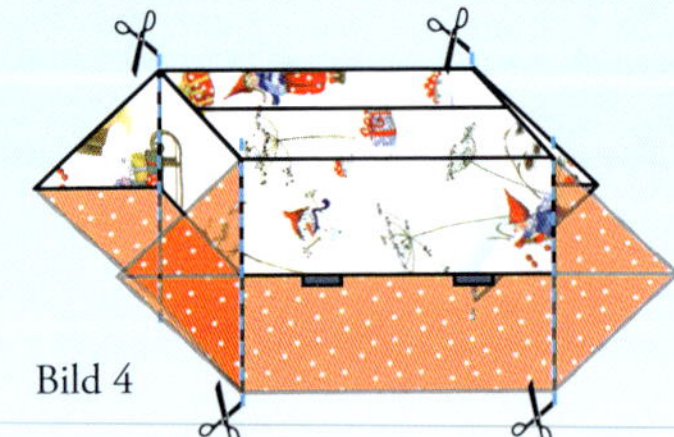

Bild 4

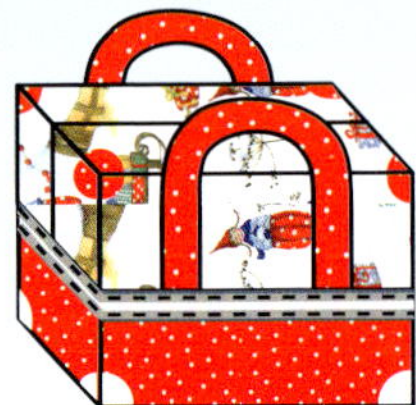

Bild 5

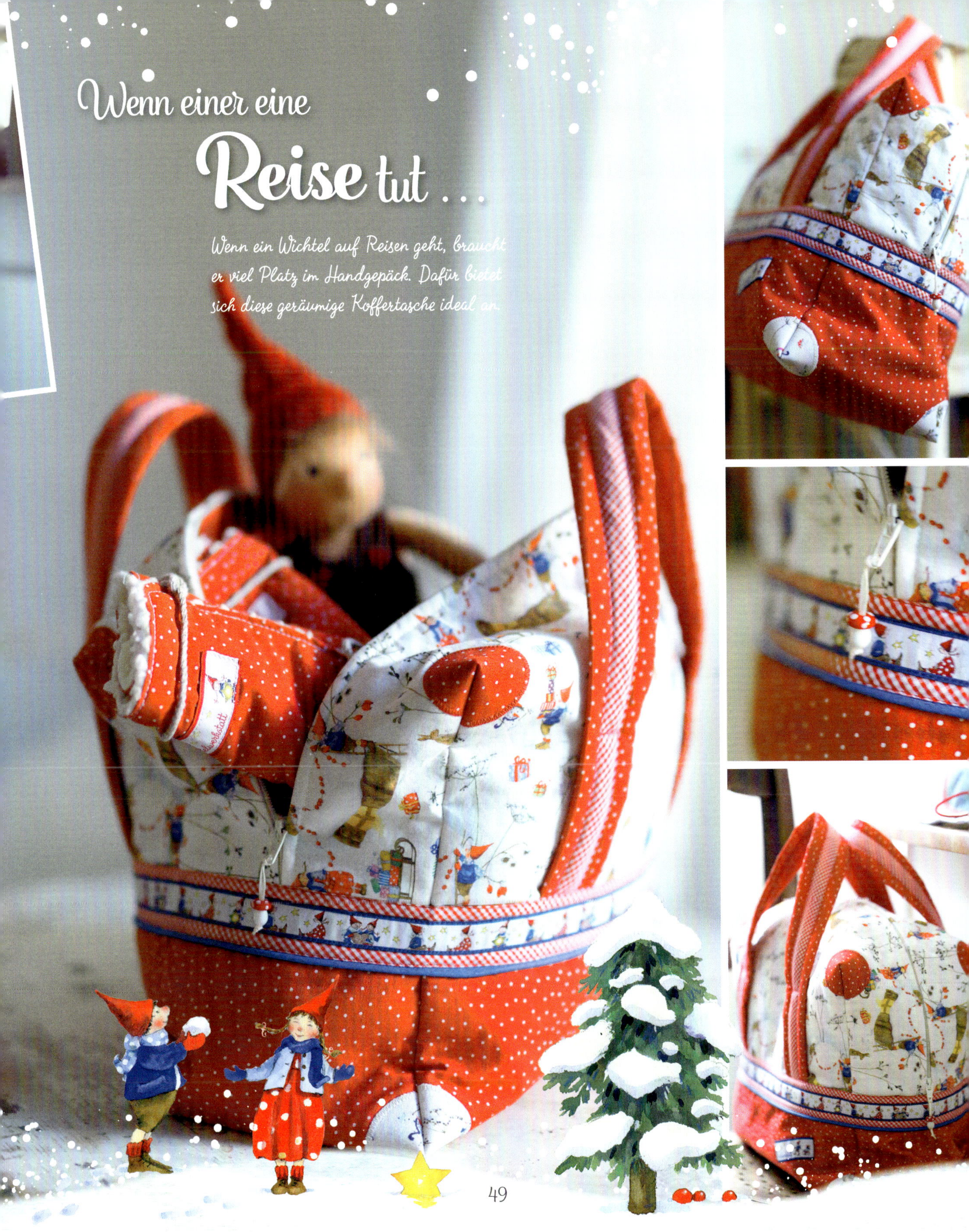

Wenn einer eine Reise tut …

Wenn ein Wichtel auf Reisen geht, braucht er viel Platz im Handgepäck. Dafür bietet sich diese geräumige Koffertasche ideal an.

Alles wird wieder gut!

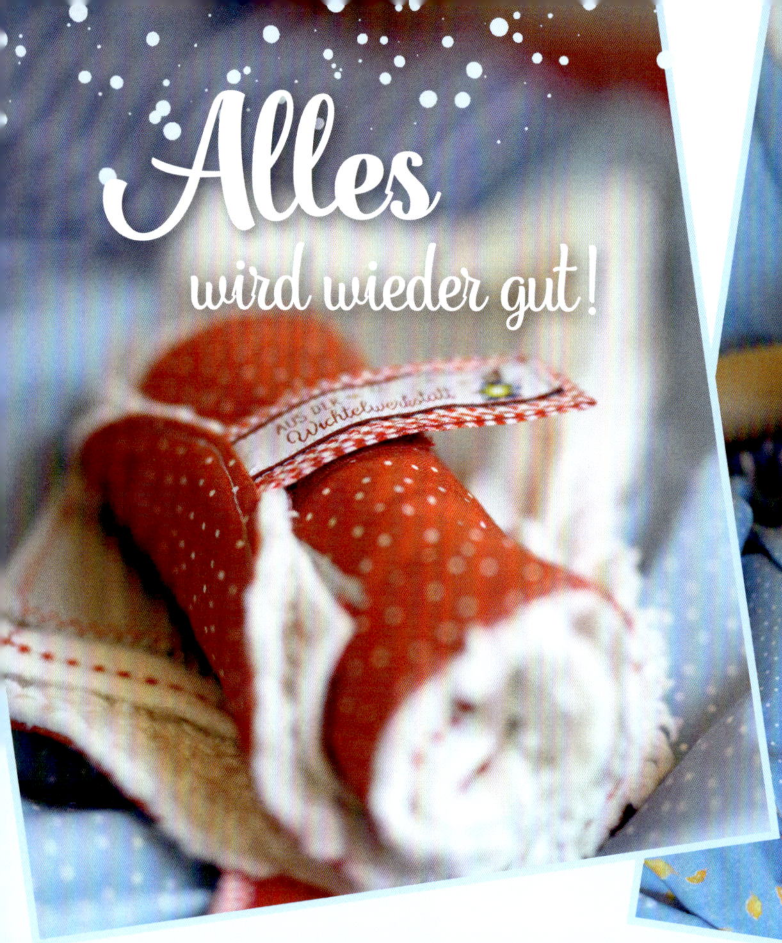

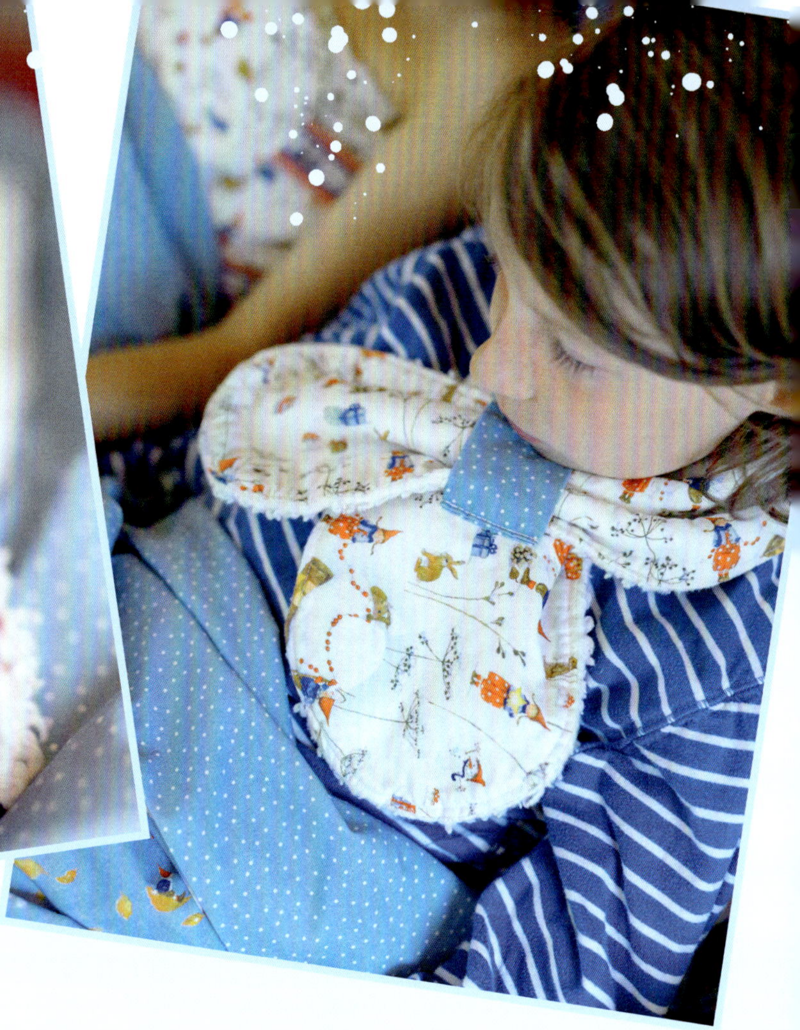

Steck-Schal

Größe: 80 x 13,5 cm
Schablone Nr. 14, Seite 108

Material:
- 0,20 m Stoff Schneewiese • 0,25 m Teddyplüsch
- 0,15 m Baumwollstoff Tupfen graublau-weiß

Zuschnitt inkl. Nz.
- 1x 82 x 15,5 cm Schneewiese • 1x 82 x 15,5 cm Teddyplüsch
- 1x 12 x 10,5 cm Tupfen graublau-weiß

Anleitung:
Stoffe vorwaschen. Fertige zunächst deine Schablone für den Steckschal an. Lege hierfür den Schablonenteil von Seite 108 auf dein ausreichend großes Schnittmusterpapier und verlängere an den beiden Pfeilen um jeweils 60 cm. Achte auf einen geraden Verlauf beim Anzeichnen. Setze den Schablonenteil nun wiederum an das andere, noch offene Schalende, deine Schablone ist nun fertig. Du kannst diesen Mittelteil nach Bedarf auch etwas kürzen oder verlängern. • Lege die beiden Stoffe rechts auf rechts aufeinander, zeichne die Schalumrisse ein, fixiere die Stofflagen rund herum mit Stecknadeln, steppe mit großer Stichlänge rund herum direkt auf der eingezeichneten Linie, lasse jedoch an einer der Längsseiten eine ca. 10 cm lange Wendeöffnung. Schneide den Schal mit einem Abstand von ca. 1 cm um die Naht herum aus und wende durch die Wendeöffnung. Steppe mit großer Stichlänge rund herum und knappkantig, die Wendeöffnung wird hierbei mit geschlossen. • Falte den blauen Zuschnitt längs rechts auf rechts, steppe die Längskante, bügle die Nahtzugaben auseinander und wende den Zuschnitt. Richte die Naht in die hintere Mitte, bügle die Nahtzugaben der offenen Kanten nach innen und steppe die Schalschlaufe an diesen Kanten ca. 12 cm von der Rundung entfernt mittig auf den Schal, sodass du das andere Schalende durch diese Schlaufe ziehen kannst.

Brust- und Bauchwickel - Außenwickel

Für größere Kindergarten- bzw. kleine Schulkinder
Maße 23 x 80 cm, für Brustumfang ca. 55 - 70 cm
Schablone Nr. 15, Seite 108

Material:
• 0,30 m Baumwollstoff Schneewiese • 0,30 m Teddyplüsch
• 1x Webetikett Wichtelwerkstatt blau • 1x Webetikett Wichtelgeschenk • 0,40 m Schrägband rot-weiß kariert, 30 mm • 0,40 m Klettband 2 cm breit
Zuschnitt inkl. Nz:
• 1x 25 x 82 cm Baumwollstoff Schneewiese • 1x 25 x 82 cm Teddyplüsch • 2 x 20 cm Schrägband

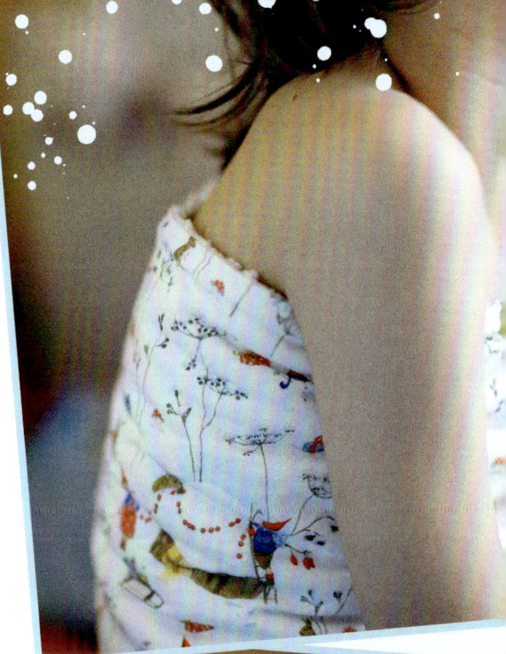

Wadenwickel - Außenwickel

Für größere Kindergarten- bzw. kleine Schulkinder
Maße 13 x 30 cm
Schablone Nr. 16, Seite 108

Material:
• 0,20 m Baumwollstof Tupfen rot-weiß • 0,20 m Teddyplüsch • 0,40 m Webband Pippa & Pelle im Schnee • 2 x Webetikett Wichtelwerkstatt rot • 0,20 m Klettband
• 0,35 m Schrägband rot-weiß kariert, 30 mm
Zuschnitt inkl. Nz:
• 2x 15 x 32 cm Baumwollstoff Tupfen rot-weiß • 2 x 15 x 32 Teddyplüsch
• 2x 16,5 cm Schrägband • 2 x 16 cm Webband

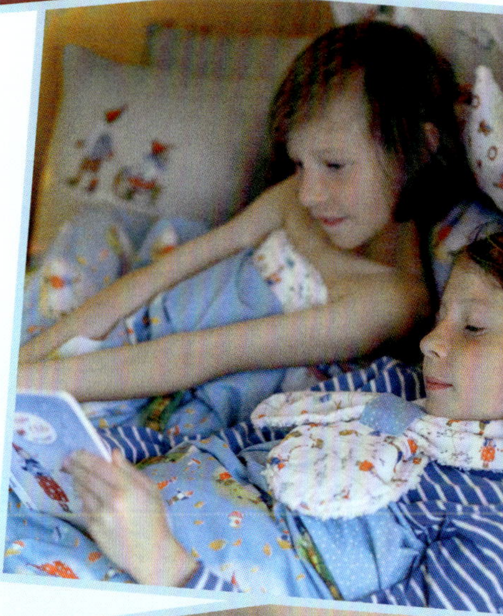

Anleitung für alle Außenwickel:
Stoffe vorwaschen. Fertige zunächst deine Schablonen an. Lege hierfür das gewünschte Schablonenteil (15 oder 16) auf dein Schnittmusterpapier. Spiegele die Schablone an der gestrichelten Linie zu deren Vervollständigung. Verlängere beim Brust- und Bauchwickel an den beiden Pfeilen um jeweils 32 cm, achte auf einen geraden Verlauf beim Anzeichnen. Setze den Schablonenteil nun wiederum an das andere, noch offene Wickelende, deine Schablone ist nun vollständig. ***Klettverschlüsse***: Falte die Schrägbandabschnitte links auf links, markiere die Bruchlinie, öffne die Schrägbänder wieder und nähe jeweils ein Stück raues Klettband, beginnend knapp neben dem Bruch, mittig auf die hintere Außenseite. • Falte die beiden Schrägbandstücke jeweils wieder links auf links, steppe rund herum knappkantig. Nähe in gleichmäßigem Abstand zu den Rändern die Webetiketten auf die Vorderseite. • ***Wickel***: Bei den Wadenwickeln steppe zunächst die Webbandstücke jeweils ca. 7 cm von der Rundung entfernt längs auf die beiden äußeren Wickel-Zuschnitte. Lege sodann bei allen Wickelvarianten jeweils einen äußeren und inneren Wickelzuschnitt rechts auf rechts aufeinander, schiebe beim Brust-/Bauchwickel ca. 4,5-5 cm vom oberen und unteren Rand entfernt die beiden Klettverschlüsse zwischen die zwei Stofflagen, bei den Wadenwickelchen jeweils eines in die Mitte der seitlichen Rundung jedes Wickels. • Achte darauf, dass die Webetiketten am Ende nach außen zeigen. Steppe die Wickel rund herum, lasse an einer der Längsseiten jedoch eine ca. 8 cm lange Wendeöfnung. Wende den Wickel, steppe rund herum knappkantig, die Wendeöfnung wird hierbei geschlossen. • Beim Brust-/Bauchwickel nähe die beiden 20 cm langen weichen Klettverschlussbänder jeweils ca. 4 cm vom linken Seitenrand passgenau zu den Schrägbandstücken auf die oben liegende Stoffseite. • Bei den Wa-

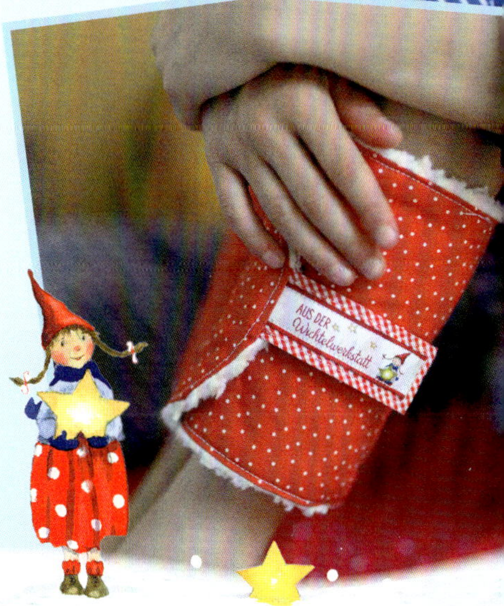

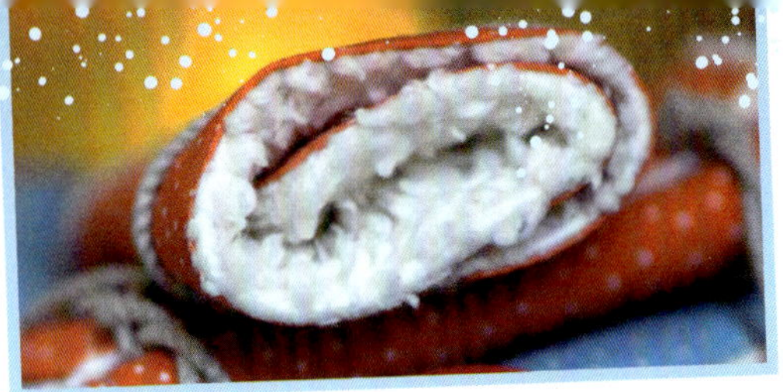

denwickelchen nähe die beiden 10 cm langen weichen Klettverschlussbänder jeweils ca. 3,5 cm vom nicht gerundeten Seitenrand entfernt passgenau zu den Schrägbandstücken auf die oben liegende rote Stoffseite. • Tipp: Statt den Klettverschlüssen kannst du bei den Wadenwickeln auch jeweils eine lange Kordel zwischen die Stofflagen nähen, die zum Fixieren um die Waden herum geschlungen werden.

Anleitung für alle Innenwickel (Brust, Bauch, Wade):
Klassischerweise besteht ein kompletter Wickel aus insgesamt drei Lagen: Außenwickel, Zwischenwickel, Innenwickel. Der direkt auf der Haut liegende Innenwickel ist meist aus Leinen. Das Zwischentuch sollte aus saugstarkem Naturmaterial sein, damit die Nässe und/oder Wirkstoffe des darunter liegenden Innenwickels nicht nach außen dringen kann. • Der doppelt gearbeitete Außenwickel hält die inneren Wickel an Ort und Stelle und wärmt zugleich – unser selbst genähter Außenwickel ist dazu noch wunderschön anzusehen. • Die zum Außenwickel passenden beiden innen liegenden Wickellagen lassen sich ganz einfach aus Materialien vorbereiten, die man meist ohnehin zu Hause hat oder ohne viel Mühen besorgen kann. • Als Zwischenwickel eignen sich z.B. (ausrangierte) Mull-/Moltontücher oder kleine Gästehandtücher aus Frottee. Man faltet oder schneidet diese so zurecht, dass sie über den Brustbereich/Bauch passen und an den Rändern einige Zentimeter vom Außenwickel umgeben sind. • Diese Zwischenlage darf keinesfalls über den Außenwickel hinausragen! Der Innenwickel ist klassischerweise aus Leinen, dessen Zuschnitt wiederum etwas kleiner sein sollte als der des Zwischentuchs. Wer möchte, kann die beiden Innentücher mit einem hübschen Zierstich umranden. • Beispiele für Wickel-Anwendungen Bauch-/Brustwickel können z.B. bei (Ein-)Schlafproblemen oder Bauchschmerzen entspannend wirken. Als Zusätze eignen sich Lavendel-, Kümmel-Fenchel-Öl, warme Kamillen-Kompressen o.ä. Bei Husten oder Bronchitis eignen sich Quarkwickel, Lavendelwickel, Auflagen mit Thymian-Balsam oder Bienenwachswickel. • Der klassische Wadenwickel ist sicher geläufger – zur milden Fiebersenkung wird das Leinentuch in lauwarmes Wasser getaucht, ausgewrungen, um die Waden gelegt, das Zwischentuch darüber gespannt und vom Außenwickel gehalten – dies kann bei Bedarf mehrmals wiederholt werden. • Passende Literatur mit vielen Infos zum Thema Wickel & Auflagen: Wickel & Co, Ursula Uhlemayr / Das Kinder-Gesundheitsbuch, Jan Vagedes und Georg Soldner

Bienenwachswickel

Maße: Kinder, ca. 10 x 15 cm / Erwachsene, 15 x 20 cm

Material:
• vorgewaschene Baumwollstoffzuschnitte in Wunschgröße, ohne Weichspüler • ca. 50 g reines Bienenwachs (mögl. vom Bio-Imker oder Granulat aus der Apotheke) • 1 Esslöffel Kokosöl oder Olivenöl • leeres Einmachglas • Topf • breiter Borstenpinsel (nicht haarend) • Backpapier • Backblech • Bügeleisen • Föhn • Holzspieß

Anleitung:
Gib das Bienenwachs in ein trockenes, sauberes Einmachglas und schmelze es im Wasserbad. Gib ca. 1 EL Olivenöl oder Kokosfett dazu, verrühre die Fette mit einem Holzspieß. • Lege Backpapier auf ein Backblech und darauf einen oder mehrere Stoffzuschnitte. • Pinsle das füssige Wachs zügig über den Stoff, lege ein weiteres Backpapier darüber und bügle auf höchster Stufe, damit das Wachs gleichmäßig in den Stoff dringt. • Entferne das oben auf liegende Backpapier nach kurzem Abkühlen und lasse die Bienenwachstücher vollständig erkalten. • Föhne die Tücher nochmal kurz heiß.

Verwendung:
Bei Erkältung, Husten, Einschlafproblemen, Verspannungen o.ä.. Lege den Bienenwachswickel auf ein Stück Butterbrot- oder Backpapier, föhne das Tuch vorsichtig, bis es beginnt weich zu werden. • Achtung: das Wachs darf keinesfalls heiß werden, sondern lediglich angenehm warm! Lege den warmen Bienenwachswickel je nach Beschwerden sogleich auf Brust, Bauch oder Rücken, lege darüber ein Tuch aus Mull oder ein Schafwollvlies und fixiere das Ganze mit dem Außenwickel.

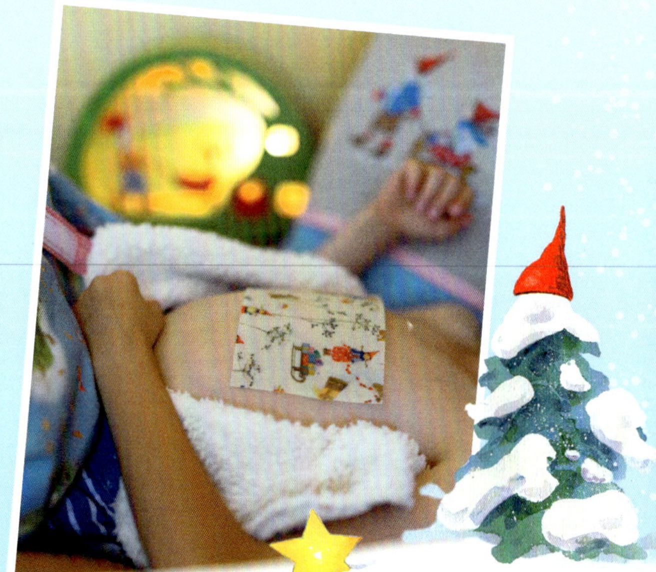

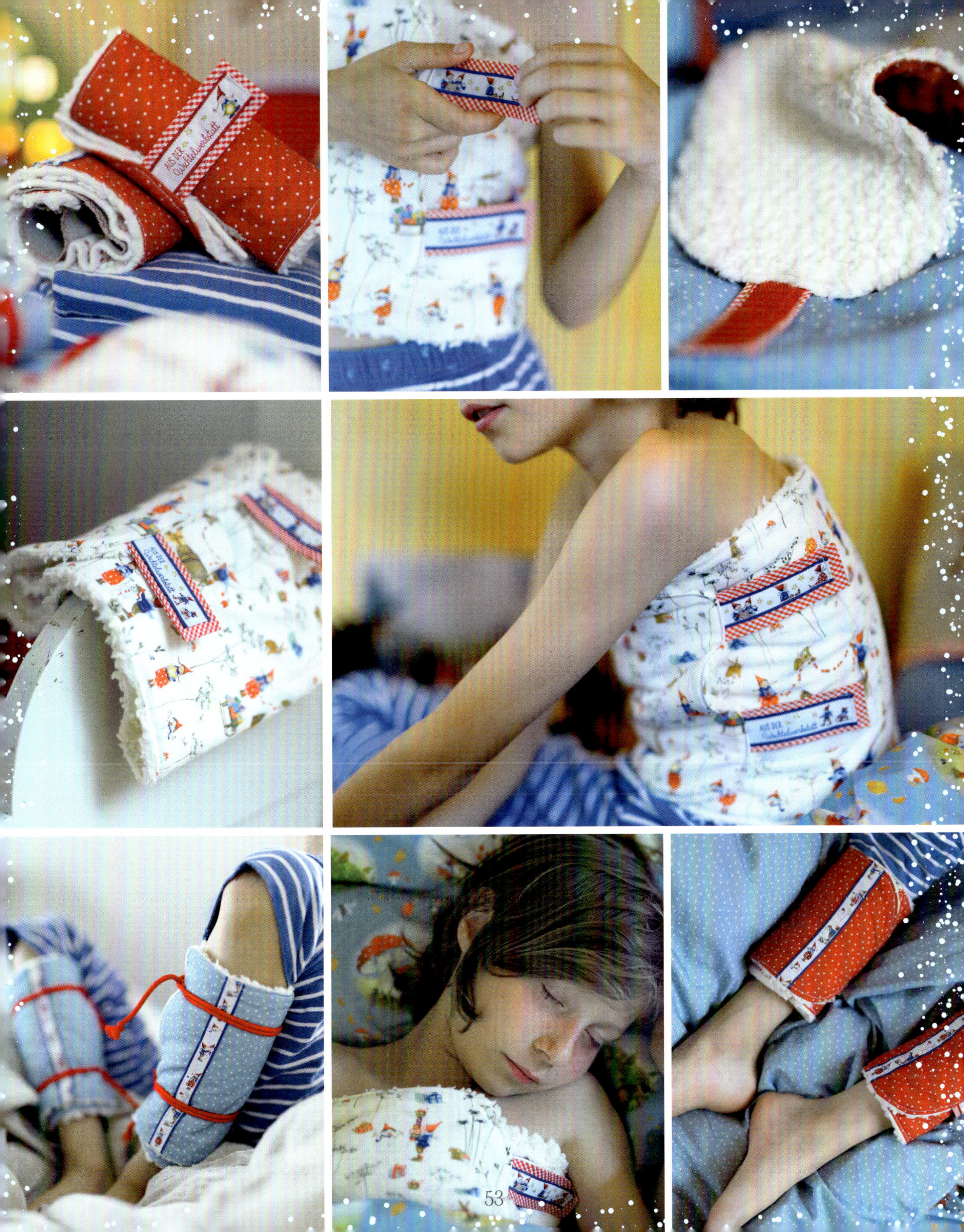
AUS DER Wichtelwerkstatt

Alle meine Bücher

In dieser Tasche haben bis zu sechs Bücher von Pippa und Pelle Platz. So können sie auch wunderbar überall hin mitgenommen werden.

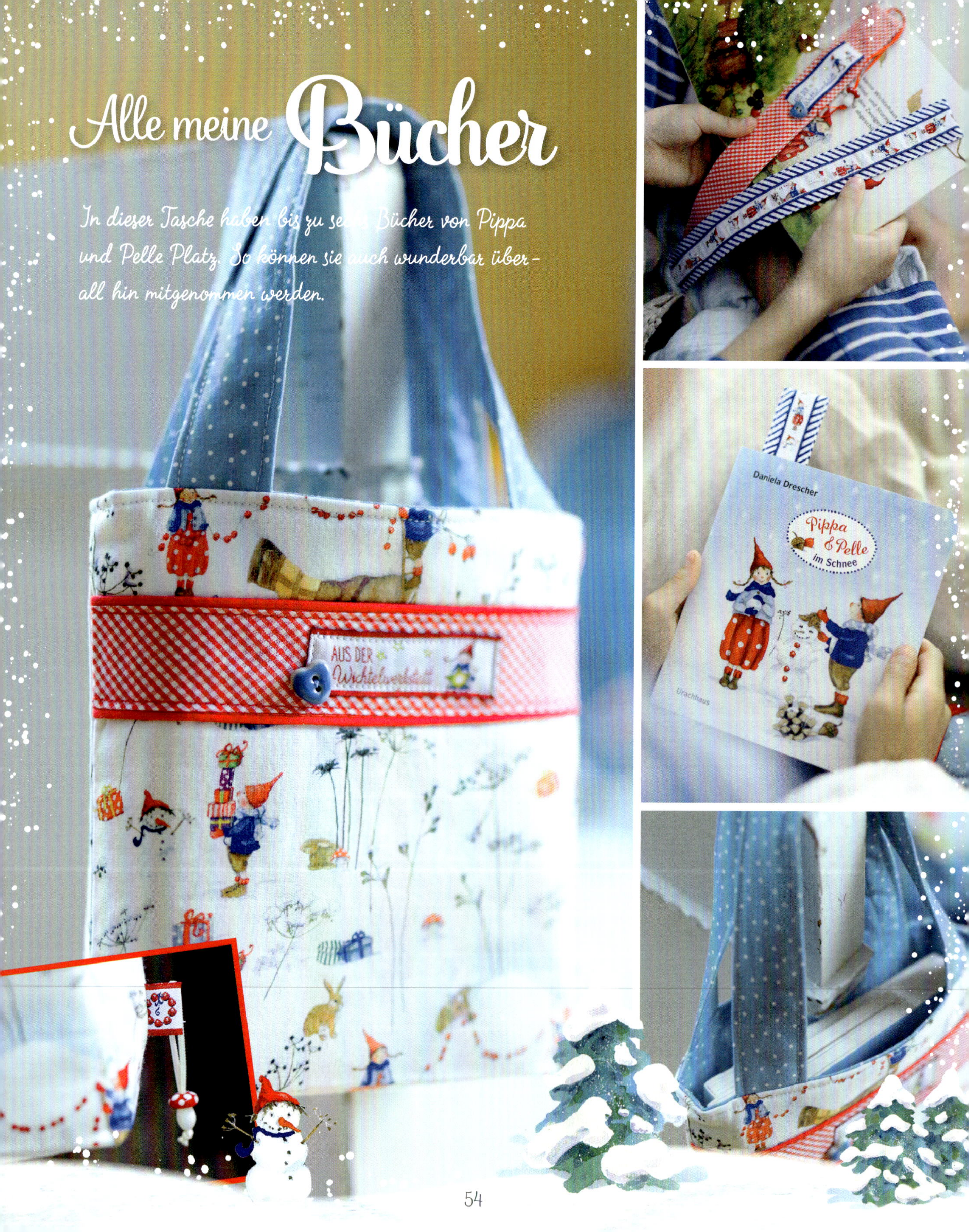

Bücher-Tasche

Passend für bis zu 6 Pippa & Pelle Bücher

Material:
• 0,25 m Baumwollstoff Schneewiese • 0,25 m Baumwollstoff Tupfen blaugrau-weiß • 0,25 m Schrägband rot gestreift 30 mm • 0,25 m dünnes Volumenvlies • 0,45 m Baumwollpaspel rot • 0,10 m Satinband weiß • 0,10 m Webband Wichtelkinder • 1 Webetikett Wichtelwerkstatt rot • 1 Herzknopf blau • 1 Glasfliegenpilz

Zuschnitt inkl. Nz:
• 2x 22 cm x 22 cm Tupfen blaugrau-weiß • 2x 8 cm x 32 cm Tupfen blaugrau-weiß • 2 x 22 cm x 22 cm Schneewiese • 2x 22 cm Paspel • 1x 22 cm Schrägband

Anleitung:
Fixiere das halb offene Schrägband links auf rechts 4 cm von der oberen Kante entfernt mit Stecknadeln quer auf den vorderen Taschenzuschnitt, schiebe an der oberen und unteren Kante jeweils die Paspel darunter und steppe die Quernähte knappkantig. • Nähe mittig das Webetikett über das Schrägband und schmücke die untere linke Ecke mit dem Herzknopf. Hinterbügle die Taschenfutter-Zuschnitte und die beiden Trageriemen mit Volumenvlies. • Lege jeweils die beiden inneren und äußeren Taschenzuschnitte rechts auf rechts aufeinander und steppe diese an den beiden Seiten und am Boden. Beim Futterzuschnitt lasse an einer der Seitennähte ca. 7 cm von der oberen Kante entfernt eine ca. 6 cm lange Wendeöffnung, an der später rechten Taschenaußenseite fasse ca. 13-14 cm von der oberen Kante entfernt das mittig gefaltete Webbandstückchen in die Seitennaht mit ein. • Falte die Trägerzuschnitte jeweils mittig rechts auf rechts und steppe die Längskanten. Wende die Träger, platziere die Naht an die hintere Mitte, bügle die Träger und steppe die Längskanten knappkantig. • Stecke die Trägerenden nun jeweils 3 cm von den Seitennähten entfernt rechts auf rechts an die obere Kante an Vorder- und Rückseite des Taschen-Außenteils. • Stülpe das Futterteil rechts auf rechts darüber, Seitennaht trifft auf Seitennaht. Nähe die Taschenteile an der oberen Kante zusammen, die Träger liegen dabei zwischen beiden Lagen. • Achte darauf, dass die Trägerenden parallel zur oberen Taschenkante liegen. Wende die Tasche durch die Wendeöffnung, schließe diese, stülpe das Futter in das Außenteil, dämpfe das Täschchen mit einem feuchten Tuch und steppe den obere Taschenrand knappkantig. Ziehe das Satinband durch die seitliche Webbandschlaufe, fädle das Pilzchen auf und verknote die beiden Enden unterhalb des Pilzchens.

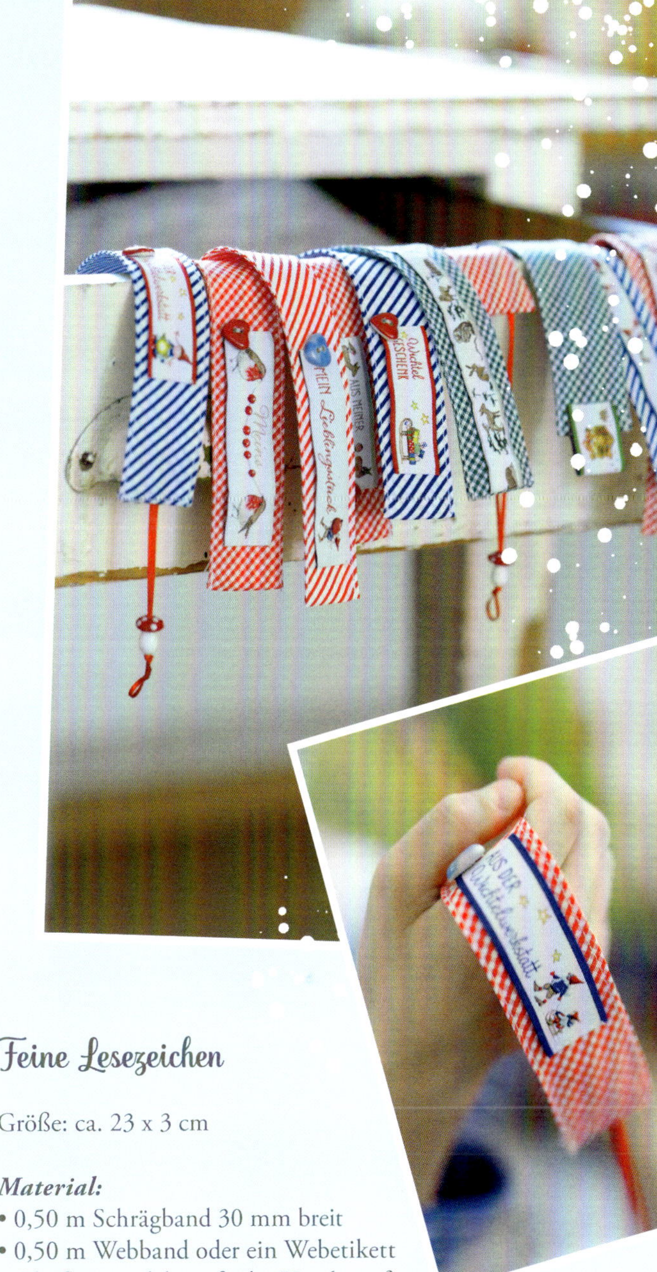

Feine Lesezeichen

Größe: ca. 23 x 3 cm

Material:
• 0,50 m Schrägband 30 mm breit
• 0,50 m Webband oder ein Webetikett
• Glasfliegenpilzknopf oder Herzknopf
• 0,10 m Satinbandrot

Anleitung:
Diese hübschen Lesezeichen sind eine feine Handarbeit für Leseratten. Das Webband oder das Webetikett wird auf eine Hälfte des Schrägbandes aufgenäht. Anschließend zusammenklappen und an allen Seiten zusammennähen. Wenn es gefällt mit in die Naht noch einen Glasfliegenpilzknopf am Satinband einfassen. Bei den Webetiketten sieht das kleine Herzknöpfchen noch sehr fein dazu aus.

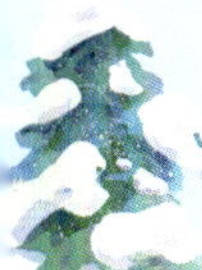

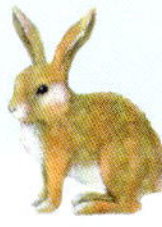

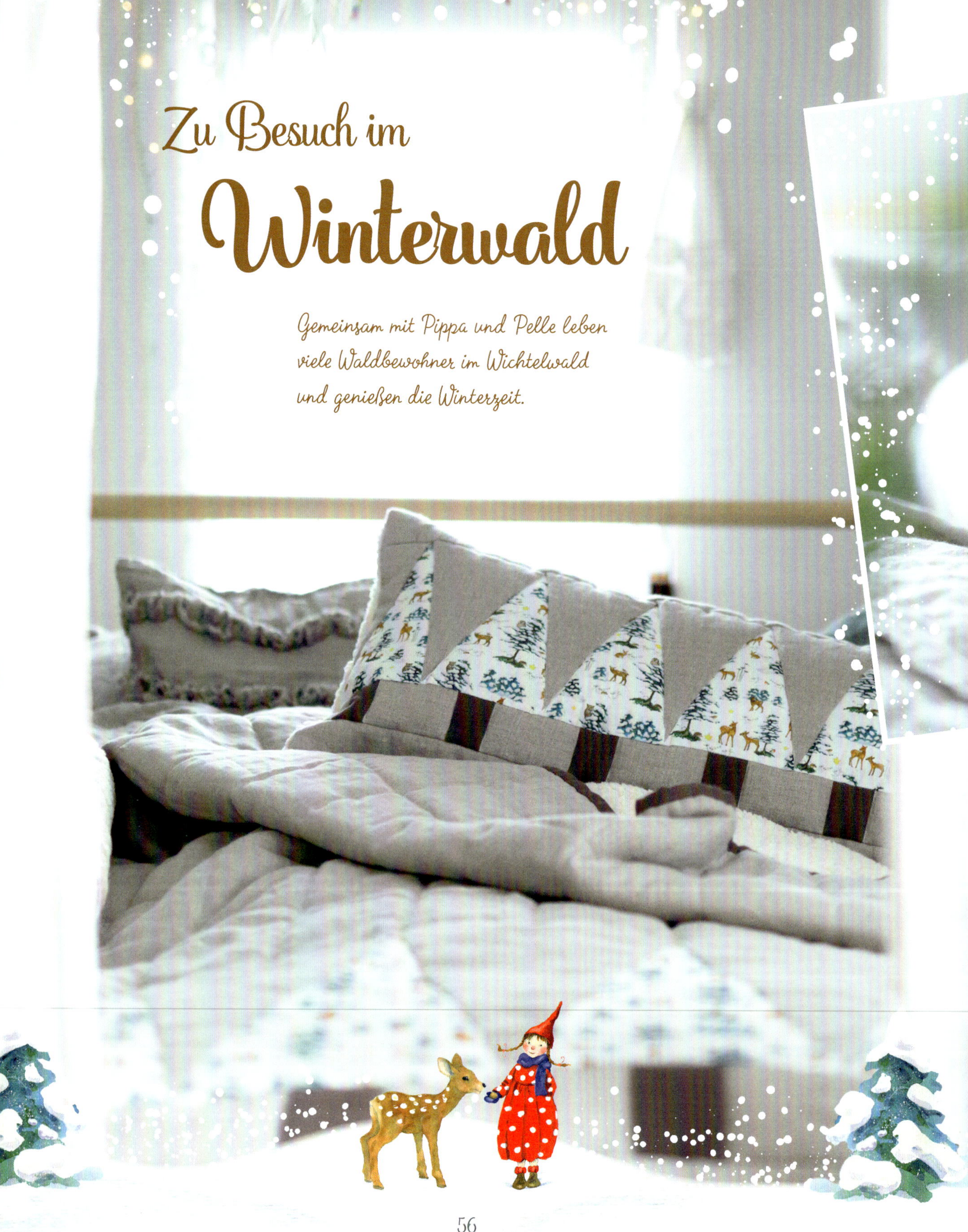

Zu Besuch im Winterwald

Gemeinsam mit Pippa und Pelle leben viele Waldbewohner im Wichtelwald und genießen die Winterzeit.

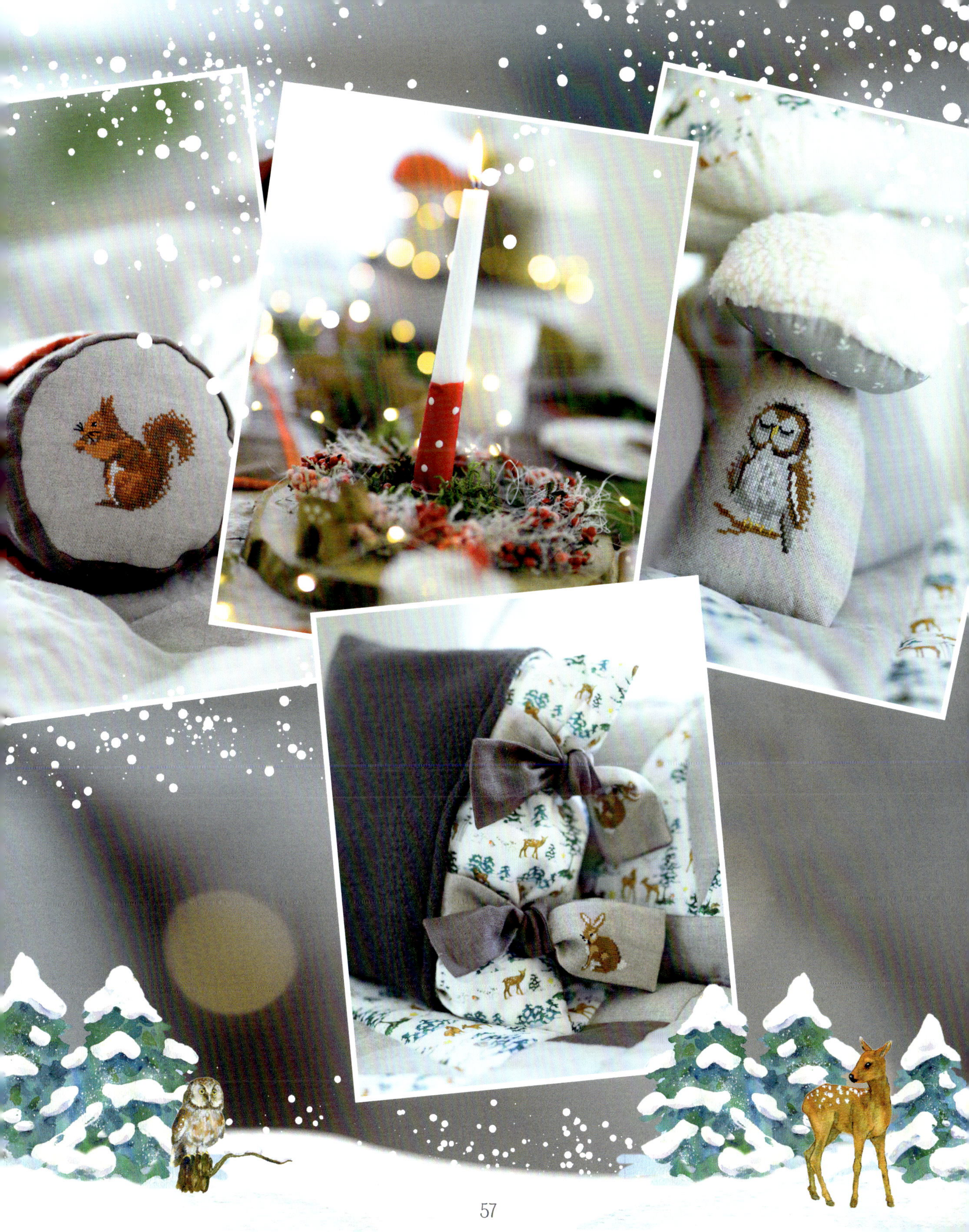

Winterwald Patchworkdecke

Größe: 200 x 138 cm
Schablone Nr. 17.1–17.2, Seite 106

Material:

- 1,00 m Baumwollstoff Winterwald (A)
- 2,20 m Leinenstoff natur (B)
- 0,45 m Leinenstoff dunkelbraun (C)
- 2,10 m Teddyplüsch (D)
- 2,00 m Volumenvlies

Zuschnitt inkl. 1 cm Nz:

- A: 2 Streifen 50 x 140 cm
- B: a) 1 Teil 118 x 140 cm, b) 1 Teil 36 x 140 cm, c) 1 Streifen 50 x 140 cm, d) 1 Streifen 10 x 140 cm
- C: a) 1 Streifen 10 x 140 cm, b) 5 Streifen 5 x 140 cm

Anleitung:

Schablone 17 ergibt an der gestrichelten Linie gespiegelt ein komplettes Baumdreieck. Übertrage sie 6 Mal auf die Rückseite von A und schneide die Dreiecke auf den Linien aus. Achtung: eine Nahtzugabe von 1 cm ist in der Schablone bereits enthalten! • Übertrage die Schablone weiterhin 5 Mal auf den Streifen c) aus B, die Schablone für das Anfangs- und Enddreieck 2 Mal. • Nähe die Dreiecke nun nach der Schemazeichnung.• Aus dem Streifen a) aus C schneide 6 Teile 10 x 8 cm (Baumstämme). • Und aus dem Streifen d) aus B schneide 5 Teile 10 x 19 cm (zwischen den Baumstämmen) und 2 Teile 10 x 10,5 cm (Anfangs- und Endstück). • Nähe nun die Reihe mit den Baumstämmen ebenfalls nach der Schemazeichnung zusammen. Wir empfehlen dir hier, bei jedem Stück, das du annähst, vorher zu messen, dass der Baumstamm auch immer mittig unter dem jeweiligen Baumdreieck positioniert ist. Theoretisch muss es bei 1 cm Nahtzugabe genau passen, aber praktisch ist es besser, jedes Mal zu messen, denn manchmal sind die Nahtzugaben nicht ganz genau 1 cm und hier würde es eben besonders ins Auge fallen, wenn die Stämme nicht genau mittig unter den Bäumen platziert sind. Deshalb: lieber zwei Mal stecken und messen … • Nach Fertigstellung der Baumreihe wird a) aus B oben daran angenäht, b) aus B unten. • Lege nun die Vorderseite auf das Volumenvlies und diese dann links auf links auf D. Reihe alle drei Lagen mehrfach zusammen, je mehr desto besser! Steppe dann durch alle drei Lagen die Nähte der Baumreihe auf der Vorderseite nach und darüber hinaus die großen Leinenstücke nach Belieben. • Die Reihfäden entfernen und die Decke mit einem Rand aus den Streifen b) aus C einfassen, wie im Randbinding auf Seite 32 beschrieben.

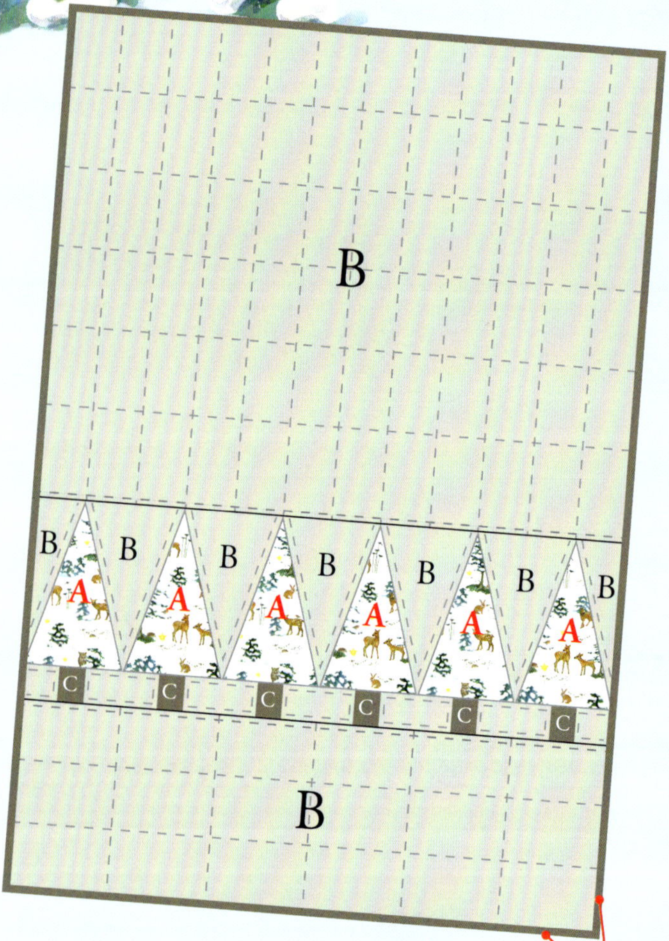

B

B B B B B B B

A A A A A A

C C C C C C

B

Randbinding aus C

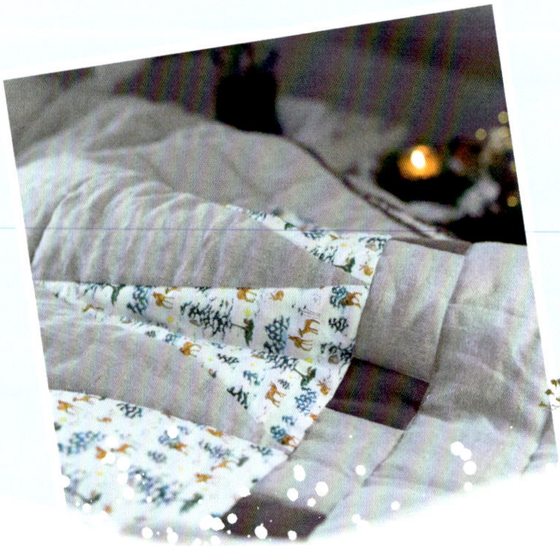

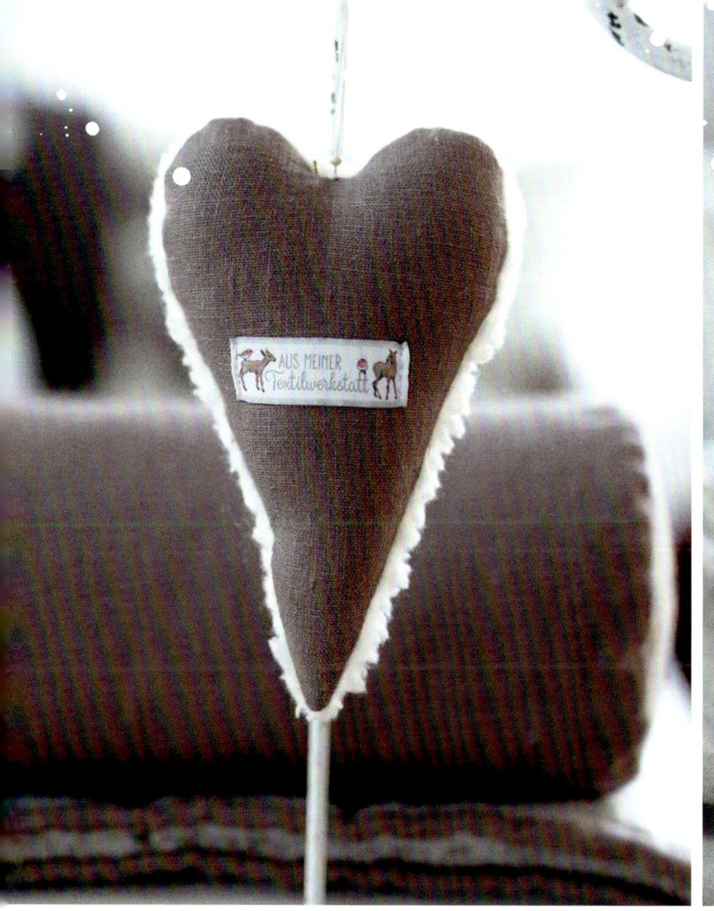
AUS MEINER
Textilwerkstatt

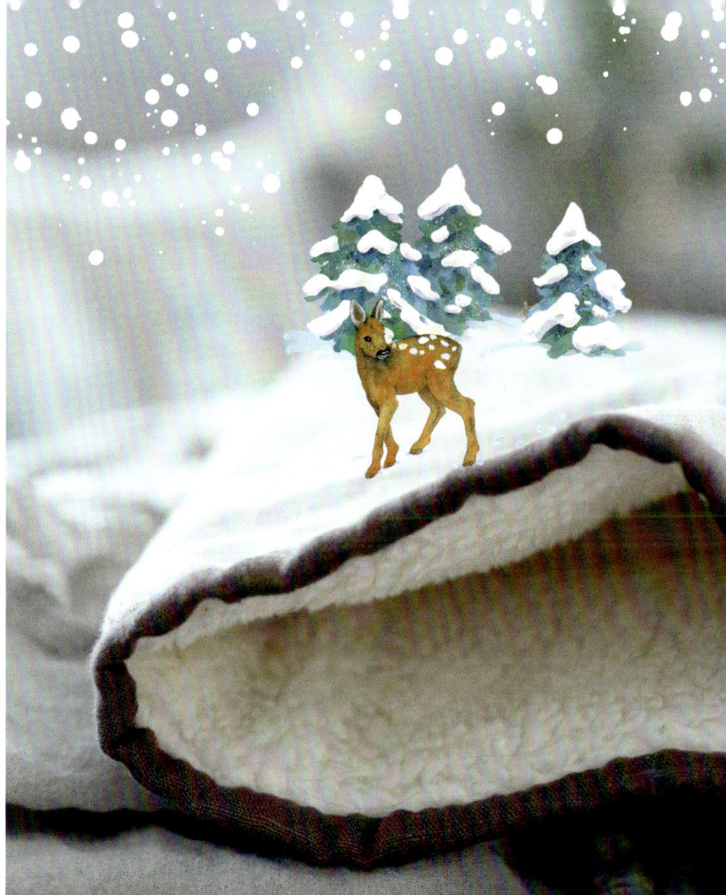

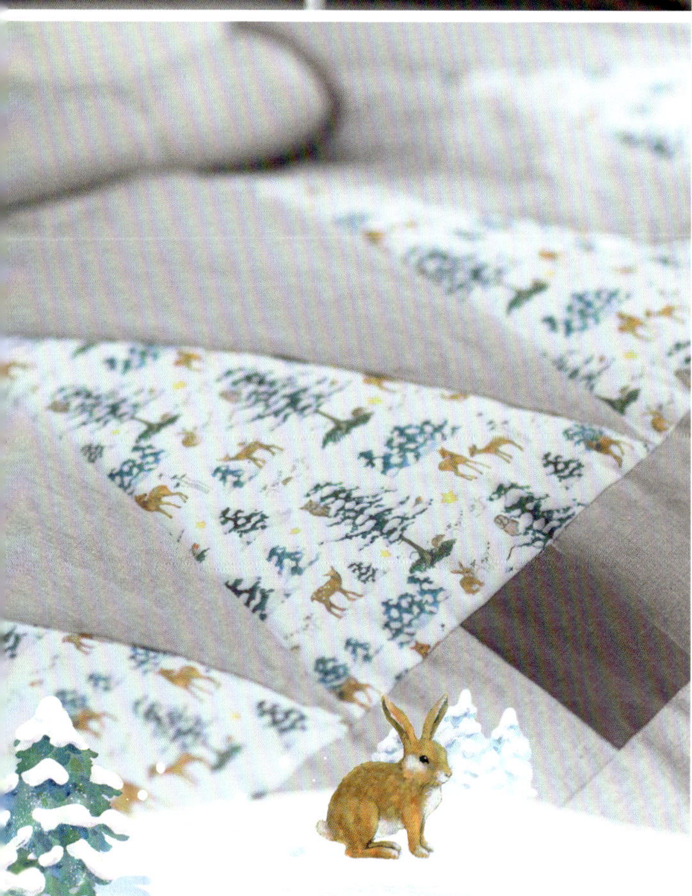

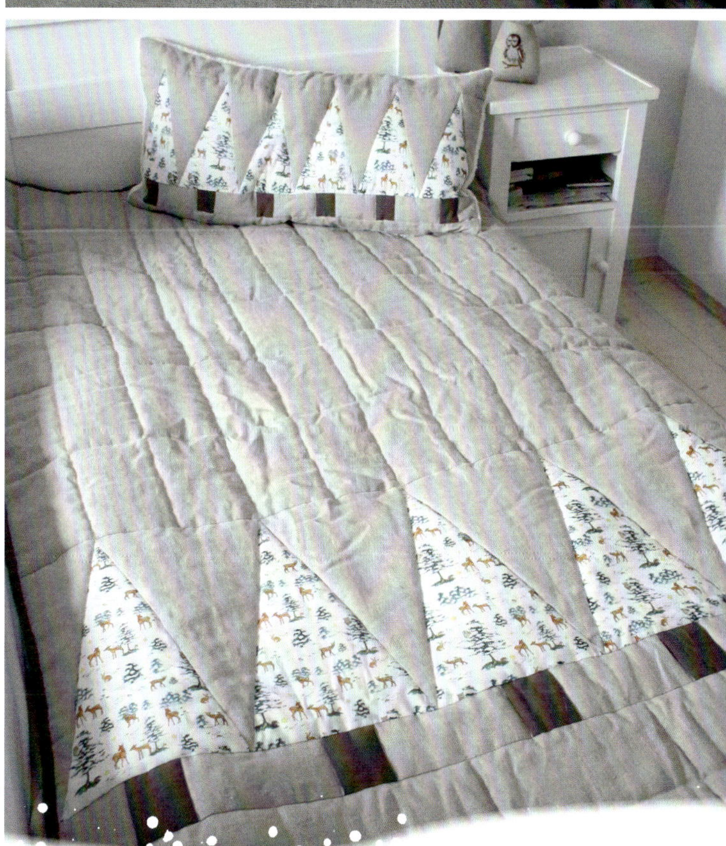

Träume sacht vom Winterwald

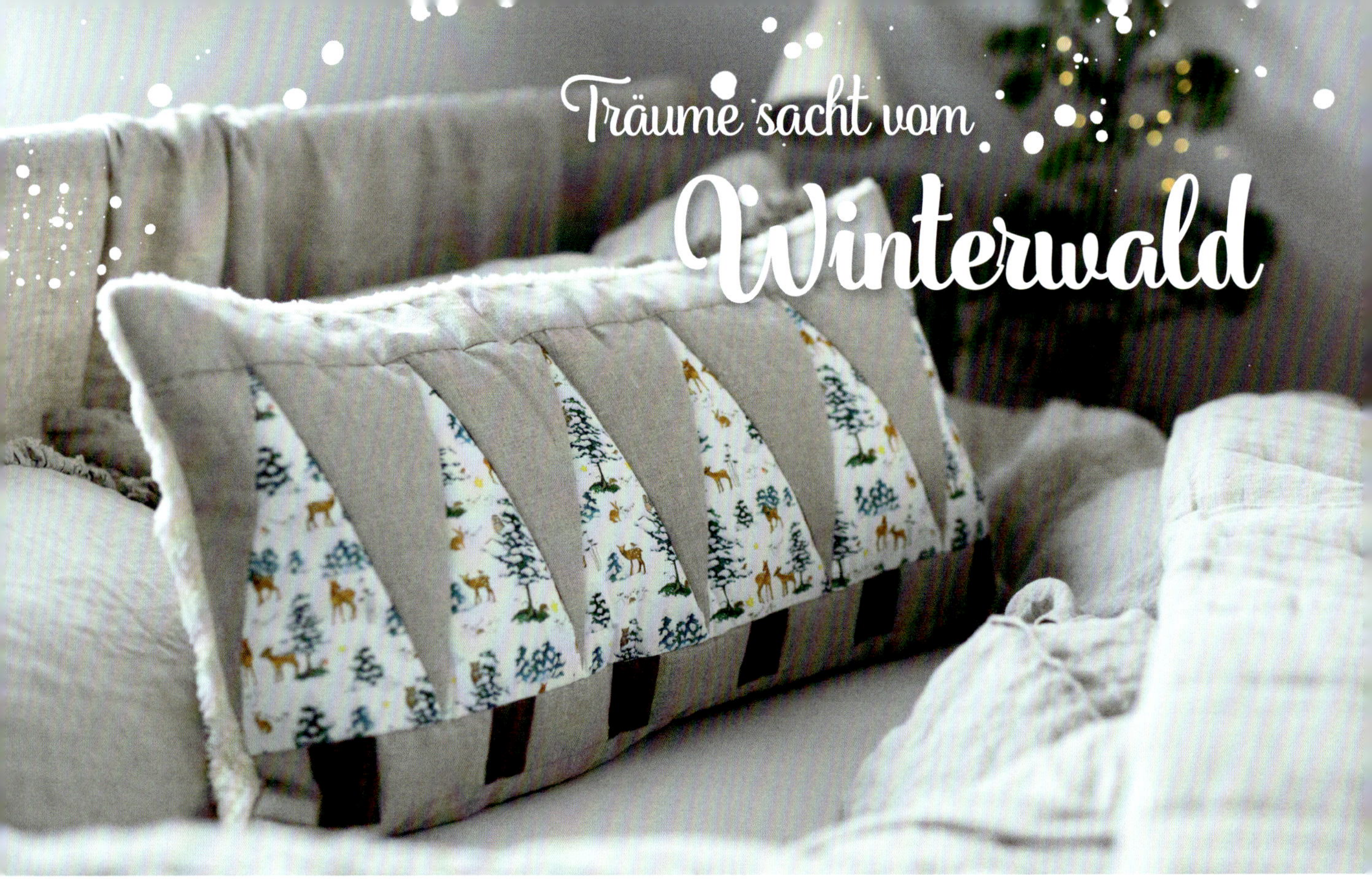

Winterwaldkissen

Größe: 40 x 80 cm
Schablone Nr. 18.1–18.2, Seite 106

Material:

- 0,75 m Baumwollstoff Winterwald (A)
- 0,60 m Leinenstoff natur (B)
- 0,10 m Leinenstoff dunkelbraun (C)
- 0,45 m Teddyplüsch (D)
- 0,45 m Volumenvlies (E)
- Reißverschluss
- Kissenfüllung

Zuschnitt inkl. 1 cm Nz:

- A: a) 1 Streifen 30 x 140 cm, b) 1 Teil 42 x 82 cm
- B: a) 1 Streifen 30 x 140 cm, b) 1 Streifen 7 x 140 cm, c) 1 Teil 9 x 82 cm, d) 1 Teil 6 x 82 cm
- C: 6 Teile 7 x 6 cm (Baumstämme)
- D: 42 x 82 cm
- E: 42 x 82 cm

Anleitung:

Schablone 18 ergibt an der gestrichelten Linie gespiegelt ein komplettes Baumdreieck. Übertrage sie 6 Mal auf die Rückseite von A und schneide die Dreiecke auf den Linien aus. Achtung: eine Nahtzugabe von 1 cm ist in der Schablone bereits enthalten! • Übertrage die Schablone weiterhin 5 Mal auf den Streifen a) aus B, die Schablone für das Anfangs- und Enddreieck 2 Mal. • Nähe die Dreiecke nun nach der Schemazeichnung auf Seite 58 zusammen. • Aus dem Streifen b) aus B schneide 5 Teile 7 x 11,5 cm (zwischen den Baumstämmen) und 2 Teile 7 x 7 cm (Anfangs- und Endstück). • Nähe nun die Reihe mit den Baumstämmen laut Foto zusammen, beachte dazu die Skizze der Decke auf Seite 58. • Nach Fertigstellung der Baumreihe wird c) aus B oben daran angenäht, d) aus B unten. • Lege nun die Vorderseite auf E und diese dann links auf links auf b) aus A. Reihe alle drei Lagen mehrfach zusammen, je mehr desto besser! Steppe dann durch alle drei Lagen die Nähte der Baumreihe auf der Vorderseite nach. • Diese drei zusammengefügten Lagen bilden die Vorderseite des Kissens. Lege diese nun rechts auf rechst auf D, nähe an der langen Unterkante den Reißverschluss ein und die restlichen drei Seiten ringsum zusammen. Wenden, aufziehen, fertig!

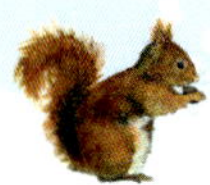

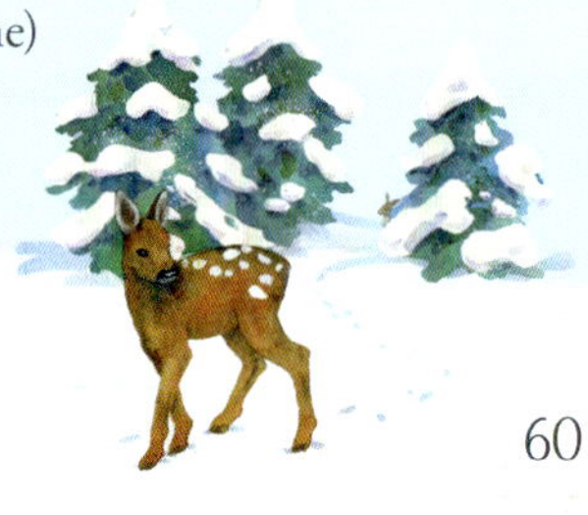

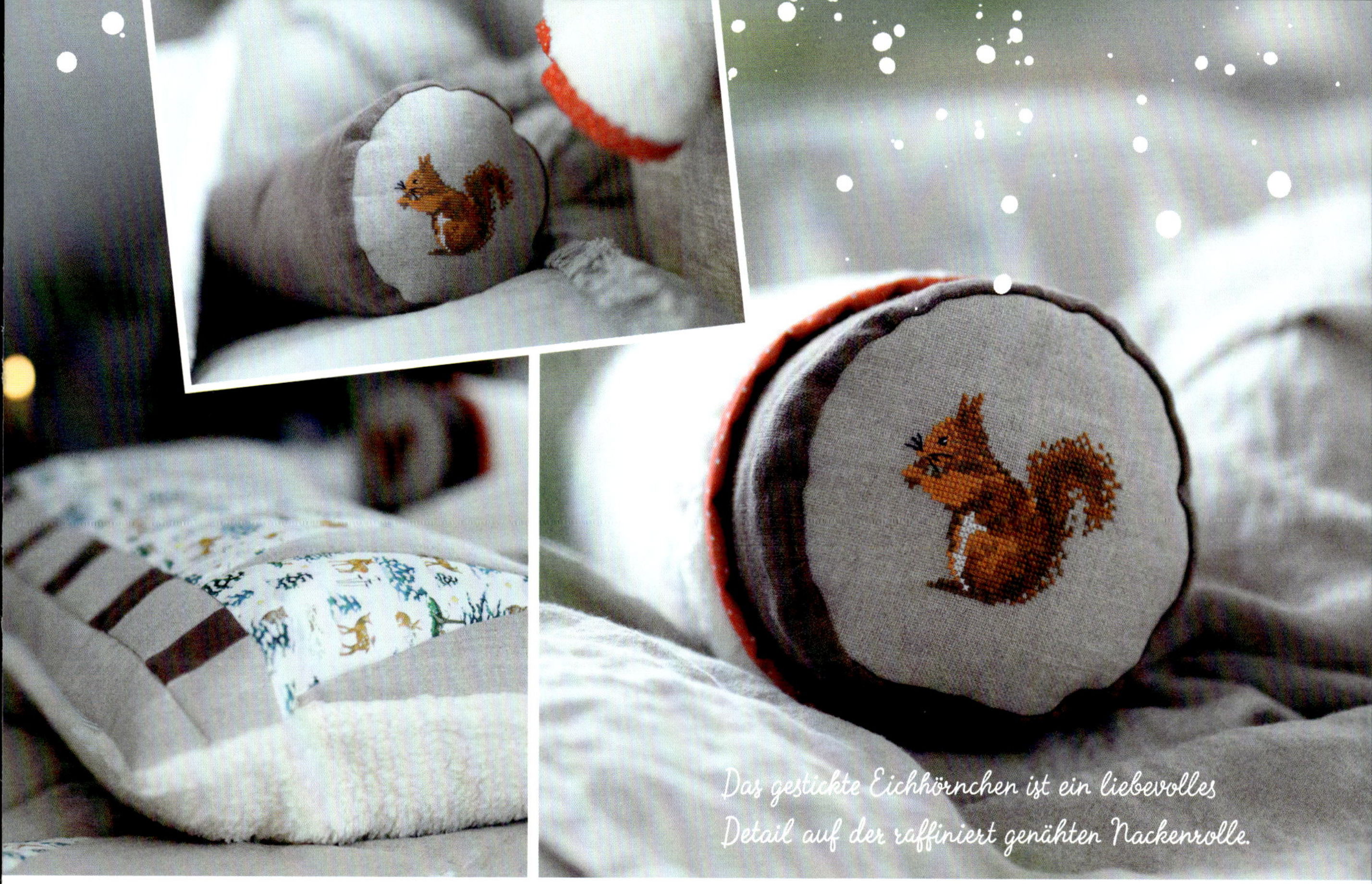

Das gestickte Eichhörnchen ist ein liebevolles Detail auf der raffiniert genähten Nackenrolle.

Eichhörnchen-Nackenrolle

Größe: 18 x 40 cm
Stickereigröße: 6 x 8 cm
Stickmuster Seite 98
Schablone Nr. 27, Seite 108

Material:

- 0,20 m Stickleinen natur (A)
- 0,55 m Leinenstoff dunkelbraun (B)
- 0,55 m Baumwollstoff Blättchen grau (C)
- 0,55 m Teddyplüsch (D)
- 0,10 m Baumwollstoff Tupfen rot-weiß (E)
- 0,20 m Vlieseline (F)
- Stickgarne
- Reißverschluss
- Kissenfüllung Nackenrolle

Zuschnitt inkl. 1 cm Nz / 2 cm für den Reißverschluss:

- A und F: 2 Teile 20 x 20 cm
- B: 49 x 42 cm
- C und D: 47 x 34 cm
- E: zwei Streifen 5 x 55 cm

Anleitung:

Sticke das Motiv jeweils mittig auf A. Anschließend kurz von Hand durchwaschen, die Schablone auf die Rückseite übertragen, den Kreis zzgl. 1 cm Nahtzugabe ausschneiden und die Vlieseline hinterbügeln. • Nähe zwischen die beiden kurzen Seiten von B den Reißverschluss ein, danach links und rechts die Kreise aus A als Seitenteile einnähen und den Bezug wenden. • C und D jeweils an den kurzen Seiten zur Runde zusammennähen und beide Teile dann links auf links ineinander stülpen. • Die beiden Ränder links und rechts jeweils mit einem Streifen E einfassen und die fertige Hülle über den Leinenbezug ziehen.

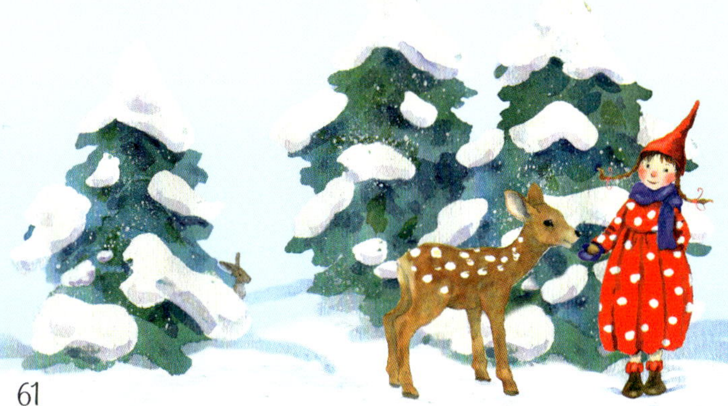

Märchenhafte

Tafelfreuden

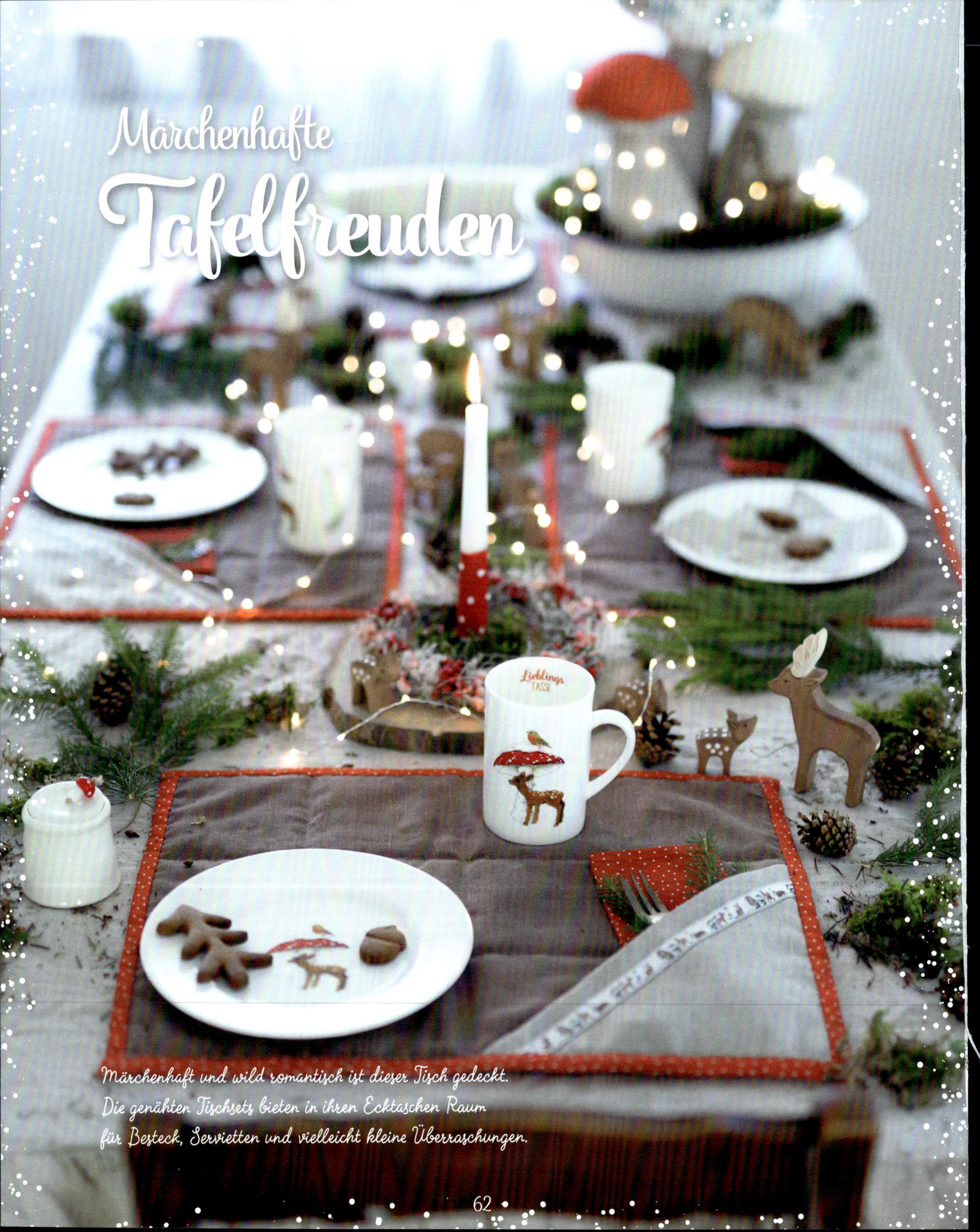

Märchenhaft und wild romantisch ist dieser Tisch gedeckt.
Die genähten Tischsets bieten in ihren Ecktaschen Raum
für Besteck, Servietten und vielleicht kleine Überraschungen.

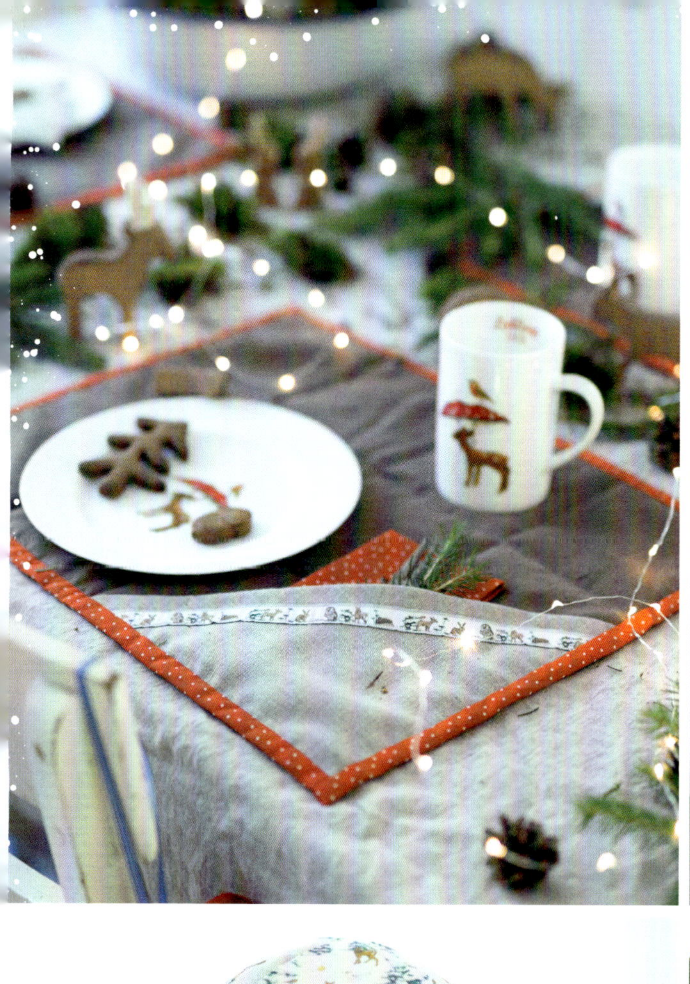

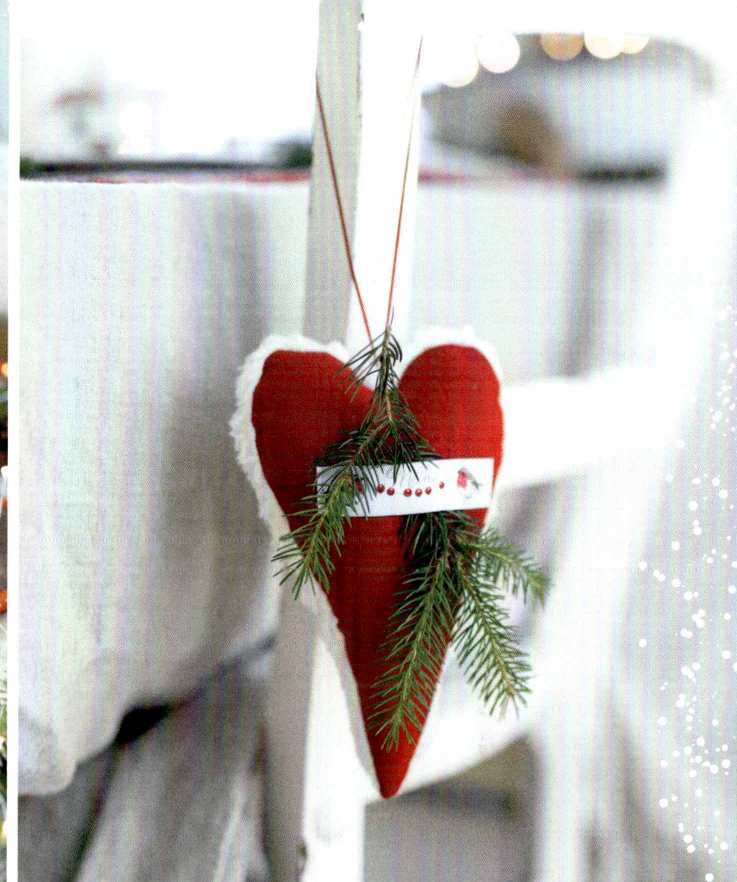

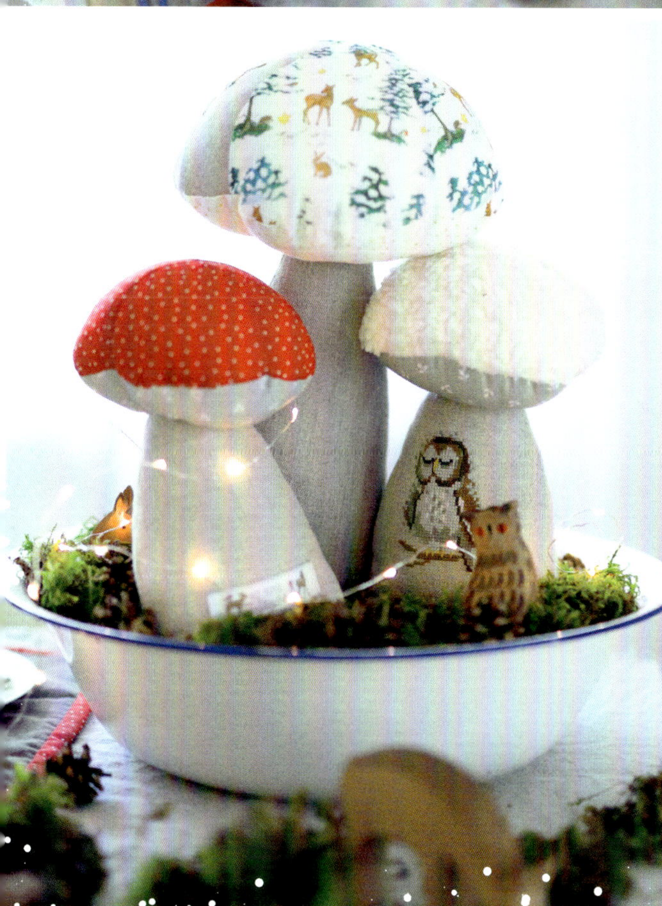

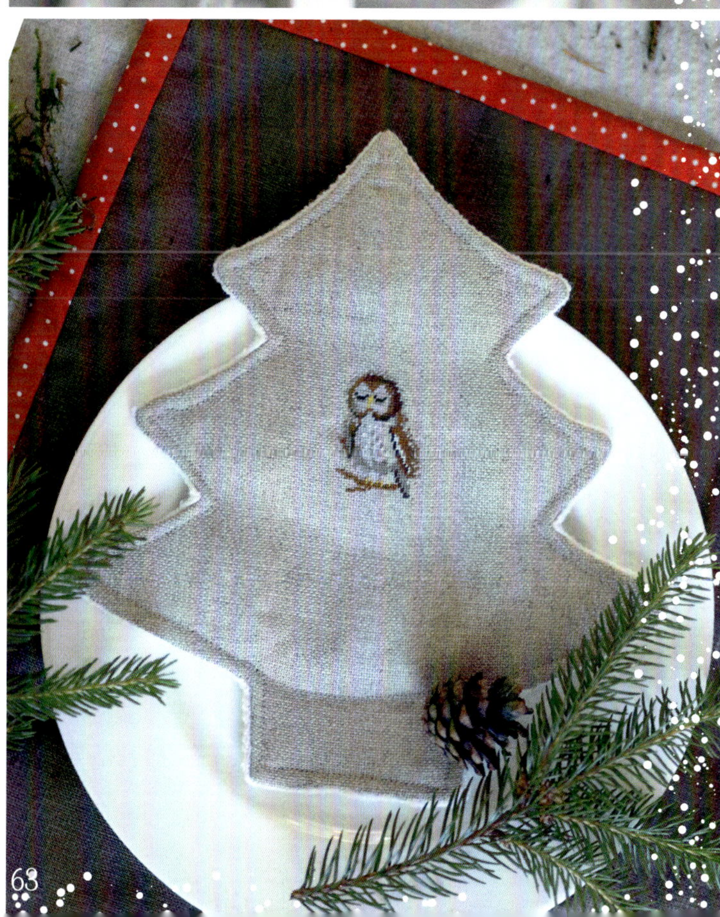

Winterwald Platzsets

Größe: 35 x 45 cm

Material für ein Platzset:

- 0,40 m Leinenstoff dunkelbraun (A)
- 0,25 m Leinenstoff natur (B)
- 0,40 m Baumwollstoff Winterwald (C)
- 0,15 m Baumwollstoff Tupfen rot-weiß (D)
- 0,40 m Volumenvlies zum Aufbügeln
- 0,30 m Webband Winterwald

Zuschnitt inkl. Nz:

- A und C: 35 x 45 cm
- B: 23 x 23 cm
- D: 2 Streifen 5 x 140 cm
- Volumenvlies: 35 x 45 cm

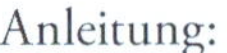

Anleitung:

Falte B diagonal zum Dreieck und bügle die Faltkante glatt. Nähe dann ca. 1,5 cm unterhalb der Faltkante das Webband auf, nachdem du es unter einem Tuch auf kleinster Stufe ohne Dampf gebügelt hast. • Bügle das Volumenvlies auf die Rückseite von C, lege A links auf links auf C und steppe alle drei Lagen drei Mal längs und zwei Mal quer durch. • Lege nun das Dreieck aus B rechts unten auf die Vorderseite und fasse das Platzset dann ringsum mit den Streifen aus D ein. • Tipp: die Platzsets können von beiden Seiten verwendet werden!

Passend zu den Sets haben wir Servietten aus dem Baumwollstoff Tupfen rot weiß genäht. Dazu jeweils ein Quadrat 35 x 35 cm zuschneiden und ringsum umnähen, so dass die fertige Größe ca. 33 x 33 cm beträgt. Aus einem Stoffstreifen von 40 cm Länge bekommst du so 4 Servietten.

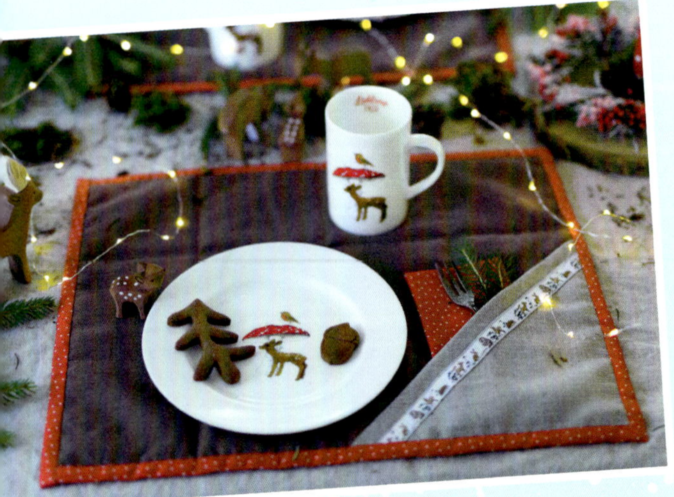

Baumuntersetzer

Größe: 20 x 19 cm
Stickereigröße: 4 x 2,5 cm
Stickmuster Seite 98 in petit point gestickt
Schablone Nr. 19, Seite 107

Material:

- 0,25 m Stickleinen natur (A)
- 0,25 m gekochte Wolle wollweiß (B)
- 0,25 m Volumenvlies zum Aufbügeln (C)

Zuschnitt inkl. Nz:

- A, B und C: jeweils 25 x 25 cm

Anleitung:

Sticke das Motiv in petit point in der Breite mittig und ca. 12 cm vom unteren Rand beginnend auf A. Kurz von Hand durchwaschen, kräftig von links bügeln und auf die Rückseite die Schablone Nr. 19 übertragen. • Die Tanne zzgl. Nahtzugabe ausschneiden und C hinterbügeln. Den Wollstoff ebenfalls kalt von Hand waschen. • A rechts auf rechts auf B legen und beides ringsum zusammennähen, dabei eine Wendeöffnung lassen. Wende und bügle den Untersetzer sehr vorsichtig, schließe die Wendeöffnung von Hand. • Zum Schluss steppe die Tanne möglichst knappkantig und entlang der gestrichelten Linie auf der Schablone ab.

Die Stickerei in petit point macht diese Untersetzer zu ganz besonderen Kostbarkeiten, zusammen mit unserer zarten Porzellantasse sind sie ein liebevolles und edles Geschenk für einen lieben Menschen!

Herzchen

Größe ca. 12 x 18 cm / Schablone Nr. 20, Seite 107

Material und Zuschnitt:

- Leinen- oder Baumwollstoff: 15 x 20 cm (A), Herzvorderseite
- Teddyplüsch: 1 Stück 15 x 20 cm, Herzrückseite (B)
- 1 Webetikett
- Füllwatte und Satinband

Anleitung:

Übertrage die Herzschablone Nr. 20 auf den Stoff und nähe laut Foto ein Webetikett auf. Lege den Stoff (A) und den Teddyplüsch (B) rechts auf rechts und nähe beide entlang der Herzform zusammen. Dabei muss ein Stück zum Wenden offen bleiben. Fasse oben das Satinband für die Aufhängung mit in die Naht ein. Wende das Herz vorsichtig, fülle es mit Füllwatte und schließe die Wendeöffnung von Hand.

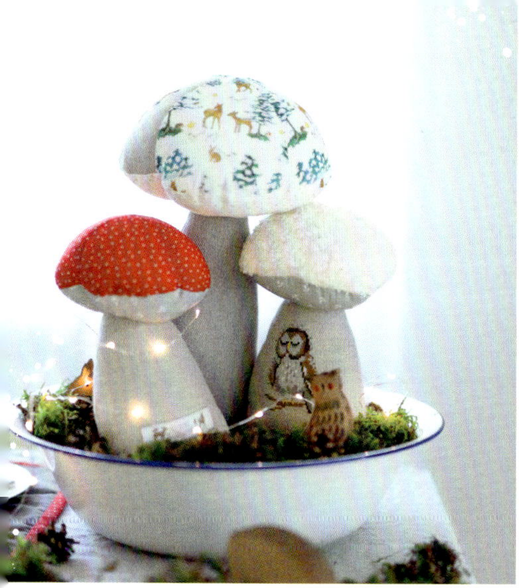

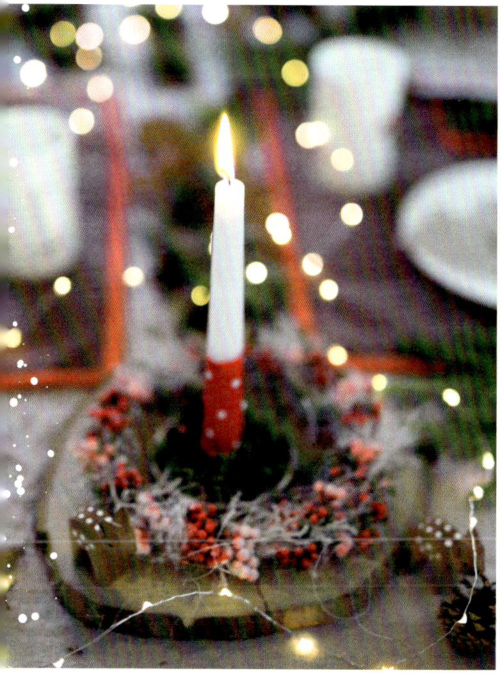

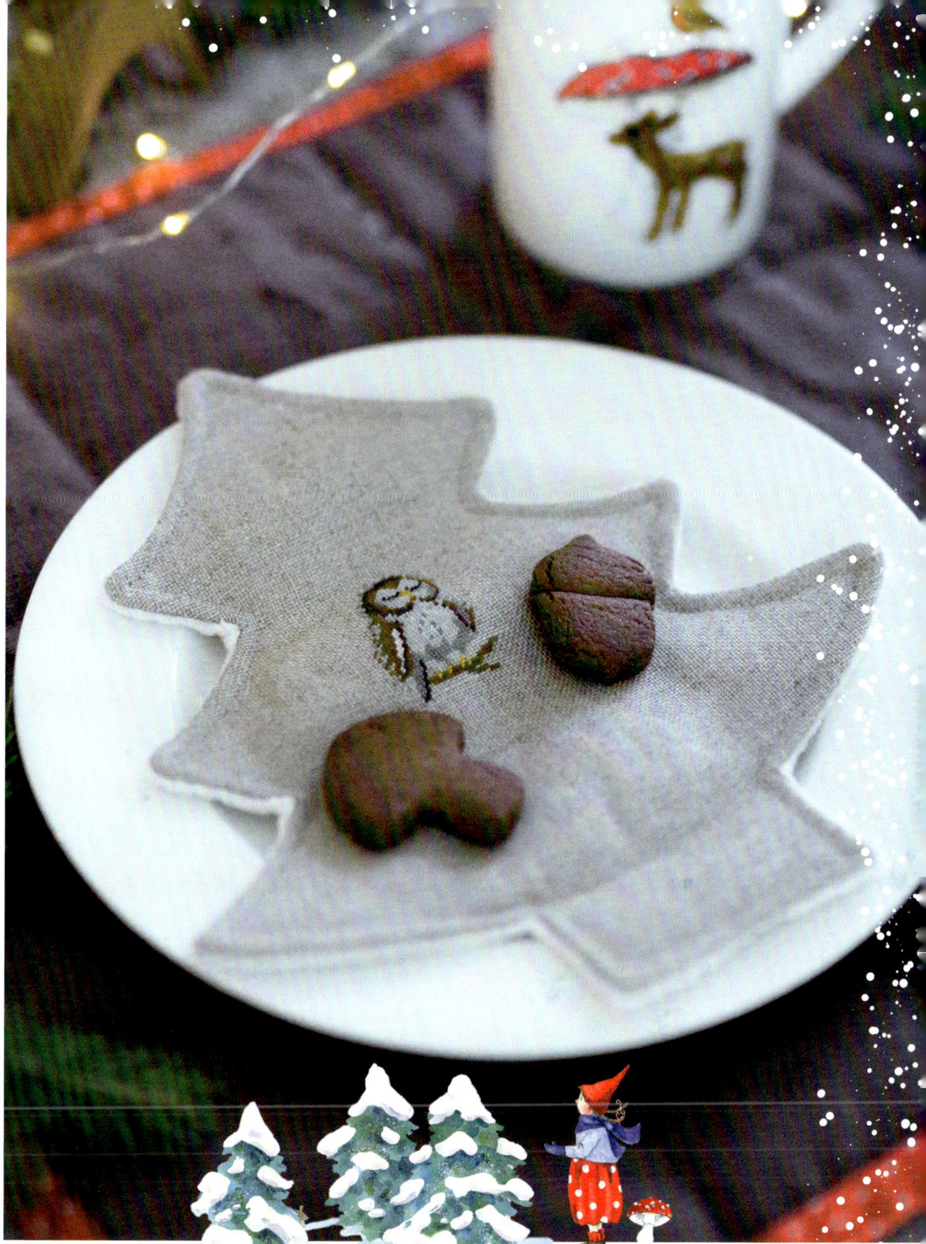

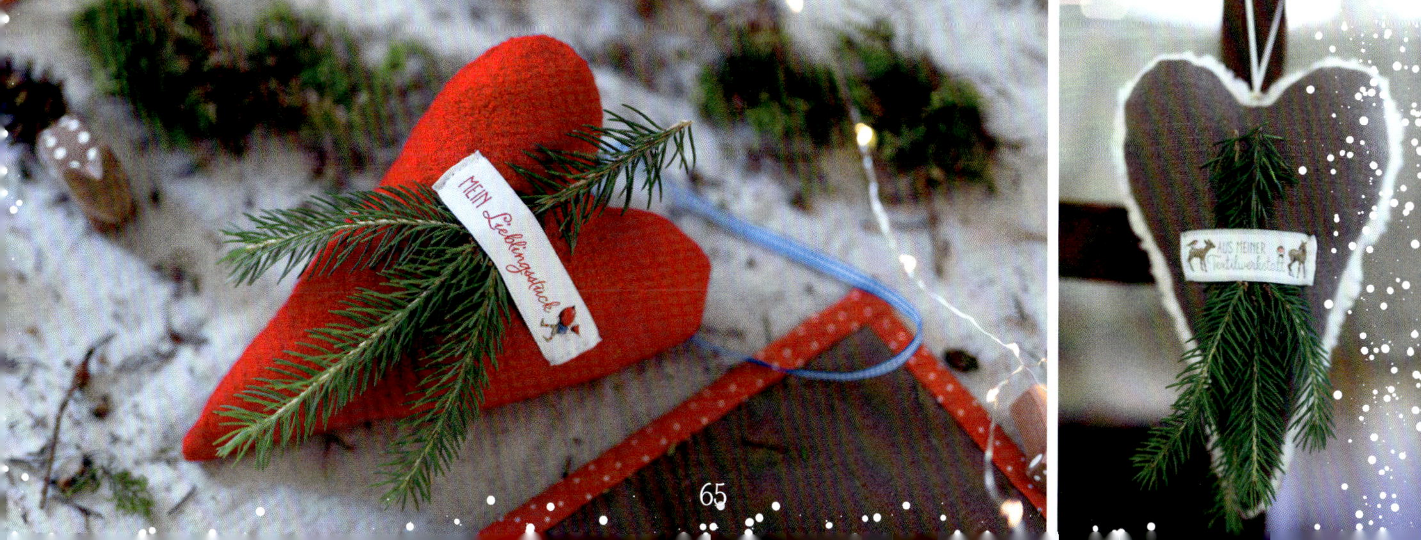
MEIN Lieblingsstück
AUS MEINER Textilwerkstatt

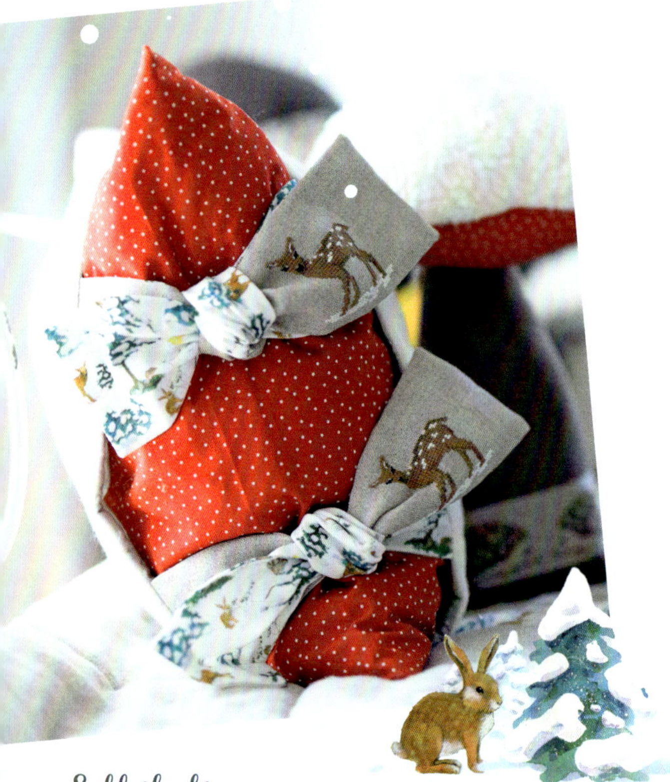

Schleifenkissen

Größe: 40 x 40 cm / Stickereigröße Hase 5 x 5 cm / Stickereigröße Reh 6 x 6 cm
Stickmuster Seite 98, 99

Material für das Hasenkissen:

- 0,10 m Stickleinen natur (A)
- 0,20 m Leinenstoff dunkelbraun (B)
- 0,90 m Baumwollstoff Winterwald (C)
- 0,50 m gekochte Wolle dunkelbraun (D)
- 0,45 m Volumenvlies dick (E)
- Stickgarne
- Kissenfüllung

Zuschnitt inkl. 1 cm Nz:

- A: 2 Teile 10 x 35 cm
- B: 2 Teile 9 x 32 cm, 2 Teile 16 x 32 cm
- C: a) 1 Teil 42 x 102 cm für den Innenbezug, b) 1 Teil 42 x 62 cm für die Hülle
- D und E: jeweils 1 Teil 42 x 62 cm

Anleitung:

Sticke das Motiv jeweils auf A. Beginne dazu ca. 1,5 cm vom unteren und ca. 5 cm vom rechten Rand entfernt. Danach kurz von Hand durchwaschen und auf 9 x 32 cm zuschneiden. Alle anderen Stoffe ebenfalls vor der Verarbeitung waschen • Danach jeweils 1 kleines Teil B rechts auf rechts auf A legen und an den beiden langen und der rechten kurzen Seite zusammennähen. Über die offene kurze Seite wenden und vorsichtig in Form bügeln. • Die anderen beiden Teile B an den langen Seiten rechts auf rechts zusammenlegen und die rechte kurze und die lange Seite zusammennähen. Weiter wie mit den bestickten Bändern. • Für die Hülle lege nun D auf E und falte den Streifen dann an den kurzen Seiten rechts auf rechts übereinander, die Vliesschicht ist außen. Nähe die beiden Lagen an der oberen und unteren Kante zusammen. Falte C b) ebenfalls an den kurzen Seiten rechts auf rechts zusammen und nähe die beiden Nähte oben und unten zusammen, dabei aber eine Öffnung zum Wenden lassen. du hast jetzt zwei „Säckchen", die rechts auf rechts ineinander gestülpt werden. • Zwischen die beiden Säckchen legst du dabei nach innen die vier Bänder. Die beiden bestickten auf eine Seite, die Leinenbänder auf die andere Seite. Achte dabei darauf, dass die Stickerei in die gleiche Richtung „schaut". • Nähe nun die beiden Säckchen am oberen Rand rundum zusammen, dann wenden. Die Wendeöffnung von Hand schließen und an der Kante ca. 1 cm breit absteppen. • Für das Innenkissen aus C a) einen Bezug mit Hotelverschluss nähen und auf die Kissenfüllung ziehen. Die Hülle darüber ziehen und die Bänder mit einem Knoten schließen. Dabei ruhig „stramm zu ziehen", damit das Innenkissen ein wenig gestaucht wird.

Material für das Rehkissen:

- 0,10 m Stickleinen natur (A)
- 0,20 m Baumwollstoff Winterwald (B)
- 0,45 m Baumwollstoff Tupfen rot-weiß (C)
- 0,45 m Baumwollstoff Blätter grau (D)
- 0,50 m gekochte Wolle wollweiß (E)
- 0,45 m Volumenvlies dick (F)
- Stickgarne
- Kissenfüllung

Zuschnitt inkl. 1 cm Nz:

- A: 2 Teile 10 x 35 cm
- B: 2 Teile 9 x 32 cm, 2 Teile 16 x 32 cm
- C: 1 Teil 42 x 102 cm für den Innenbezug
- D, E und F: jeweils 1 Teil 42 x 62 cm für die Hülle

Die Anleitung oben für das Hasenkissen gilt auch für das Rehkissen. Wir haben lediglich für die Hülle die beiden Lagen E und F vor dem Zusammennähen zum „Säckchen" mehrfach, 4 x längs und 3 x quer, durchgesteppt, was gerade bei hellerem Wollstoff einfach noch mal einen schönen Hingucker ergibt.

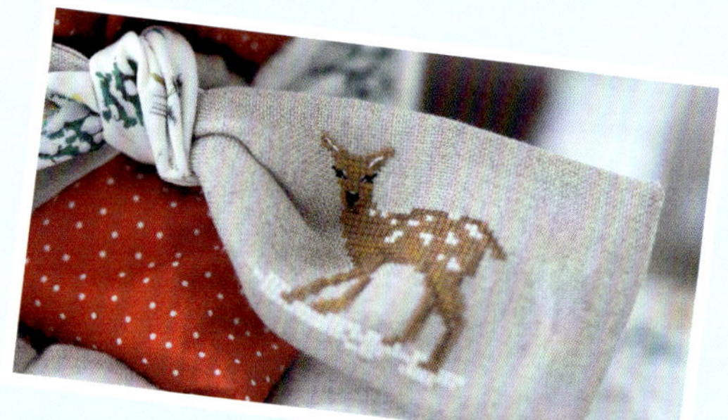

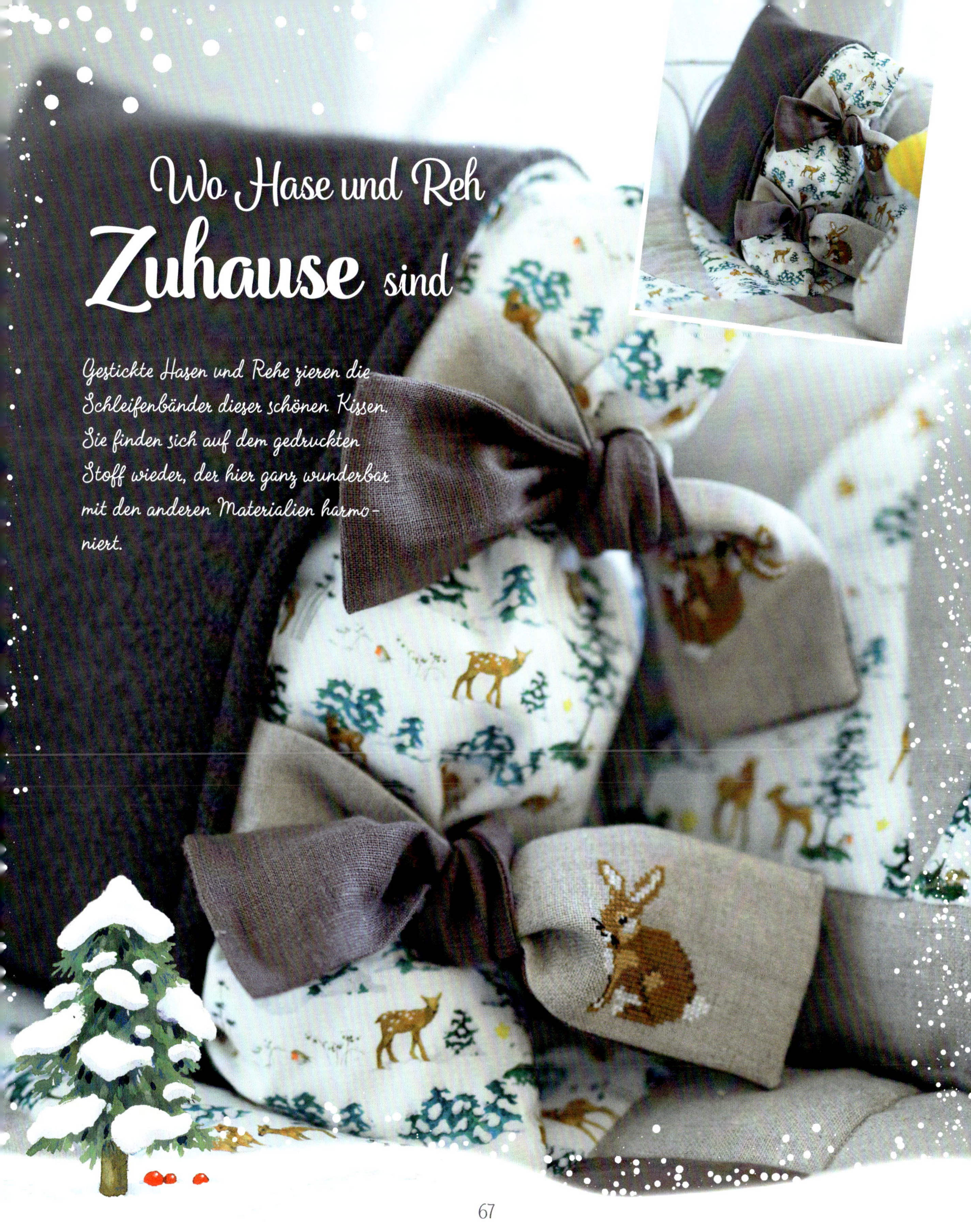

Wo Hase und Reh Zuhause sind

Gestickte Hasen und Rehe zieren die Schleifenbänder dieser schönen Kissen. Sie finden sich auf dem gedruckten Stoff wieder, der hier ganz wunderbar mit den anderen Materialien harmoniert.

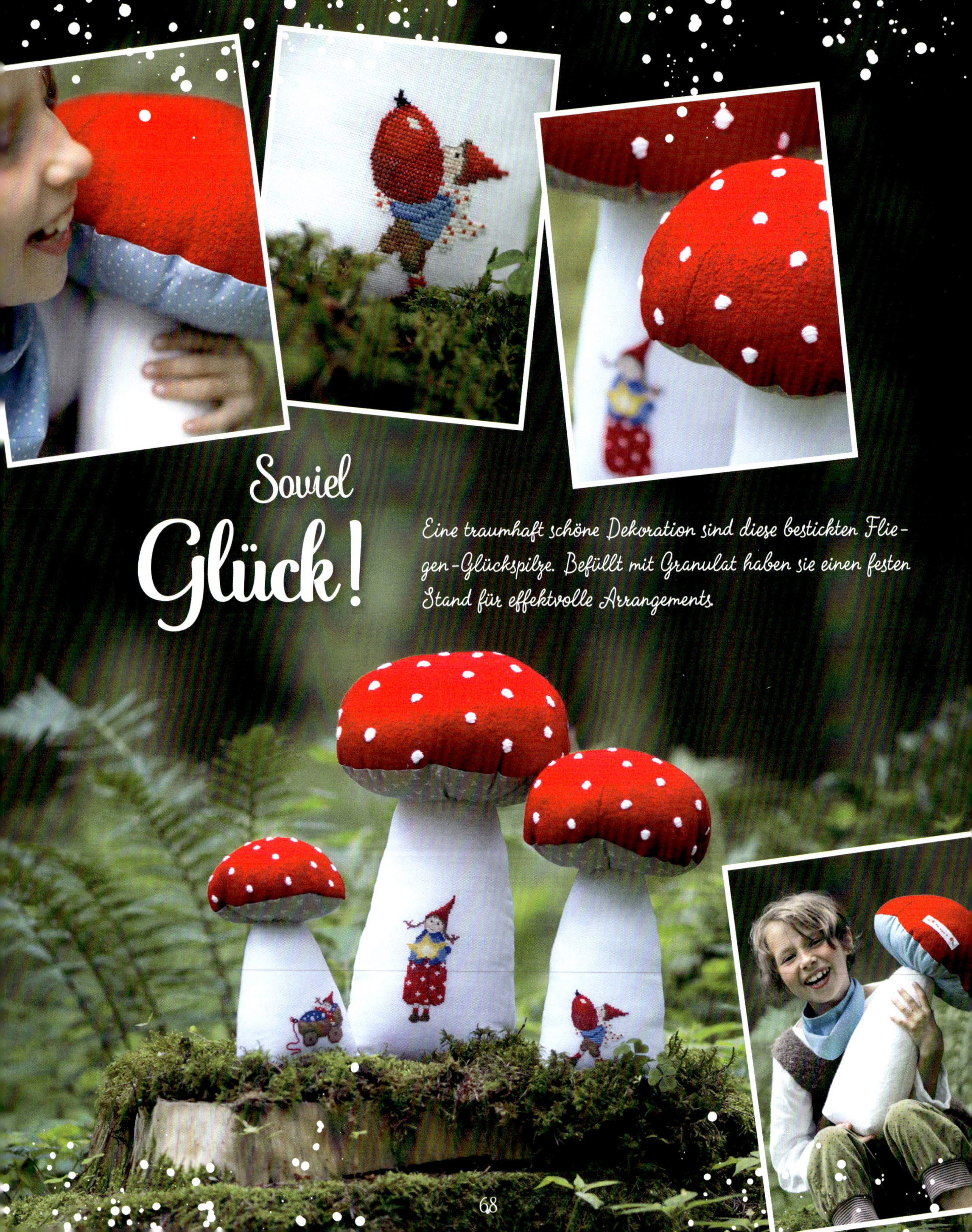

Soviel Glück!

Eine traumhaft schöne Dekoration sind diese bestickten Fliegen-Glückspilze. Befüllt mit Granulat haben sie einen festen Stand für effektvolle Arrangements.

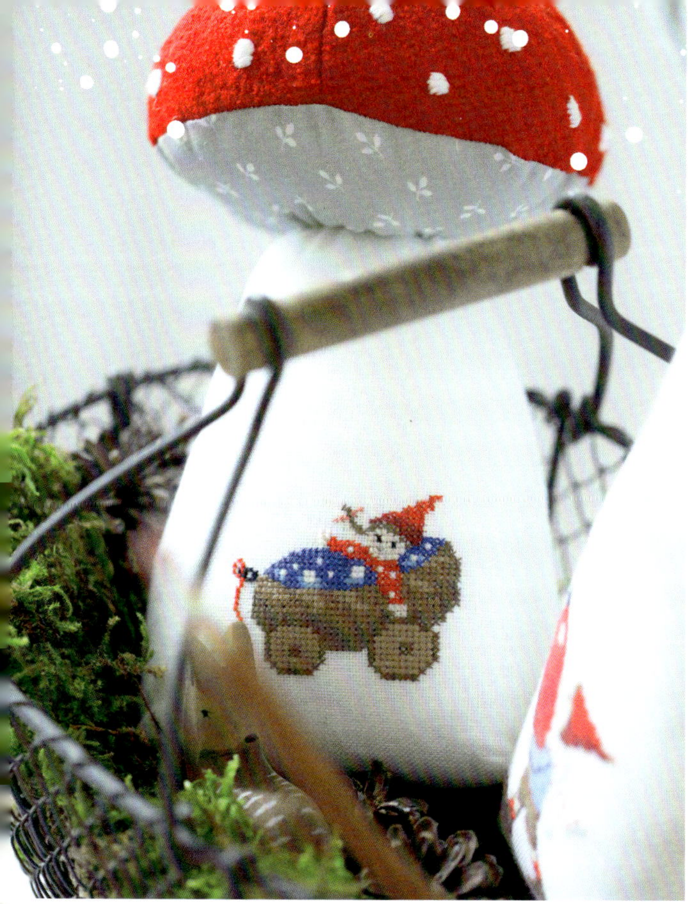

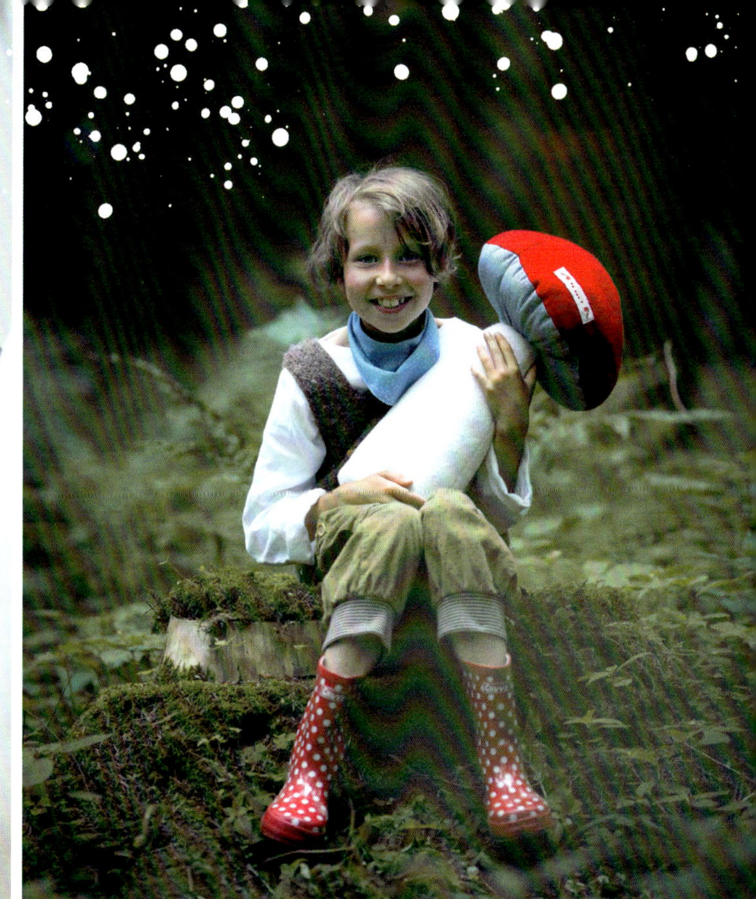

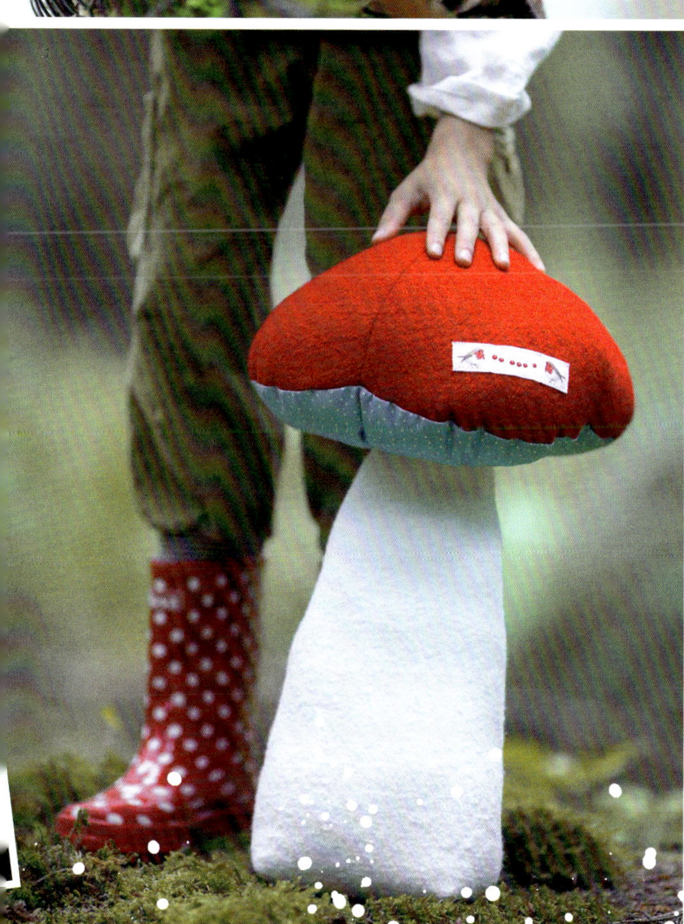

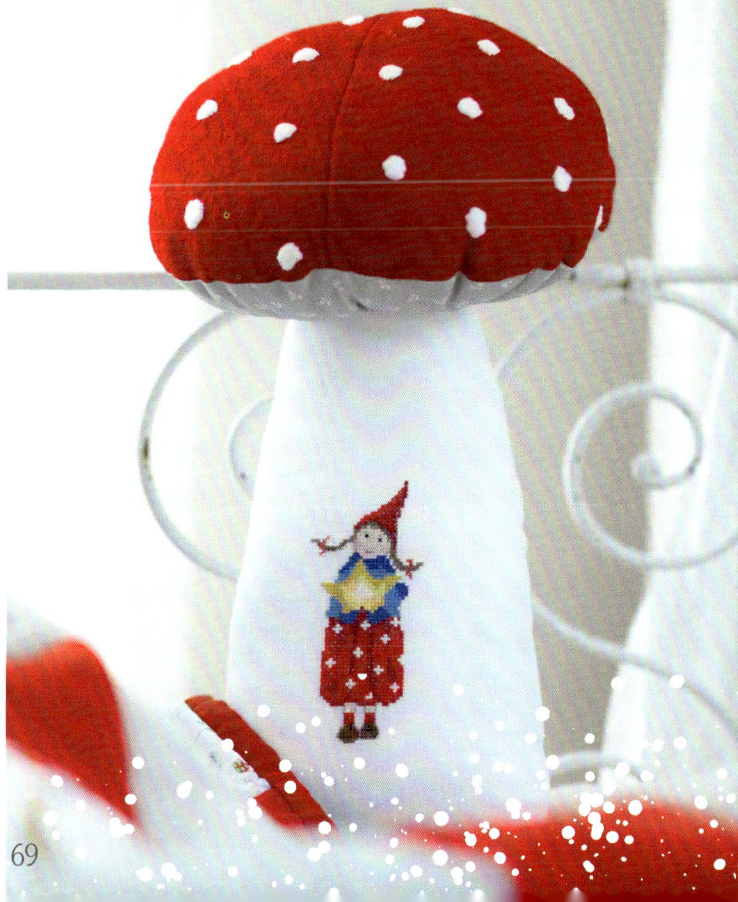

Fliegenpilze

Größe: ***klein*** ca. 23 cm hoch, Schablone Nr. 21A–21C, Seite 109 // ***mittel*** ca. 32 cm hoch Schablone 22A.1–22C, Seite 109 // ***groß*** ca. 42 cm hoch, Schablone Nr. 23A.1–23C, Seite 109
Stickereigröße: ***kleiner*** Pilz 5 x 7 cm // ***mittlerer*** Pilz 7,5 x 6 cm // ***großer*** Pilz 13 x 6 cm
Stickmuster Seite 93, 94

Material (Angabe jeweils kleiner//mittlerer//großer Pilz):
- 0,25//0,35//0,45 m Stickleinen weiß (A)
- 0,10//0,15//0,20 m Baumwollstoff Blättchen grau (B)
- 0,15//0,20//0,25 m Wollstoff rot (C)
- 0,25//0,35//0,45 m Vlieseline (D)
- 2//3//5 Beutel Füllwatte
- weißes Baumwollgarn für die Tupfen
- Granulat weiß
- Stickgarne

Zuschnitt inkl. 1 cm Nz:
- A und D: jeweils zwei Teile 0,25 x 0,20 m// 0,35 x 0,20 m//0,45 x 0,30 m
- B: jeweils 2 Teile 0,10 x 0,20 m//0,15 x 0,25 m// 0,20 x 0,35 m /30 x 42 cm
- C: jeweils 4 Teile 0,15 x 0,15 m//0,20 x 0,20 m// 0,25 x 0,25 m

Anleitung:
Die Anleitung ist für alle drei Größen identisch. • Übertrage die Schablone für den Fuß auf ein Teil A und sticke dann das Stickmotiv auf die Vorderseite. Orientiere dich für die Position der Stickerei dabei an den Fotos. Bügle die Vlieseline hinter beide Teile A und schneide sie zzgl. 1 cm Nahtzugabe aus. Den Fuß zusammennähen, dabei die Ecken unten abnähen (siehe Skizze). Danach den Fuß wenden, unten mit reichlich Granulat und darüber mit Füllwatte „stramm" stopfen. Je größer der Pilz desto mehr Granulat wird für die Standfestigkeit gebraucht. • Übertrage die Schablone für den Kopf vier Mal auf C und schneide die Teile zzgl. Nahtzugabe aus. Nähe sie zum Kopf zusammen und besticke diesen dann gleichmäßig verteilt mit weißen Punkten. • Übertrage die Schablone für die Unterseite des Pilzkopfes auf B, schneide die Halbkreise zzgl. Nahtzugabe aus und nähe sie an der geraden Kante zusammen, wobei in der Mitte eine Öffnung für den Fuß bleibt. Lege nun Ober- und Unterseite des Pilzkopfes rechts auf rechts aufeinander und nähe ihn ringsum zusammen, danach wenden und mit Watte füllen. • Stülpe nun den Pilzkopf auf den Fuß und nähe ihn von Hand daran fest.

Winterwaldpilze

Größe: klein ca. 23 cm hoch, mittel ca. 32 cm hoch und groß ca. 42 cm hoch
Stickereigröße: Eule 8 x 5 cm, Igel 4 x 14 cm, Hase 5 x 5 cm
Stickmuster Seite 98, 99 / Schablonen Nr. 21–23 (s. links)

Wir haben für diese Pilze viele unserer schönen Winterstoffe nach Herzenslust gemischt, Stickereien finden sich auf dem Pilzkopf genauso wie auf dem Pilzfuß und mit den passenden Webetiketten kannst du die Pilze zusätzlich schmücken. Lass' Deiner Kreativität freien Lauf, kombiniere Stoffe so, wie es dir am besten gefällt, dann werden die Pilze am schönsten!

Wenn dir unsere Kombinationen aber einfach zu gut gefallen, findest du hier auch eine kurze Auflistung zu den verwendeten Stoffen (jeweils genannt in der Reihenfolge Fuß, Pilzkopf, Unterseite Pilzkopf), die Angaben zur jeweils benötigten Menge findest du bei den Fliegenpilzen:

• ***Großer Pilz mit gelbem Fuß:*** gekochte Wolle senf, gekochte Wolle dunkelbraun, Baumwollstoff Winterwald, ein Stück Webband Winterwald zum Aufnähen auf den Fuß • ***Mittlerer Pilz mit Igelstickerei am Fuß:*** Leinen dunkelbraun, Stickleinenband 5 cm breit für die Igel-Stickerei, das nach dem Sticken auf das Vorderteil für den Fuß genäht wird, Teddyplüsch, Baumwollstoff Tupfen rot-weiß • ***Mittlerer Pilz mit gesticktem Hasen:*** Leinen natur, Baumwollstoff Tupfen weiß gelb, Baumwollstoff Winterwald, Stickleinen für die Hasenstickerei • ***Mittlerer Pilz mit gesticktem Igel:*** gekochte Wolle wollweiß, ein Webetikett Textilwerkstatt zum Aufnähen auf den Fuß, Leinen dunkelbraun, Stickleinen natur für die Igel-Stickerei, Baumwollstoff Tupfen weiß gelb • ***Kleine Pilze mit gestickten Eulen:*** Stickleinen natur für die Eulenstickerei, Teddyplüsch oder gekochte Wolle senf, Baumwollstoff Blätter grau • ***Kleiner Pilz mit rotem Kopf:*** Leinen natur, ein Webetikett Textilwerkstatt zum Aufnähen auf den Fuß, Baumwollstoff Tupfen rot-weiß, Baumwollstfoff Blätter grau

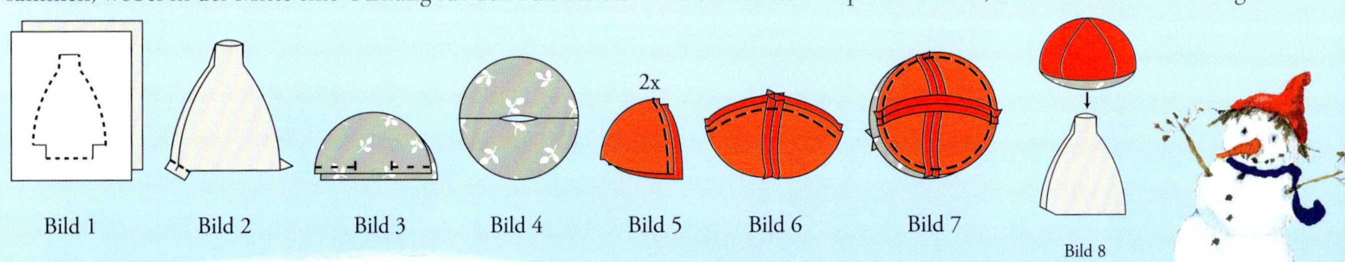

Bild 1 Bild 2 Bild 3 Bild 4 Bild 5 Bild 6 Bild 7 Bild 8

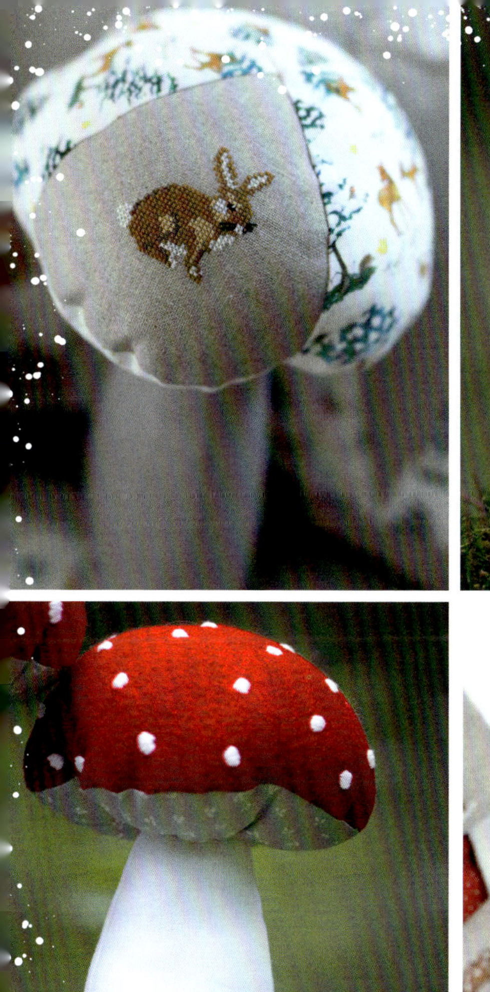
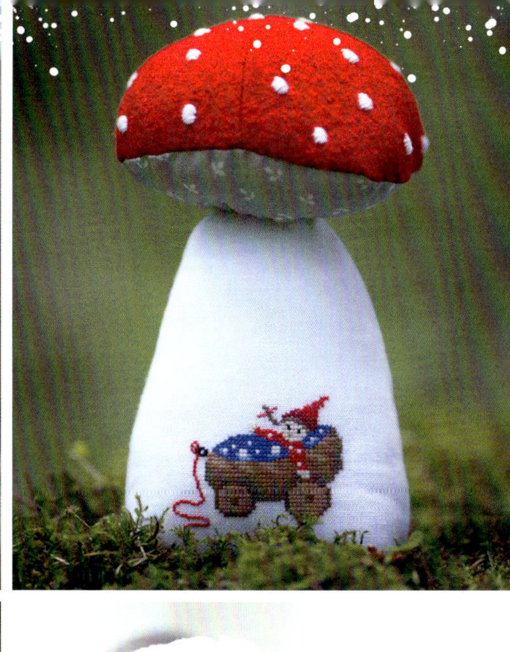
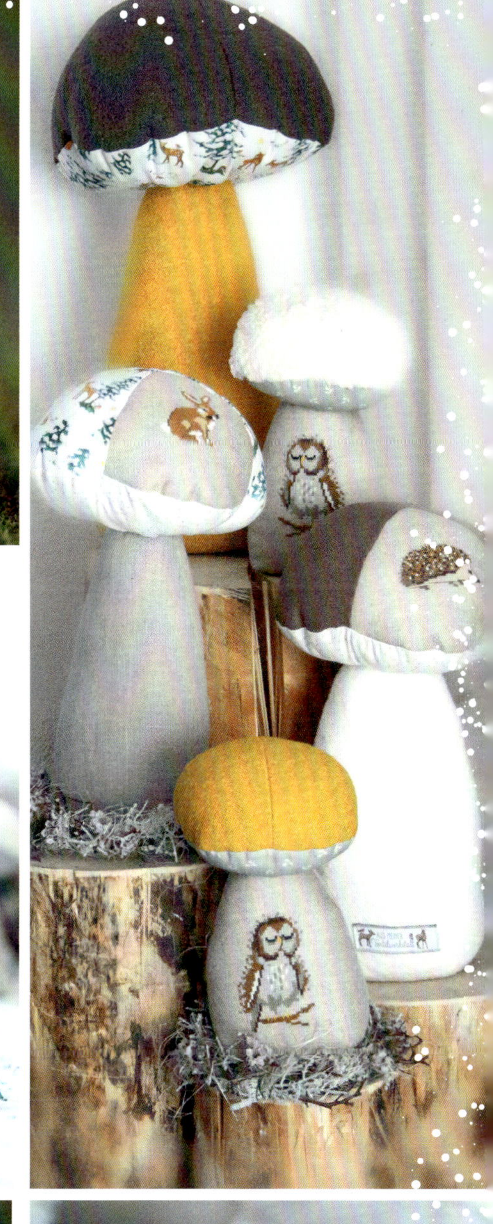
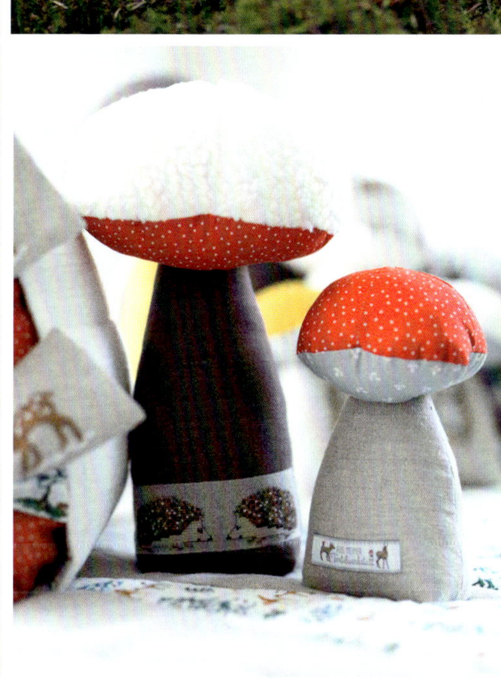
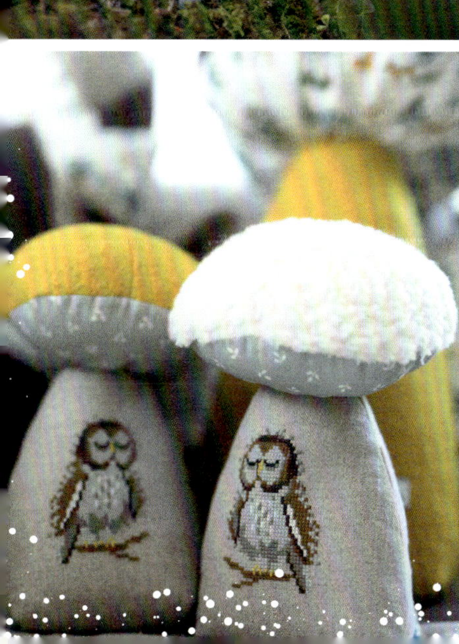
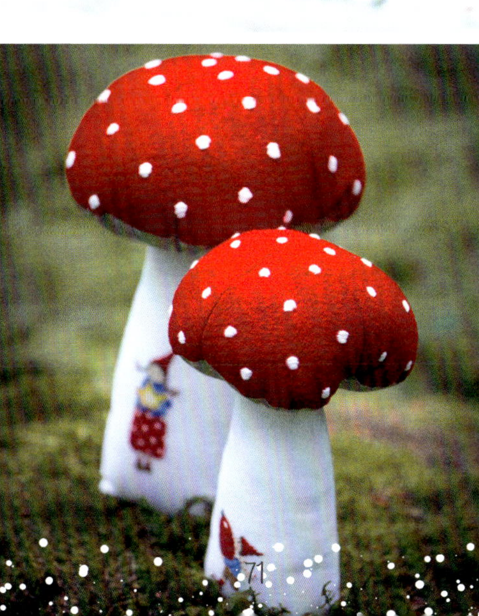
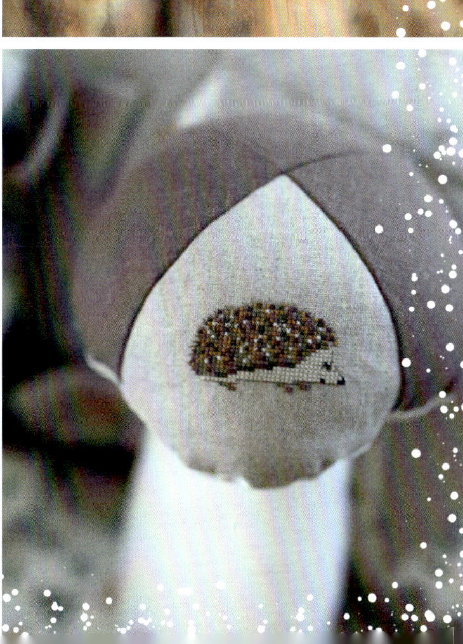

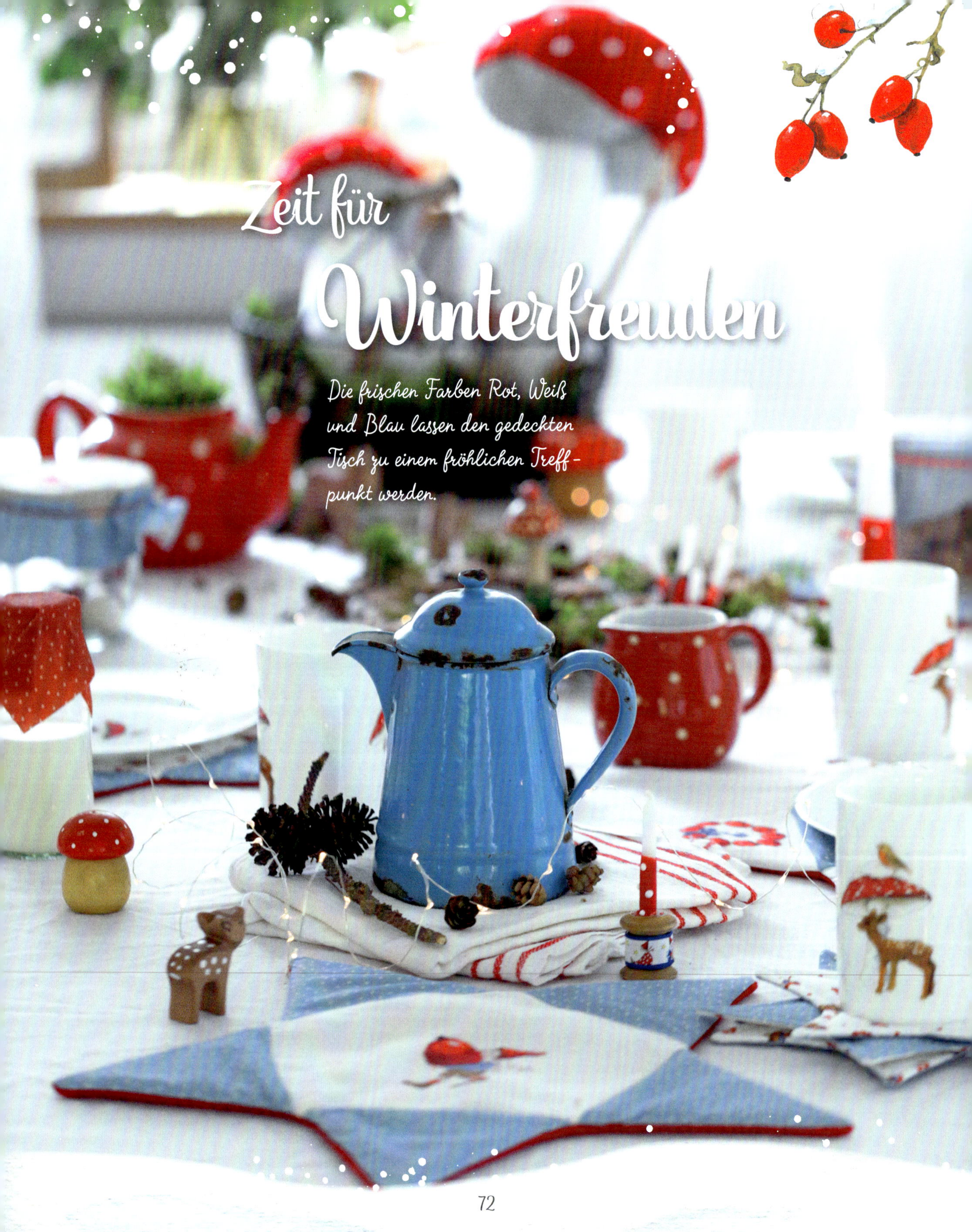

Zeit für Winterfreuden

Die frischen Farben Rot, Weiß und Blau lassen den gedeckten Tisch zu einem fröhlichen Treffpunkt werden.

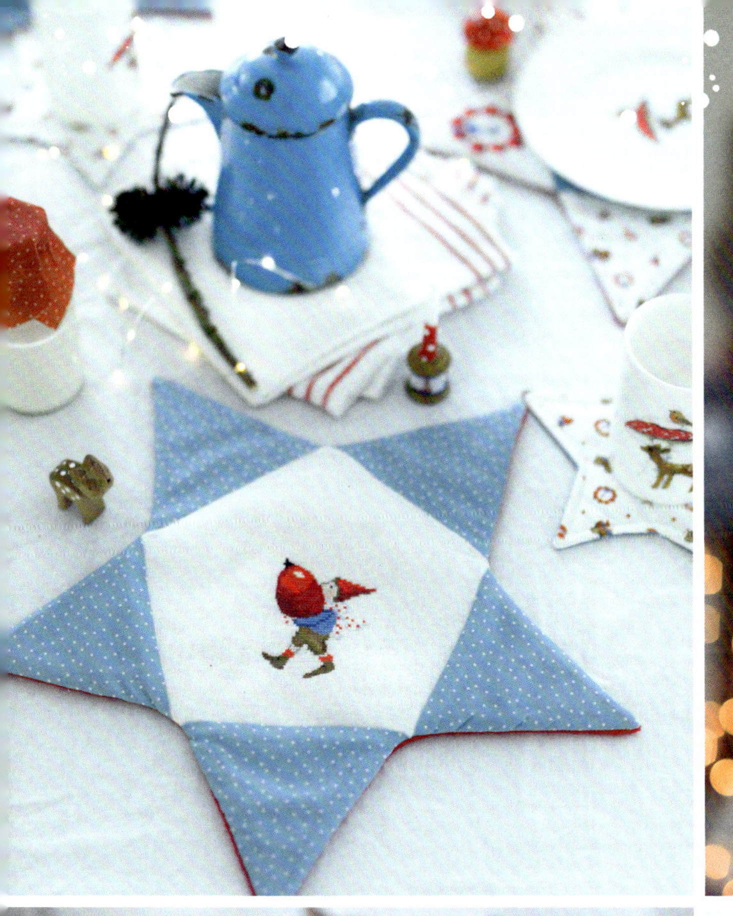
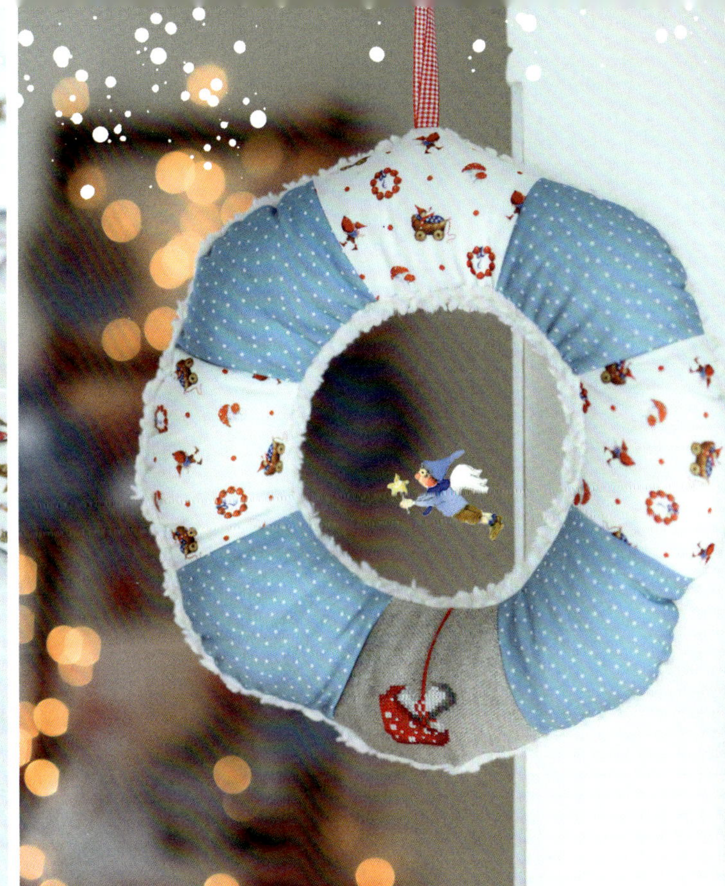
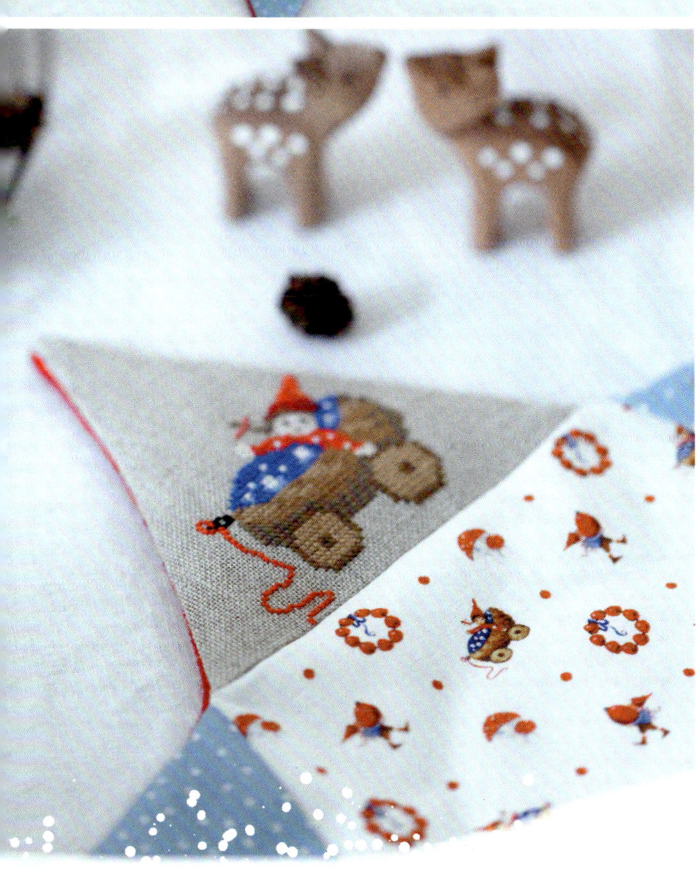
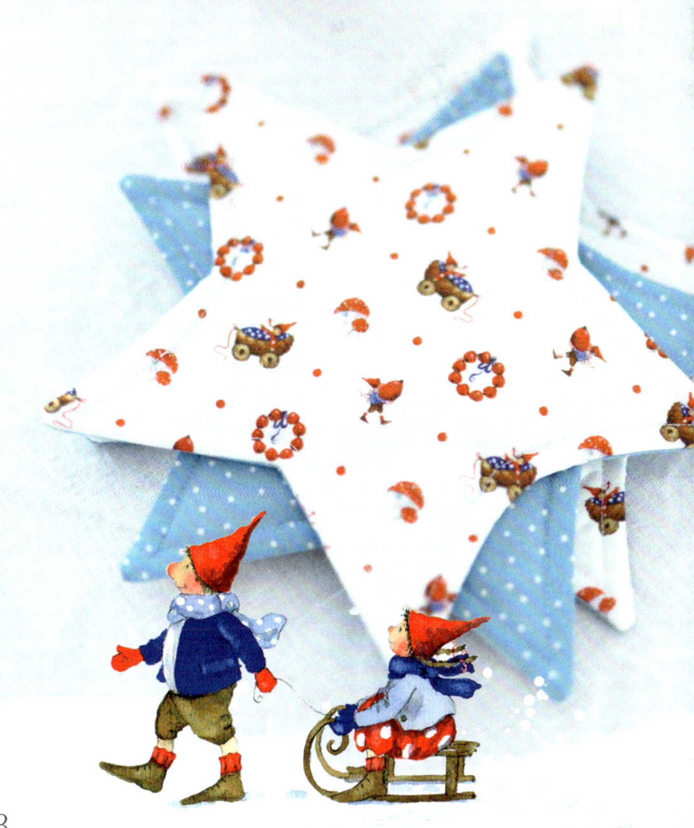

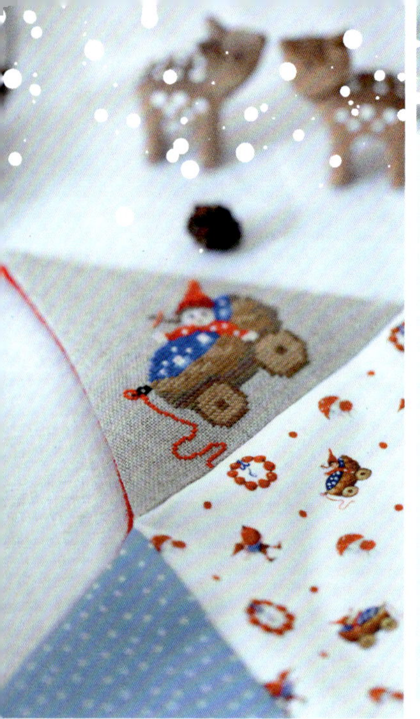

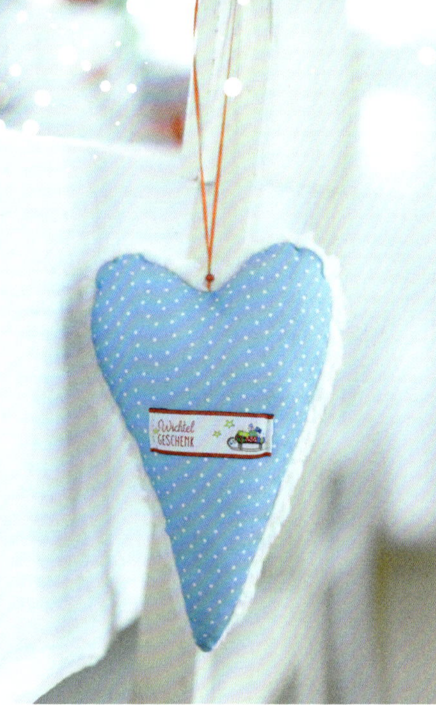

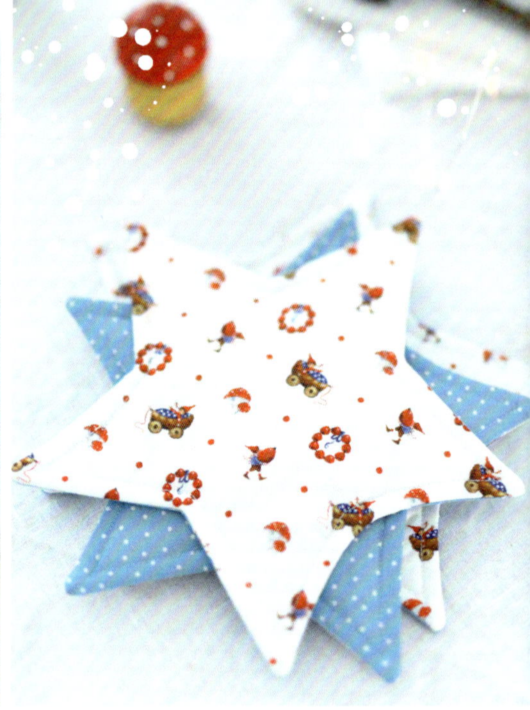

Stern-Platzsets

Größe: 38 x 38 cm
Stickereigröße: Wagen 5,5 x 7 cm, Pelle 8 x 6 cm,
Kranz 6 x 6 cm
Stickmuster Seite 94, 95 / Schablonen Nr. 24.1–24.2, Seite 107

Material:
Auf den Fotos siehst du verschiedene Kombinationen unserer Baumwollstoffe Wichtelkinder und Tupfen blaugrau-weiß. Die Stickereien haben wir auf creme-weißes und naturfarbenes Leinen gefertigt, die Rückseite ist aus rotem Leinenstoff. • Für die Zacken benötigst du einen Streifen 20 x 140 cm aus Stickleinen und/oder Baumwollstoff. • Für das Mittelstück benötigst du einen Streifen 30 x 140 cm aus Stickleinen und/oder Baumwollstoff. • Für die Rückseite benötigst du einen Streifen 50 x 140 cm roten Leinenstoff und zum Füttern einen Streifen von 50 cm Volumenvlies . Je nachdem, welche Stoffe du miteinander kombinieren möchtest, dienen diese Angaben als grundsätzliche Information.

Platzset 1:
- 0,20 m Stickleinen natur gebleicht (A)
- 0,20 m Baumwollstoff Tupfen graublau-weiß (B)
- 0,30 m Baumwollstoff Wichtelkinder (C)
- 0,50 m Leinenstoff rot (D)
- 0,50 m Volumenvlies zum Aufbügeln
- Stickgarne

Platzset 2:
- 0,20 m Stickleinen weiß gebleicht (A)
- 0,20 m Baumwollstoff Wichtelkinder (B)
- 0,30 m Baumwollstoff Tupfen graublau-weiß (C)
- 0,50 m Leinenstoff rot (D)
- 0,50 m Volumenvlies zum Aufbügeln
- Stickgarne

Platzset 3:
- 0,20 m Stickleinen natur gebleicht (A)
- 0,20 m Baumwollstoff Tupfen graublau-weiß (B)
- 0,30 m Baumwollstoff Wichtelkinder (C)
- 0,50 m Leinenstoff rot (D)
- 0,50 m Volumenvlies zum Aufbügeln
- Stickgarne

Platzset 4:
- 0,30 m Stickleinen weiß gebleicht (C)
- 0,20 m Baumwollstoff Tupfen graublau-weiß (B)
- 0,50 m Leinenstoff rot (D)
- 0,50 m Volumenvlies zum Aufbügeln
- Stickgarne

Zuschnitt zzgl. 1 cm Nz:
- Mittelstück aus C nach Schablone 24.1
- 5 Zacken aus A und/oder B nach Schablone 24.2
- D: 45 x 45 cm

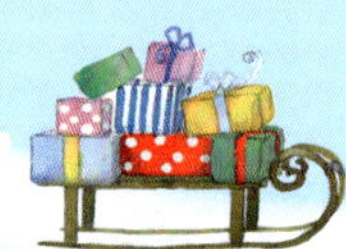
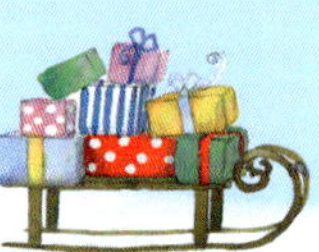

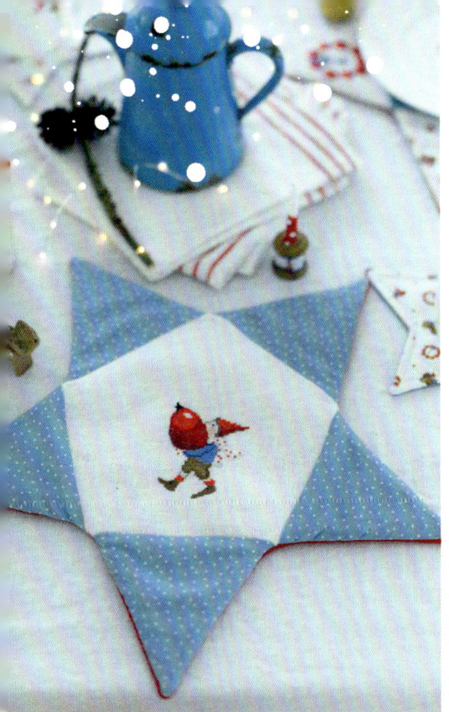
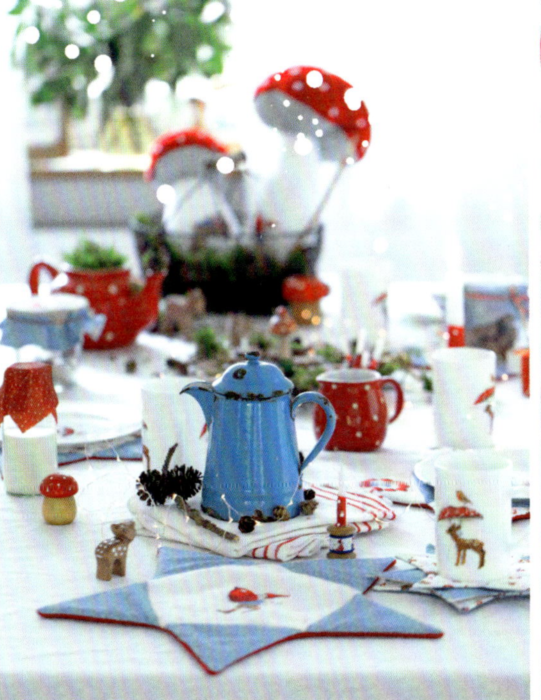
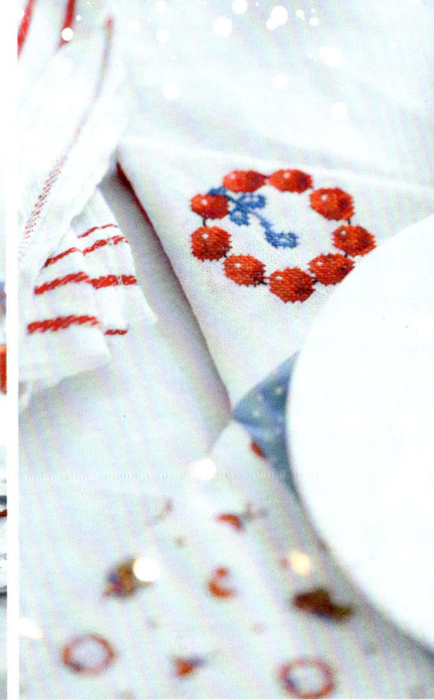

Anleitung Platzset 1–3:
Sticke das Motiv jeweils mittig auf A. Anschließend kurz von Hand durchwaschen, Schablone auf die Rückseite übertragen und mit 1 cm Nahtzugabe ausschneiden. • Anschließend die weiteren 4 Zacken und das Mittelstück aus Baumwollstoff ausschneiden. • Nähe die Zacken ringsum an das Mittelstück, bügle das Volumenvlies auf die Rückseite von D, lege die Vorderseite rechts auf rechts auf die Rückseite aus D und nähe beide Seiten ringsum zusammen, dabei eine Wendeöffnung lassen. Nahtzugabe gut einschneiden. • Platzset vorsichtig wenden, sanft bügeln und die Wendeöffnung von Hand schließen.

Anleitung Platzset 4:
Sticke das Motiv mittig auf C. Anschließend kurz von Hand durchwaschen, Schablone 24.1 auf die Rückseite übertragen und mit 1 cm Nahtzugabe ausschneiden. • Anschließend die Zacken aus Baumwollstoff ausschneiden und weiter verfahren wie oben beschrieben.

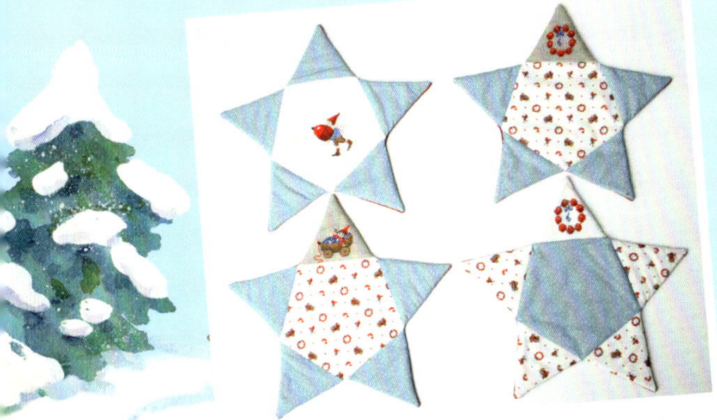

Kleine Sternuntersetzer

Größe: 18 x 18 cm
Schablonen Nr. 11, Seite 107

Material:
- 0,25 m Baumwollstoff Tupfen graublau weiß (A)
- 0,25 m Baumwollstoff Wichtelminis (B)
- 0,25 m Volumenvlies zum Aufbügeln (C)

Zuschnitt inkl. Nz:
- A, B und C: jeweils 25 x 25 cm

Anleitung:
Bügle C hinter A und übertrage auf die Rückseite von B die Schablone 11. Nun A und B rechts auf rechts legen und ringsum entlang der Sternschablone zusammennähen, dabei eine Wendeöffnung lassen. • Den Stern dann ausschneiden, Nahtzugaben einschneiden, wenden und vorsichtig bügeln. Zuletzt die Wendeöffnung von Hand schließen und den Stern ringsum so knapp wie möglich entlang der Kanten absteppen.

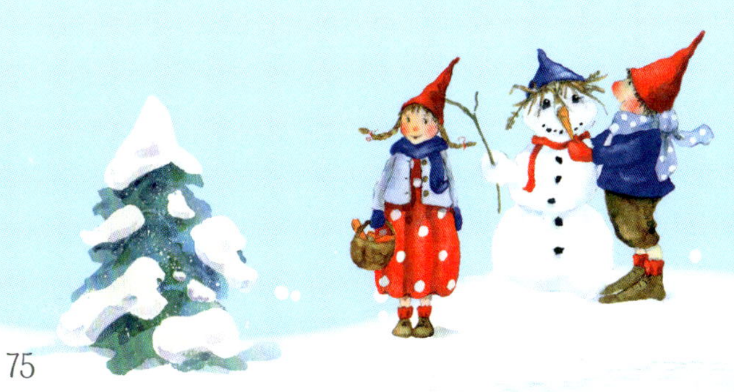

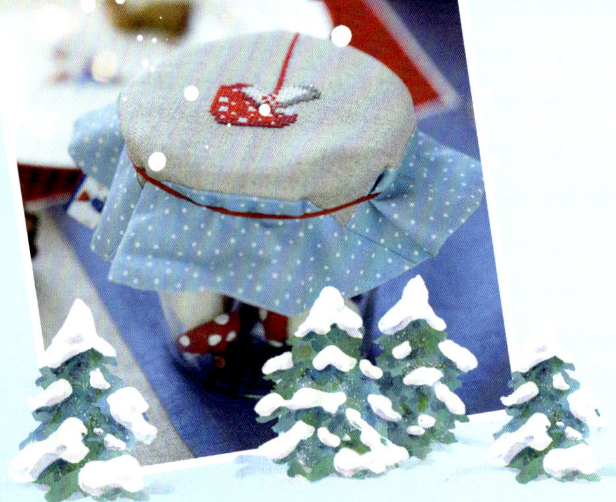

Weckglas-Deckchen mit Fliegenpilz

Größe: Durchmesser ca. 21 cm • Stickereigröße: 9 x 4 cm
Stickmuster Seite 101, Schablone Nr. 26, Seite 108

Material:
• 0,15 m Stickleinen natur (A) • 0,15 m Baumwollstoff Tupfen blau-weiß (B) • 0,15 m Baumwollstoff Schneewiese (C) • 0,25 m Baumwollstoff Wichtelkinder • Webbandrest • Stickgarne

Zuschnitt inkl. Nz:
• A: 13 x 13 cm • B: 2 Teile 6,5 x 13 cm • C: 2 Teile 6,5 x 23 cm • D: 23 x 23 cm (Rückseite)

Anleitung:
Das Stickmuster für den Fliegenpilz entnimmst du der Girlande auf Seite 101. Sticke den Fliegenpilz mit einem 6 cm langen gestickten Band auf den Leinenzuschnitt (A). Der Pilz selbst sitzt hierbei mittig. Nähe Zuschnitte (B) an zwei gegenüberliegenden Seiten von (A) an. Nähe danach Zuschnitte (C) an die begradigten verbleibenden Seiten an. Übertrage die Schablone auf die Rückseite von Zuschnitt (D). Lege nun beide Teile rechts auf rechts zusammen und nähe entlang der Schablonenlinie bis auf eine Wendeöffnung beide Teile zusammen. Schneide die Nahtzugabe zurück und ein. Wende das Deckchen, bügle es und lege in die Wendeöffnung ein gefaltetes Stückchen Webband ein und schließe diese Naht von Hand. Nun kann das Deckchen über das Weck-Glas mit einem Satinband festgebunden werden.

Kleiner Patchwork-Kranz mit Fliegenpilz

Größe: Durchmesser ca. 30 cm
Stickereigröße: 7 x 4 cm
Stickmuster Seite 101
Schablonen Nr. 25, Seite 107

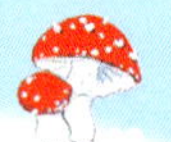

Material:
- 0,15 m Stickleinen natur (A)
- 0,15 m Baumwollstoff Wichtelminis (B)
- 0,15 m Baumwollstoff Tupfen blau-weiß (C)
- 0,35 m Teddyplüsch (D)
- 0,15 m Vlieseline (E)
- 2,00 m Karo-Band „Mini-Vichy" rot-weiß 15 mm (F)
- Füllwatte
- Stickgarne

Zuschnitt inkl. Nz:
- A und E: 15 x 15 cm
- B: 3 Teile 15 x 15 cm
- C: 4 Teile 15 x 15 cm
- D: 35 x 35 cm

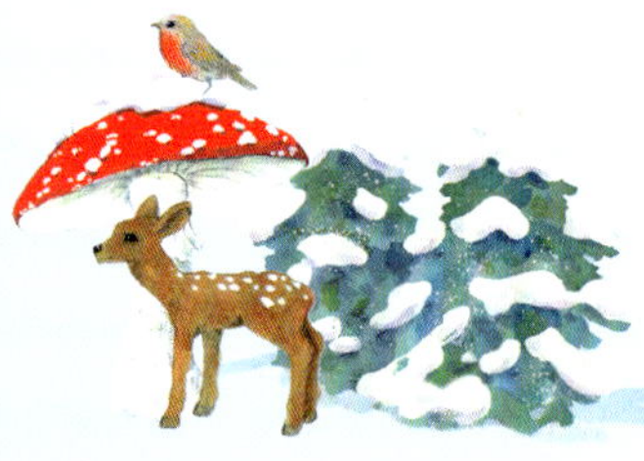

Anleitung:
Übertrage die Schablone Nr. 25 auf die Rückseite von A und sticke das Pilzmotiv so auf, dass die rote Aufhängung oben an der Markierung beginnt. • Schneide das Teil zzgl. Nahtzugabe aus und bügle E dahinter. • Übertrage nun die Schablone ebenfalls auf alle Teile von B und C und schneide sie dann ebenfalls zzgl. Nahtzugabe aus. • Nähe die einzelnen Teile im Kreis an den kurzen Seiten zusammen, das bestickte Teil mittig unten. • Lege den Kranz nun rechts auf rechts auf D und nähe den äußeren Rand zusammen, dabei oben die Aufhängung F in die Naht einfassen. Dazu F halb zusammenfalten und die beiden Enden in die Naht einfassen, so dass eine Schlaufe entsteht. Den mittleren Kreis mit Nahtzugabe aus dem Plüsch ausschneiden und den Kranz wenden. • Die mittlere Rundung wird von Hand geschlossen. Beginne mit einigen Zentimetern und stopfe dann das Stück mit Füllwatte. Weiter einige Zentimeter zunähen und wieder mit Füllwatte stopfen. So fortfahren, bis der Kreis geschlossen ist.

Du findest im Buch noch zwei weitere Varianten dieses Kranzes, siehe Seite 14 und 88. Für den Kranz „Brausewind" benötigst du die Stoffe Brausewind und Tupfen rot-weiß, für den Kranz „Weihnachtsbäckerei" den Stoff „Weihnachtsbäckerei". Für die Aufhängung haben wir jeweils ein Band aus Stoff genäht. Dazu einen Streifen von 8 x 75 cm an der langen Kante rechts auf rechts legen und diese und eine kurze Seite zunähen. Mit der offenen kurzen Seite dann in die Naht einfassen. An dem Band kannst du auch sehr hübsch einen kleinen Annäher aus einem zur Hälfte zusammenlegten Webetikett einfassen, wie wir es beim Kranz „Weihnachtsbäckerei" gemacht haben. • Die Stickmotive für den Kranz „Weihnachtsbäckerei" findest du auf Seite 101. Die Anleitung ist für alle Kränze gleich zu der für den Pilz-Kranz.

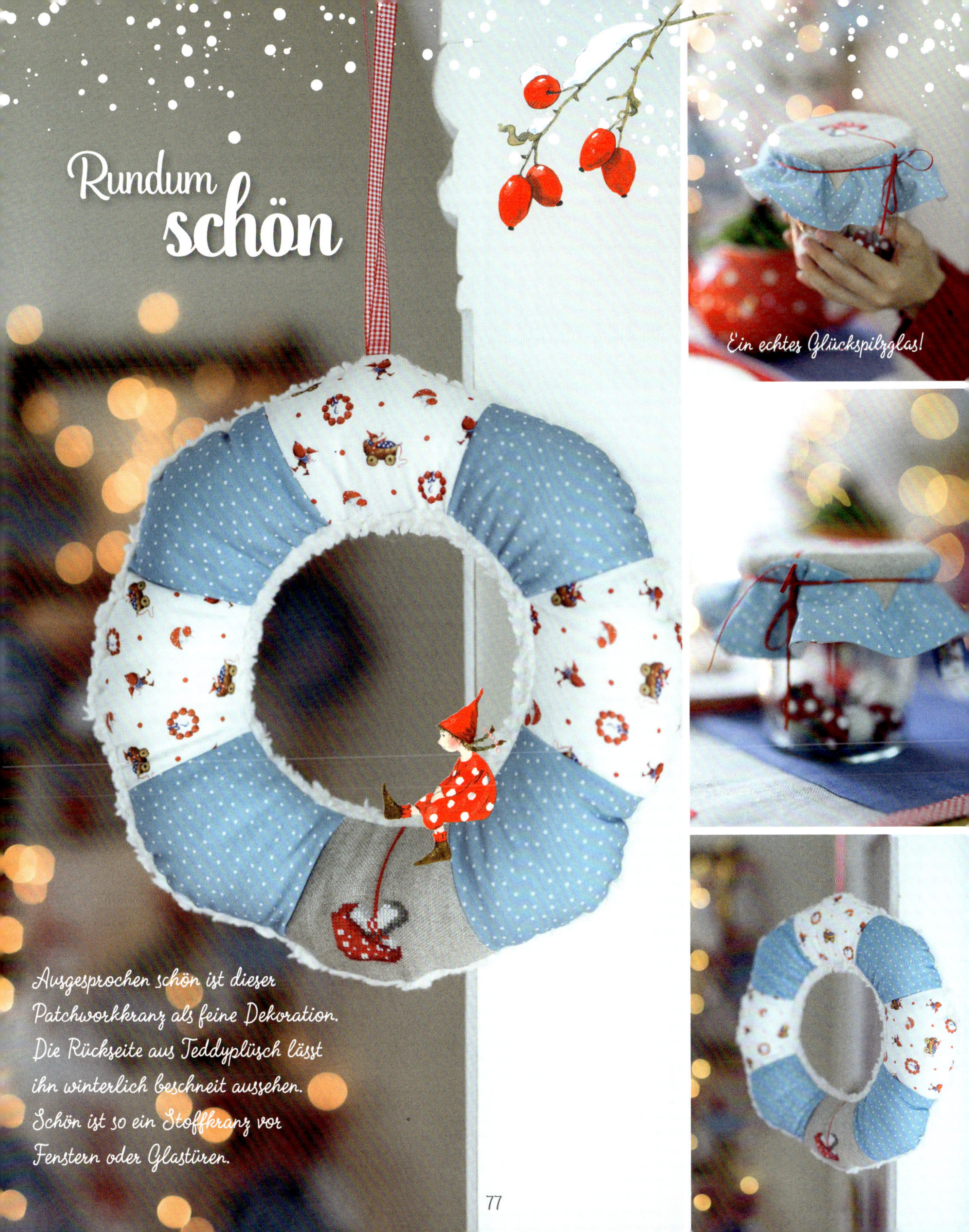

Rundum schön

Ein echtes Glückspilzglas!

Ausgesprochen schön ist dieser Patchworkkranz als feine Dekoration. Die Rückseite aus Teddyplüsch lässt ihn winterlich beschneit aussehen. Schön ist so ein Stoffkranz vor Fenstern oder Glastüren.

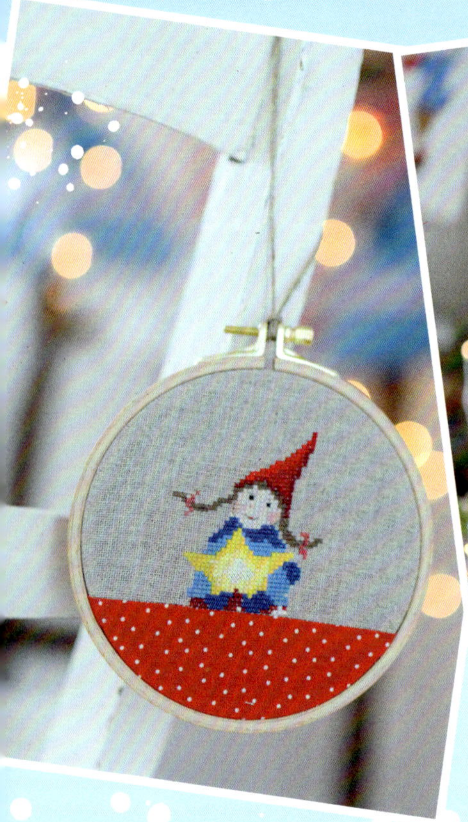

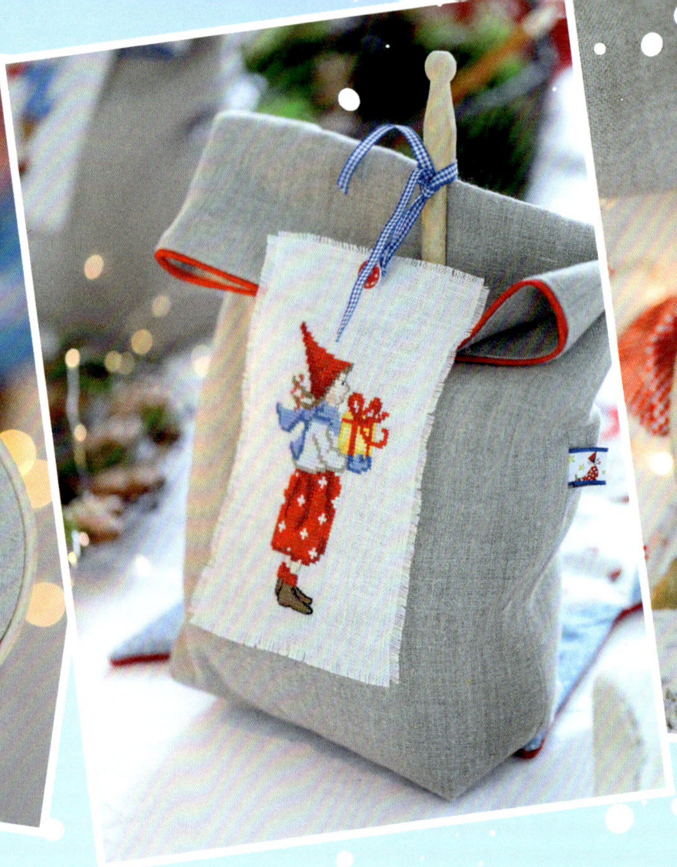

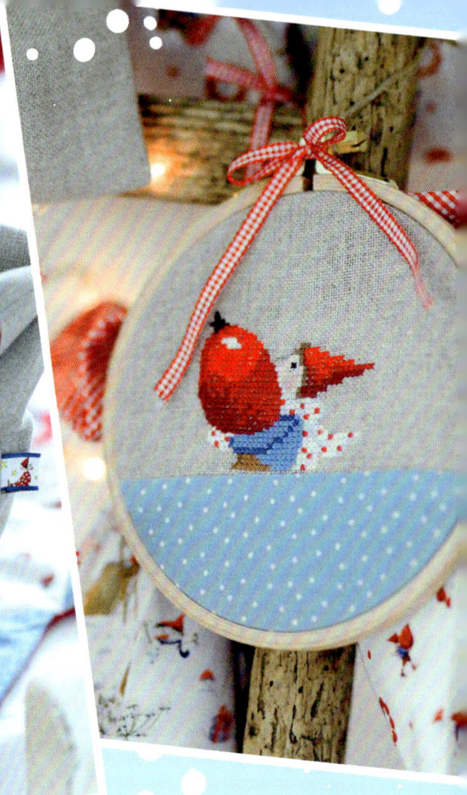

Stickringe

Größen:
Stickmuster Seite 93, 94 und 102

Material:

- 0,20 m Stickleinen natur ungebleicht 12-fädig
- 0,30 m Baumwollstof Tupfen für die Rückseite, Farbe nach Wahl
- 1 beziehbarer Knopf, 29 mm
- Stickring 13 cm Durchmesser

Anleitung:

Sticke das Motiv mittig auf ein 20 x 20 cm großes Stück Stickleinen. • Nähe auf die gesamte Breite von 20 cm, direkt an das untere Ende der Stickerei angeschlossen, ein farblich passendes, 10 cm langes Stück Tupfenstoff und markiere einen Kreis mit einem Umfang von 20 cm drum herum, schneide diesen aus, versäubere die Kante, spanne den Stoff in den Stickrahmen, reihe die Kreiskante ein und spanne und knote den Reihfaden. • Schneide für die rückseitige Abdeckung des Stickrahmens aus dem Baumwollstof einen Kreis für ein großes Yoyo mit einem Durchmesser von 25 cm zurecht, versäubere die Kreiskante und reihe diese ein. • Spanne den Reihfaden fest, sodass sich das Yoyo schließt und knote die Enden. Lege das fertige Yoyo mit der ofenen Mitte nach oben zeigend auf die Rückseite des Stickrahmens, es deckt nun genau die Rückseite ab, der Holzrahmen bleibt sichtbar. • Nähe das Yoyo mit unsichtbaren Handstichen rund herum am darunter liegenden Stoff fest. Nähe den bezogenen Knopf über die offene Yoyo-Mitte.

Knöpfe selbst beziehen

Ein wunderschönes Detail sind die handbezogenen Knöpfe mit den feinen Motiven von Daniela Drescher. Eine genaue Anleitung hierfür befindet sich auf der Verpackung der Knopfrohlinge. Wir haben die Größen 29 mm, 19 mm und 15 mm verwendet.

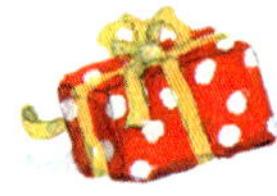

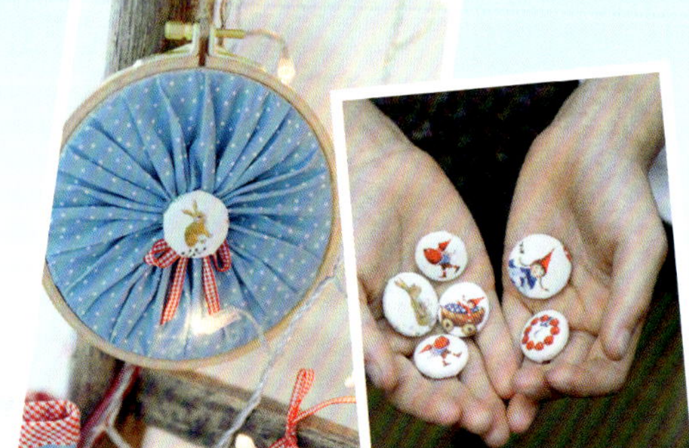

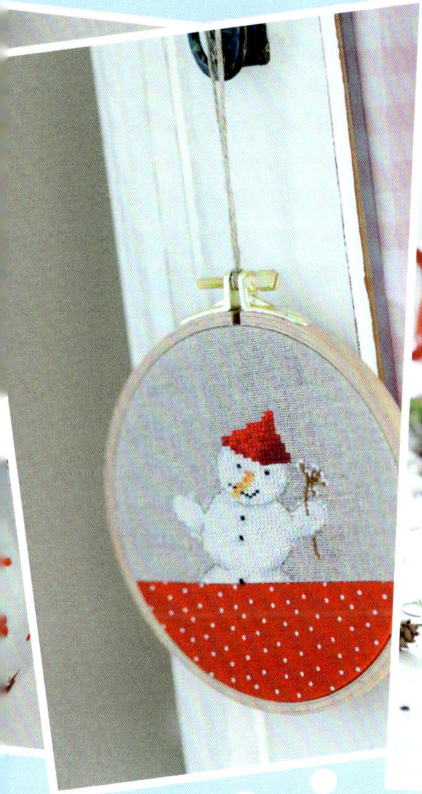

Ich schenk' dir was

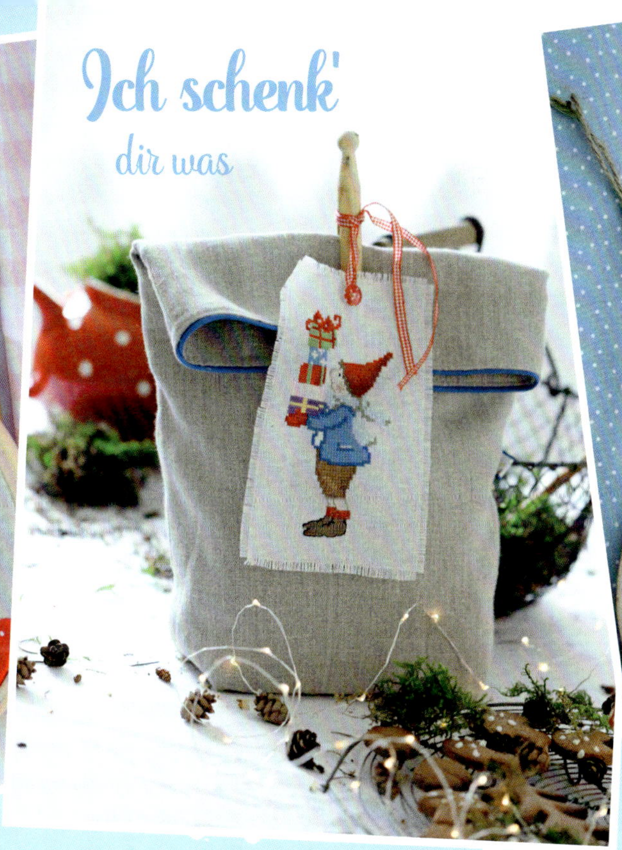

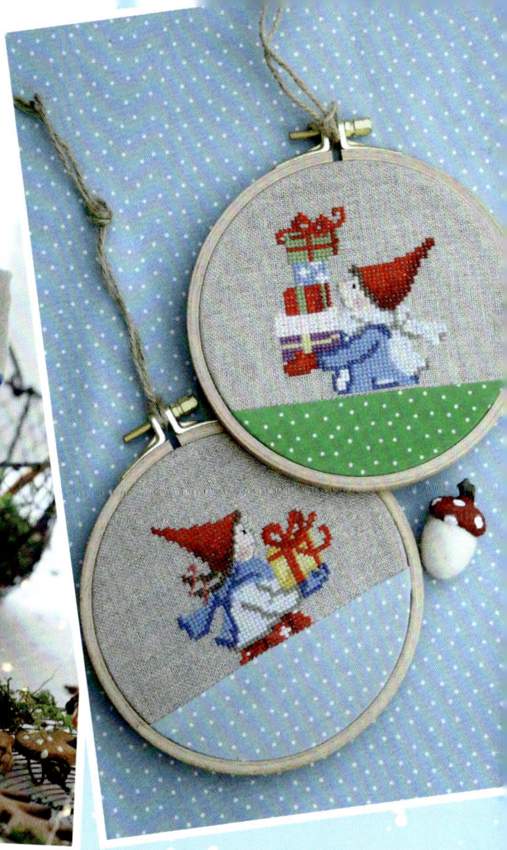

Leinen-Geschenkebeutel

Größe: 34 x 25 cm
Stickmuster Seite 102

Material:
- 0,40 m Leinenstoff natur 140 cm breit
- 0, 60 m Baumwollpaspel rot oder blau
- 0,10 m Webband mit Pippa oder Pelle
- 0,20 m Stickleinen natur ungebleicht
- 0,40 m Volumenvlies zum Aufbügeln
- 1 Vichy-Knopf 10 mm Durchmesser
- 0, 50 m Karo-Band Mini-Vichy rot-weiß oder blau-weiß 5 mm
- 1 Holzwäscheklammer

Zuschnitt pro Beutel:
- 2x 27 cm x 40 cm Leinen
- 1x 11 cm x 18 cm besticktes Leinen

Anleitung:
Versäubere alle Kanten. Hinterbügle einen der Leinenzuschnitte mit Volumenvlies (für sehr festen Stand hinterbügle den zweiten Leinenzuschnitt mit Vlieseline). Falte die Leinenzuschnitte der Länge nach jeweils rechts auf rechts, steppe die beiden Seitennähte, fasse an einem der Zuschnitte an der rechten Seite das zur Hälfte gefaltete Stück Webband mit Pippa oder Pelle ca. 20 cm von der unteren Bruchkante entfernt mit in die Seitennaht, beim anderen Zuschnitt lasse an einer Seitennaht eine Wendeöffnung von ca. 6 cm offen. • Nähe für den Boden die Ecken jeweils 4 cm ab. Lege die beiden Beutelteile rechts auf rechts ineinander, steppe die obere Kante, fasse dabei die Paspel mit, Anfang und Ende laufen schräg ineinander. • Wende durch die Wendeöffnung, schließe diese und steppe den oberen Beutelrand knappkantig. • Schneide das bestickte Leinen zurecht, versäubere es rund herum ca. 1 cm von den Außenrändern entfernt, ziehe 3-4 Fäden. • Nähe einen Knopf an die obere Kante, befestige das Vichyband daran und hänge das fertige Anhängselchen an den mit einer Holzwäscheklammer geschlossenen Beutel.

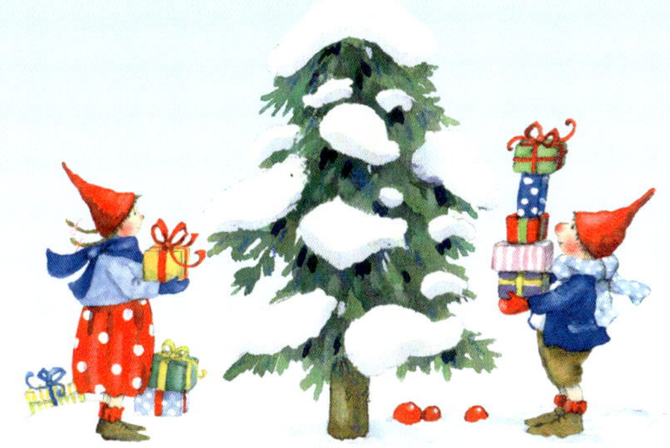

Bald ist Weihnacht

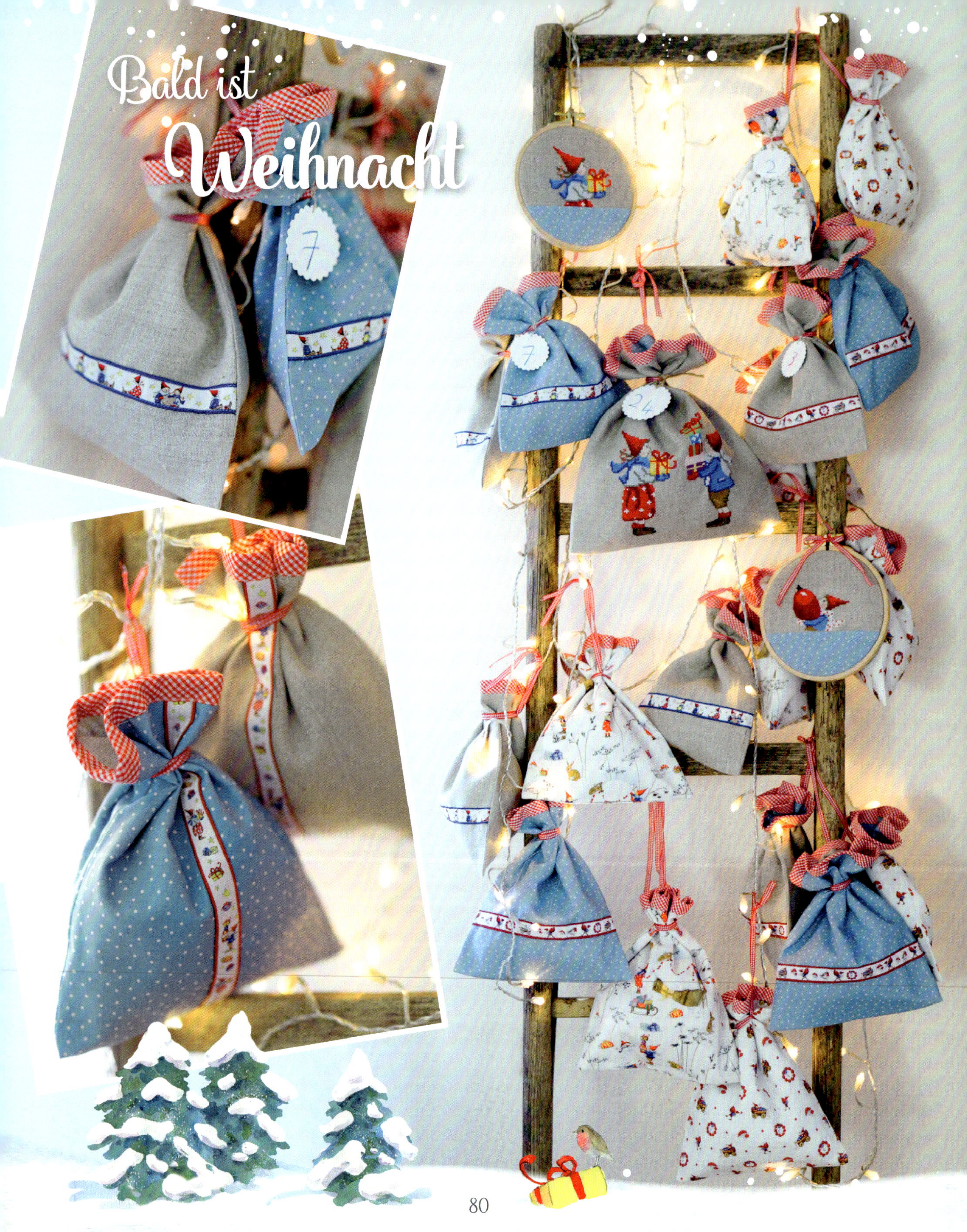

Adventskalender

Größe Säckchen Nr. 1 – 23: 20 x 18 cm
Größe Säckchen Nr. 24: 27 x 22 cm
Stickereigröße 13 x 14,5 cm / Stickmuster Seite 102

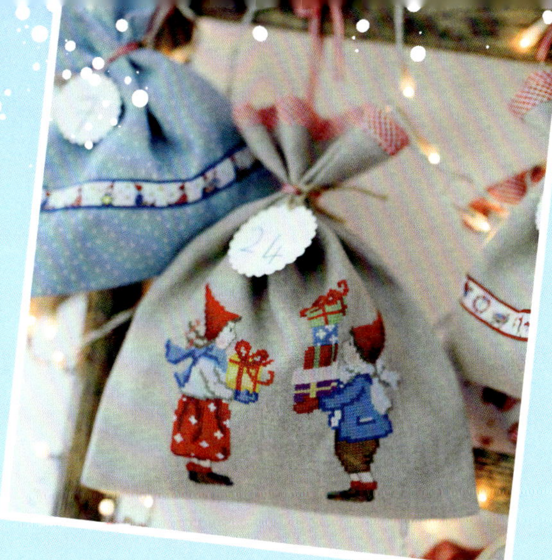

Material für die Säckchen:

- 0,30 m Stickleinen natur (A)
- 0,50 m Baumwollstoff Schneewiese (B)
- 0,50 m Baumwollstoff Wichtelkinder (C)
- 1,20 m Baumwollstoff Tupfen graublau-weiß (D)
- 0,50 m Baumwollstoff Tupfen rot-weiß (E)
- 0,70 m Leinenstoff natur (F)
- 0,60 m Webband Pippa u. Pelle unterm Sternenzelt (G)
- 0,80 m Webband Wichtelkinder (H)
- 0,25 m Webband Pippa u. Pelle mit Geschenken (I)
- 0,25 m Webband Pippa u. Pelle im Schnee (J)
- 11 m Schrägband rot-weiß kariert, 30 mm (K)
- 12 m Karo-Band Mini-Vichy rot-weiß, 5mm (L)
- 24 Papieranhänger in Wunschhform für die Zahlen
- Stickgarne

Zuschnitt inkl. Nz:

- A: 25 x 60 cm
- B: 2 Streifen 22 x 140 cm, daraus jeweils 7 Teile 22 x 20 cm
- C: 2 Streifen 22 x 140 cm, daraus jeweils 7 Teile 22 x 20 cm
- D: 2 Streifen 42 x 140 cm, daraus jeweils 7 Teile 42 x 20 cm / 1 Streifen 24 x 140 cm, daraus 1 Teil 20 x 42 cm, 2 Teile 20 x 22 cm (für ein Außensäckchen mit Hochkant-Webband) und 1 Teil 24 x 54 cm (für Säckchen Nr. 24)
- E: 7 Teile 42 x 20 cm
- F: 1 Streifen 42 x 140 cm, daraus 7 Teile 42 x 20 cm / 1 Streifen 20 x 140 cm, daraus 1 Teil 20 x 42 cm und 2 Teile 22 x 20 cm (für ein Außensäckchen mit Hochkant-Webband)
- G: 3 Stücke à 20 cm
- H: 4 Stücke à 20 cm
- K: 23 Stücke à 44 cm, 1 Stück à 48 cm
- L: 24 Stücke à 50 cm (zum Zubinden und Aufhängen)

Anleitung für Säckchen Nr. 1–23:

Für 7 Säckchen aus B lege jeweils 2 Teile B rechts auf rechts aufeinander und nähe die beiden langen und die untere kurze Seite zu, das Säckchen danach wenden. Für das Innensäckchen 7 Teile aus E an den kurzen Seiten rechts auf rechts aufeinander legen und die beiden Seitennähte schließen. Stülpe beide Säckchen links auf links ineinander und fasse sie oben mit dem Schrägband ein. Für 7 Säckchen aus C genauso verfahren, sie werden mit Innensäckchen aus D kombiniert. • Nähe jetzt 4 Außensäckchen aus F, bei denen auf die Vorderseite ca. 3 cm von der unteren Kante 2 x G und 2 x H quer aufgenäht werden. Ebenso 3 Außensäckchen aus D nähen mit 1 x G und 2 x H. • Für das Säckchen mit Hochkant-Webband Wichtelgeschenke nähe das Webband I mittig auf ein Teil D. Lege dann beide Teile aus D rechts auf rechts aufeinander und nähe beide Teile an den Seiten und am Boden zusammen. Für das Säckchen mit dem Hochkant-Webband Im Schnee nähe das Webband J mittig auf ein Teil F, wieder beide Teile F rechts auf rechts legen und zum Säckchen zusammennähen. • Die verbleibenden Teile für die Innensäckchen zusammennähen und jeweils die Säckchen aus F mit einem Säckchen aus D innen kombinieren, für die Säckchen aus D umgekehrt innen mit F. Die ineinander gestülpten Säckchen oben mit Schrägband einfassen.

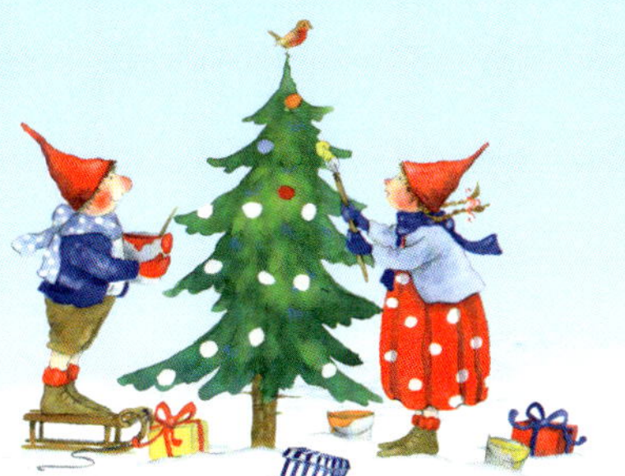

Anleitung für Säckchen Nr. 24:

Falte A an den kurzen Seiten zur Hälfte, so dass die Mitte markiert ist, und sticke auf eine Hälfte hochkant das Motiv. Beginne dazu ca. 3 cm über der Faltkante mittig in der Breite. Anschließend kurz von Hand durchwaschen und auf 24 x 54 cm zurechtschneiden. • Lege nun A an den kurzen Seiten rechts auf rechts aufeinander, nähe die Seitennähte zu und wende das Säckchen. Ebenso das Teil D für dieses Säckchen an den kurzen Seiten rechts auf rechts zusammenlegen und die Seitennähte schließen. • Jetzt das Säckchen aus D in das bestickte Säckchen stülpen und beide Teile am oberen Rand mit dem längeren Stück aus K einfassen. • Nun noch die Papieranhänger beschriften und an die Säckchen binden.

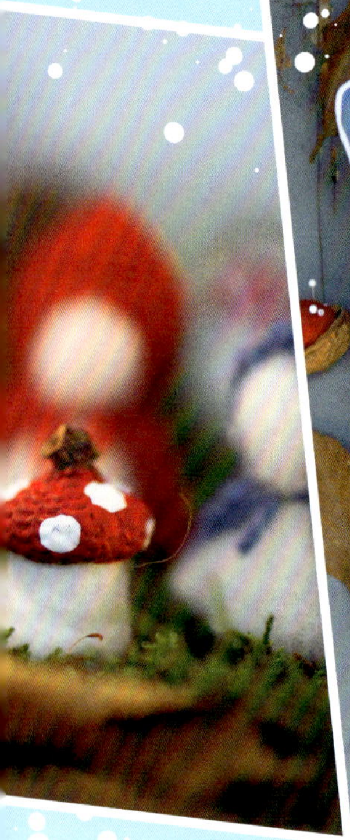

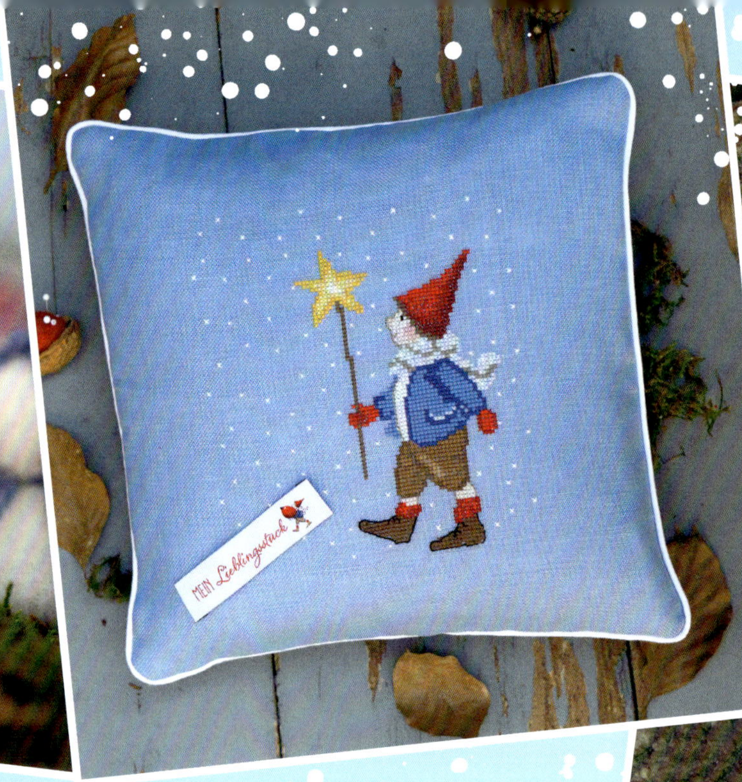

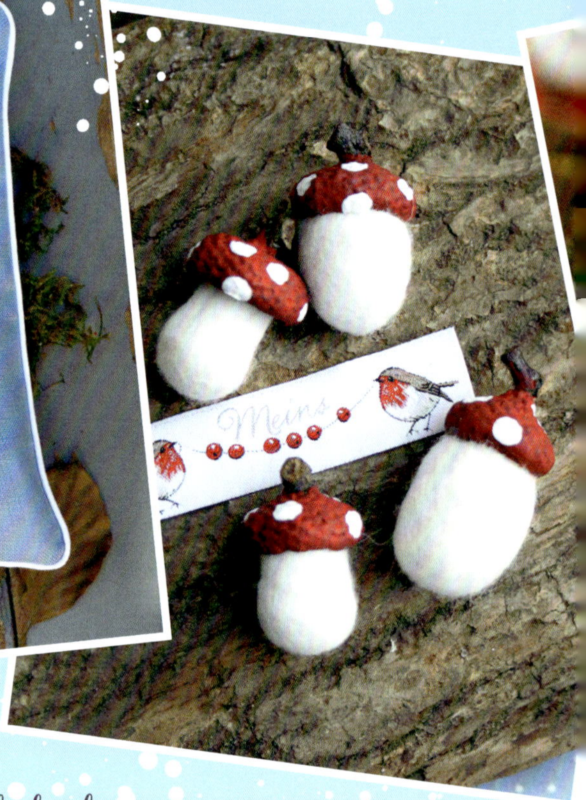

Kleines Pelle-Kissen

Größe: 25 x 25 cm / Stickereigröße: 13 x 13 cm
Stickmuster Seite 93

Material:

- 0,30 m Stickleinen blau (A)
- Webetikett Mein Lieblingsstück Pelle
- 1,10 m Baumwollpaspel weiß
- Stickgarne
- Kissenfüllung 25 x 25 cm

Zuschnitt inkl. 1 cm Nz:

- Vorderseite: A: 30 x 30 cm
- Rückseite: A: 2 Teile 27 x 20 cm

Anleitung:
Sticke das Motiv auf die Vorderseite A. Beginne dazu mit dem rechten Schuh ca. 10,5 cm vom rechten und ca. 7,5 cm vom unteren Rand. Zum Schluss freihändig die Schneeflocken ergänzen in einem Quadrat von ca. 15 x 15 cm. Nach dem Sticken kurz von Hand durchwaschen, auf 27 x 27 cm zurechtschneiden und das Webetikett aufnähen (siehe Foto). An beiden Teilen für die Rückseite eine lange Seite umnähen. Lege die Vorderseite und die beiden Teile für die Rückseite als Hotelverschluss rechts auf rechts aufeinander und nähe den Bezug ringsum zusammen. Dabei rundum die Paspel in die Naht einfassen. Wenden, fertig!

Mini-Glückspilze

Material:
• Eichelhütchen • 50 g weiße Filzwolle • rote und weiße Bastelfarbe • Klebstoff • Schmierseife • heißes Wasser

Anleitung:
Rühre etwas Schmierseife (Sonett) in heißes Wasser. Wickle aus der Schafwolle eine Kugel, die etwas größer ist als die Öffnung des Eichelhütchens. Tauche die Kugel in die warme Seifenlauge, rolle die Kugel zunächst sachte zwischen deinen Handflächen, tauche die Kugel abermals in die Lauge, rolle weiter und erhöhe nach und nach den Druck. • Forme die Wollkugel am Ende etwas länglich und oval. Sie sollte nun in das Eichelhütchen passen. Lasse das Pilzfüßchen trocknen. Bemale das Eichelhütchen rot und tupfe nach dem Trocknen mit einem Wattestäbchen einige weiße Punkte auf. Klebe das Pilzfüßchen in das Eichelhütchen.

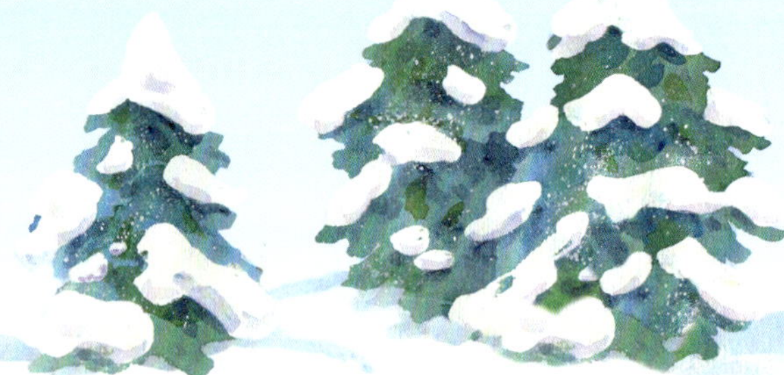

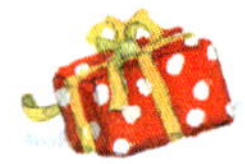

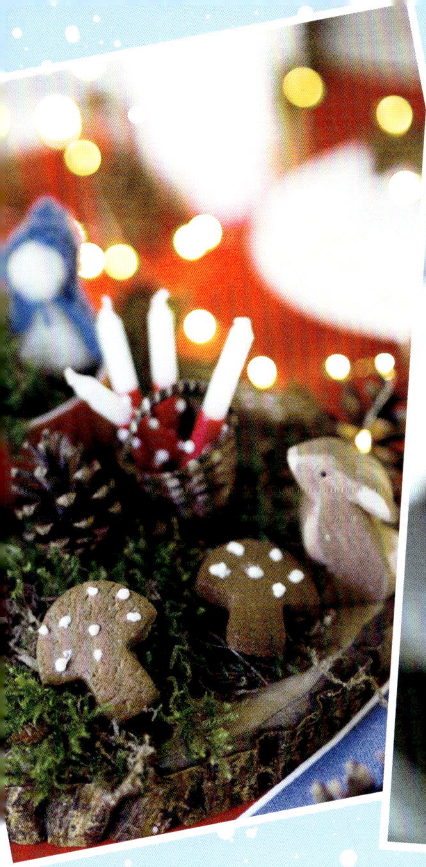

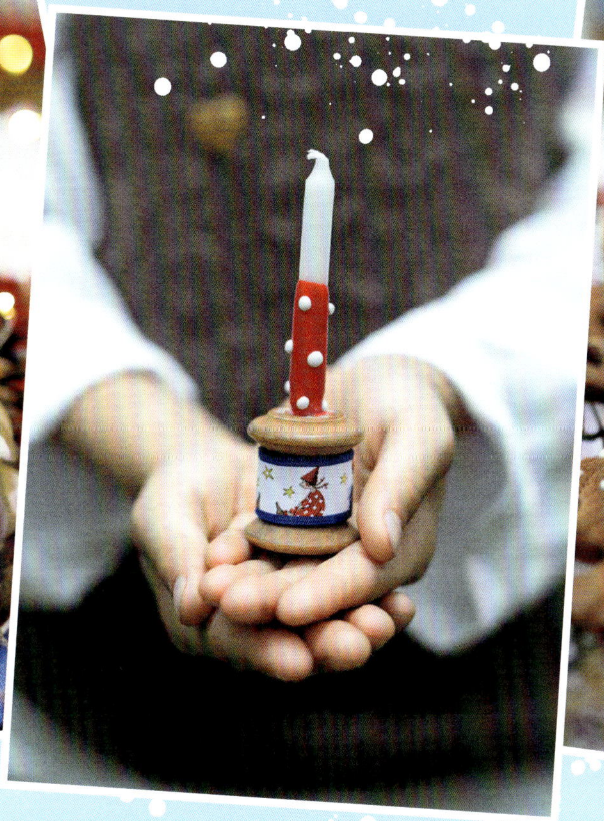

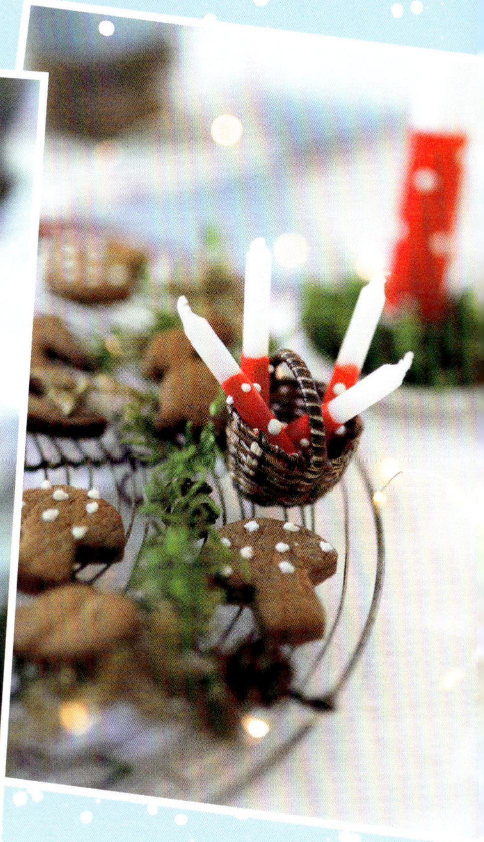

Pippa-Kerzen

Material:

• weiße Kerzenreste • 1/2 rotes Wachsmalblöckchen (z. B. Stockmar) • 1-2 cm von einem weißen Wachsmalstift (z. B. Stockmar) • weiße Kerzen • Holzspieße

Anleitung:

Schmelze zunächst die weißen Kerzenstummel in einem möglichst schmalen Glas oder in einer sauberen Konservendose im Wasserbad, schmelze dazu auch eine kleinere Menge Wachs in einem Teelichthalter (z.B. Galej/IKEA), entferne vorsichtig die Dochtreste aus dem geschmolzenen Wachs. Gib das rote Wachsmalblöckchen zur größeren Wachsmenge, das weiße Wachsmalstückchen zur kleineren. Erwärme alles vorsichtig, die Wachsmalstückchen müssen sich vollständig im heißen Wachs auflösen. • Rühre mit einem Holzspieß, bis alles homogen ist. Tauche nun den unteren Teil einer weißen Kerze ganz kurz bis zur gewünschten Höhe in das rote Wachs, lasse es kurz erkalten, tauche die Kerze ggf. abermals und etwas weniger tief in das rote Wachs. Lasse die rote Wachsschicht erkalten, bevor du das Ende eines Holzspießes in das flüssige weiße Wachs tauchst und weiße Punkte auf den roten Kerzenteil setzt. Nimm bei Puppenkerzchen statt des Spießendes lieber die Spitze, damit die Pünktchen entsprechend kleiner ausfallen.

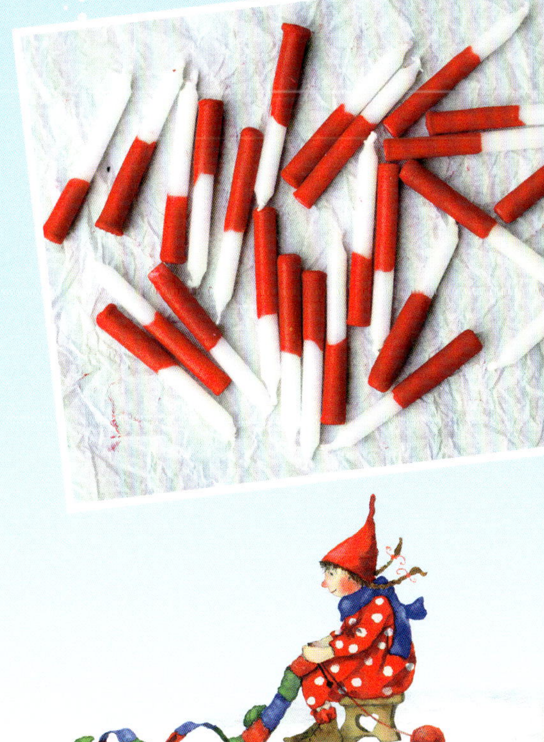

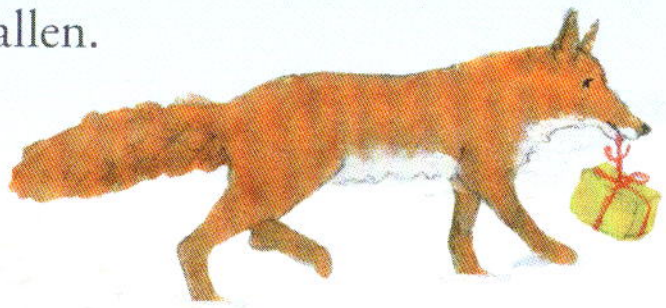

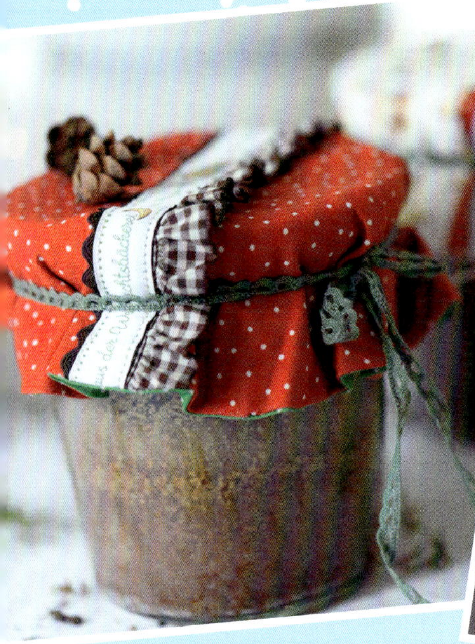

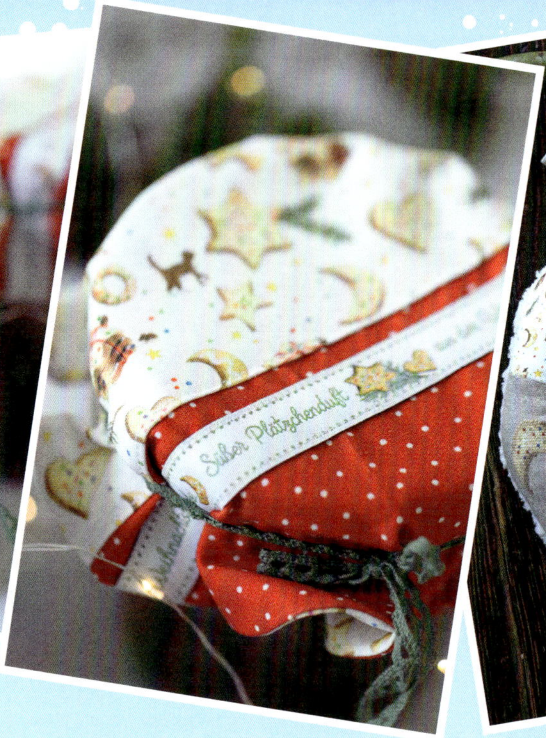

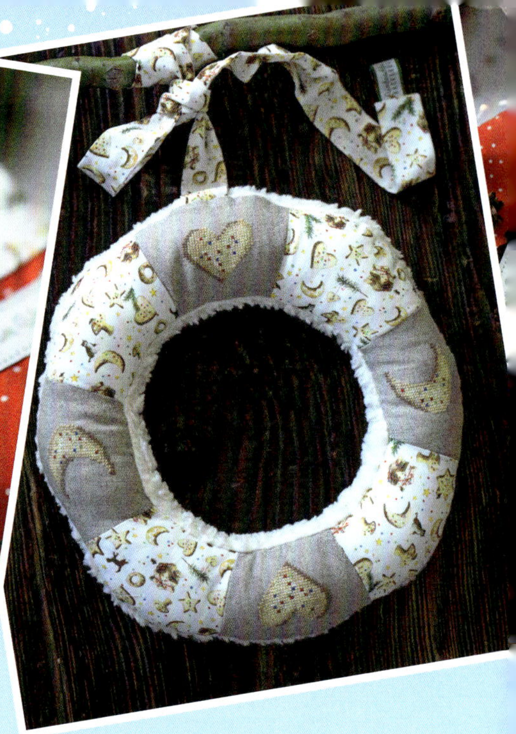

Weckglas-Deckchen

Größe: Durchmesser ca. 20 cm
Schablone Nr. 26, Seite 108

Wir haben für die kleinen Deckchen viele unserer schönen Winterstoffe nach Herzenslust gemischt und mit den passenden Webetiketten und -bändern verziert. Lass' Deiner Kreativität freien Lauf, kombiniere Stoffe so, wie es dir am besten gefällt, dann werden sie am schönsten! • Wie bei den Pilzen aus dem Winterwald gilt aber auch hier: wenn dir unsere Kombinationen einfach zu gut gefallen, findest du hier auch eine kurze Auflistung zu den verwendeten Stoffen und Bändern.

Für ein Deckchen benötigst du immer zwei Stoffstücke in 25 x 25 cm, für ein quer über den Stoff aufgenähtes Webband braucht es 25 cm davon und wenn du rundum eine Spitze aufnähen möchtest, solltest du 85 cm davon haben. • Es wird jeweils die Schablone 26 auf die Rückseite der Stoffstücke übertragen, diese dann mit einer Wendeöffnung rechts auf rechts zusammennähen. Vorher eventuell Bänder oder Etiketten aufnähen oder kleine Annäher in die Naht einfassen.

Materialien:

- 0,25 m Baumwollstoff Weihnachtsbäckerei
- 0,25 m Baumwollstoff Tupfen rot-weiß, Baumwollstoff Tupfen grün-weiß
- 0,25 m Klöppelspitze rot oder grün
- 0,25 m Webband Weihnachtsbäckerei
- 1 Webetikett Weihnachtsbäckerei
- 0,25 m Zackenlitze braun 6 mm
- 0,25 m Rüschenband braun-beige kariert

Gefüllt mit unserem leckeren Wintermärchen-Kuchen ist so ein Glas ein liebevolles Geschenk! Und wenn der Kuchen aus dem Glas geholt wird, kann das Deckchen noch lange als Untersetzer verwendet werden!

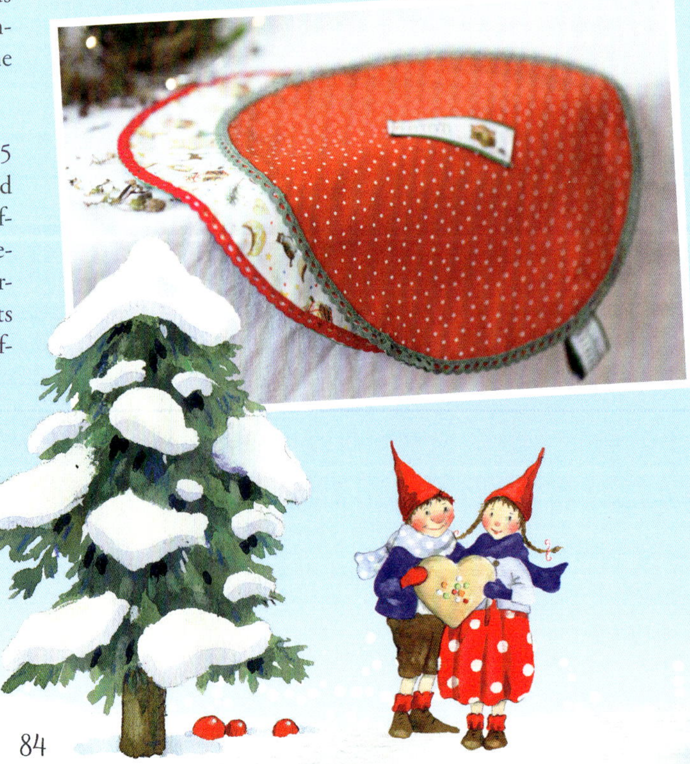

Aus der Weihnachtsbäckerei

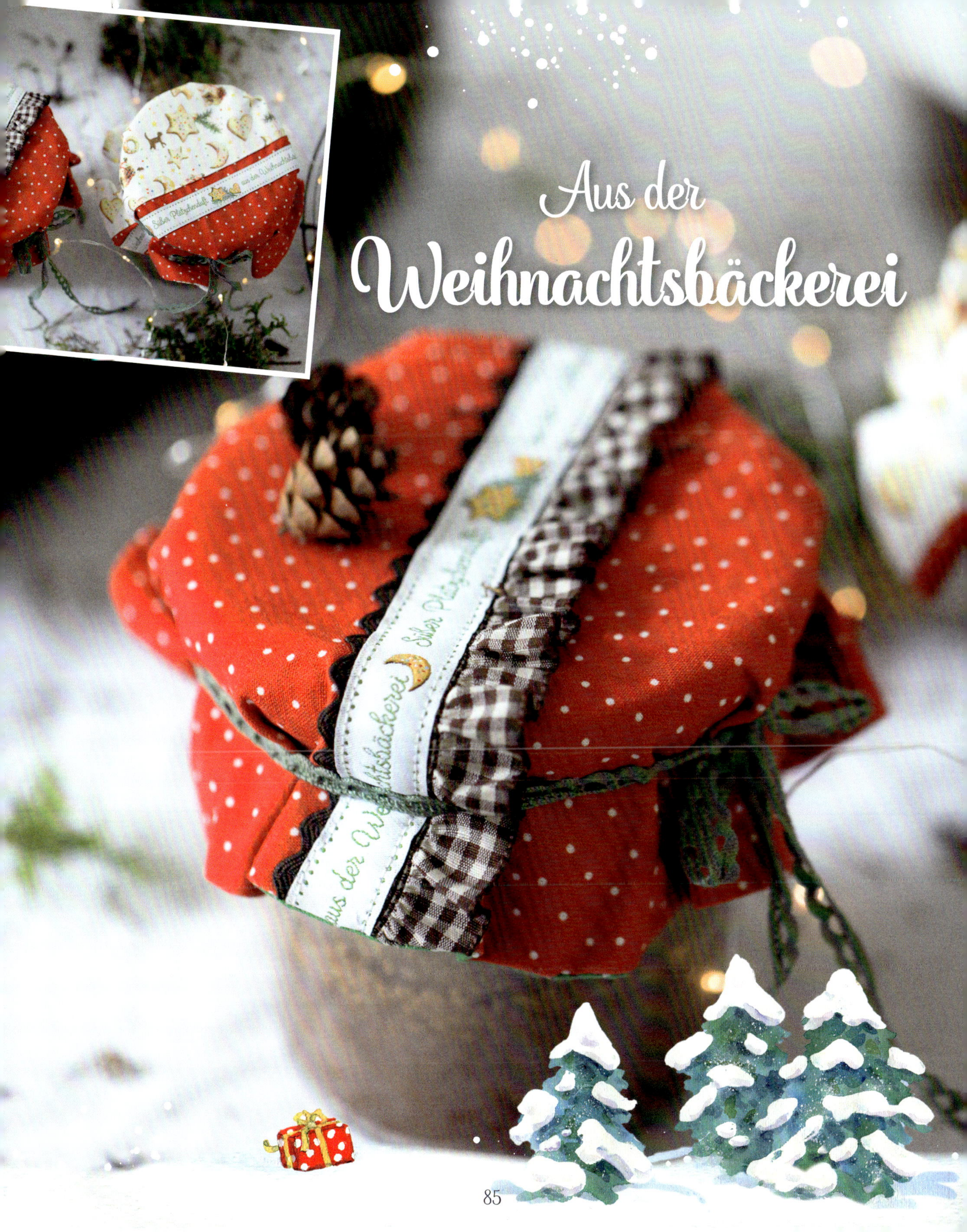

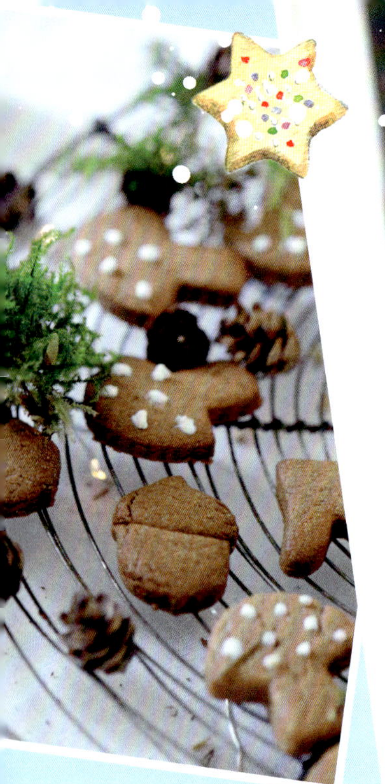

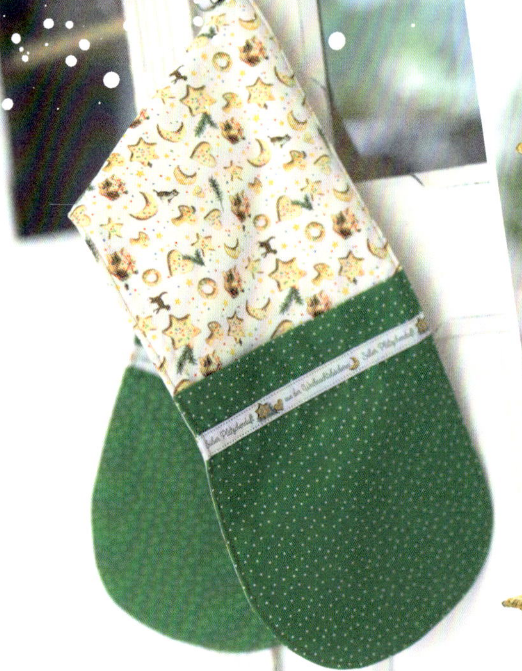

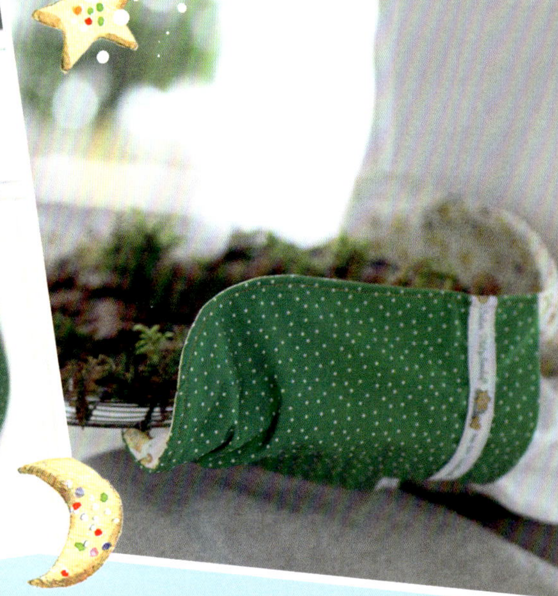

Ofen-Handschuh

Größe: 88 x 18 cm
Schablone Nr. 28, Seite 108

Material:

- 0,40 m Baumwollstoff Weihnachtsbäckerei
- 0,20 m Baumwollstoff Tupfen grün-weiß
- 0,10 m Baumwollstoff Tupfen weiß-gelb
- 0,40 m Webband Weihnachtsbäckerei
- 0,20 m Thermolan
- 1 Webetiket Weihnachtsbäckerei

Zuschnitt inkl. Nz:

- 2x Handschlupfteil im Stoffbruch
- 2x Vorder- und Rückteil
- 1x Thermolan

Anleitung:

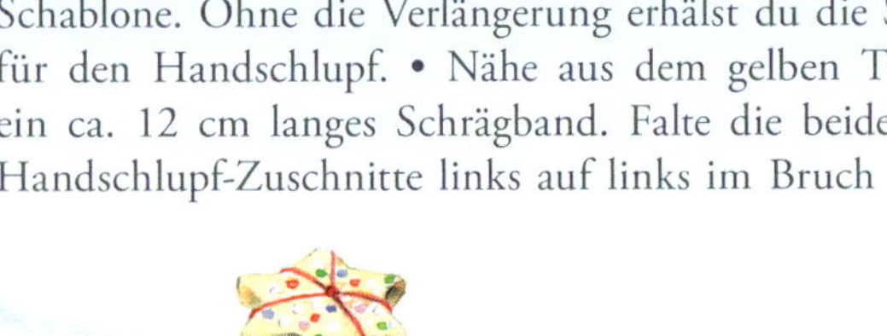

Fertige die Schablone wie in der Anleitung auf Seite 51 beschrieben, verlängere hier jedoch um 44 cm für die komplette Schablone. Ohne die Verlängerung erhälst du die Schablone für den Handschlupf. • Nähe aus dem gelben Tupfenstoff ein ca. 12 cm langes Schrägband. Falte die beiden grünen Handschlupf-Zuschnitte links auf links im Bruch und nähe das Webband ca. 3 cm von der Bruchkante entfernt jeweils an beide Teile. • Lege jeweils ein doppeltes Handschlupfteil auf die rechte Stoffseite an die gerundeten Enden des Plätzchenstoff-Zuschnitts, das Webband zeigt zu dir. • Markiere die Mitte an der oberen Längskante. Lege den zweiten Plätzchenstoff-Zuschnitt rechts auf rechts darüber. • Lege zuerst das gefaltete Webetikett und darüber das zur Schlaufe gelegte Schrägband zwischen die beiden Lagen an die markierte Mitte, die Schlaufe zeigt nach innen. • Lege den Thermolan-Zuschnitt oben drüber. Steppe alle Lagen rund herum aufeinander, dabei muss eine Wendeöffnung von ca. 8 cm verbleiben. Schneide die Rundungen ein und wende den Backblechhandschuh. • Forme und bügle die Rundungen sorgfältig, steppe rund herum knappkantig, die Wendeöffnung wird hierbei geschlossen. Klappe vor dem Steppen das Webetikett nach unten, die Schlaufe nach oben.

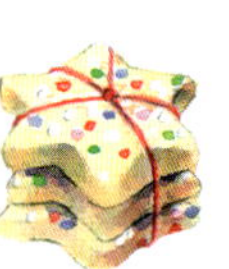

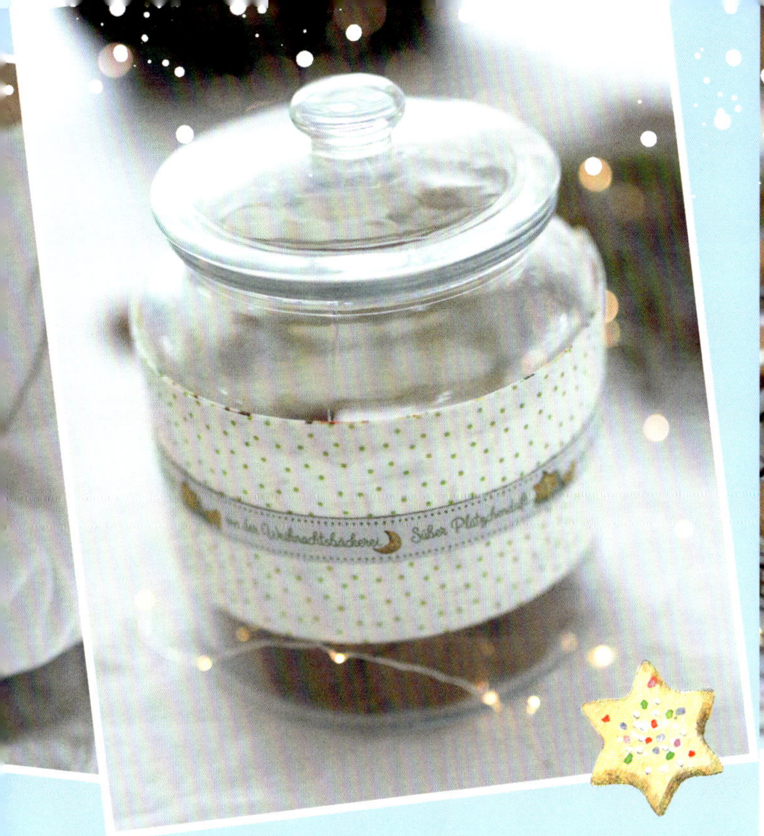

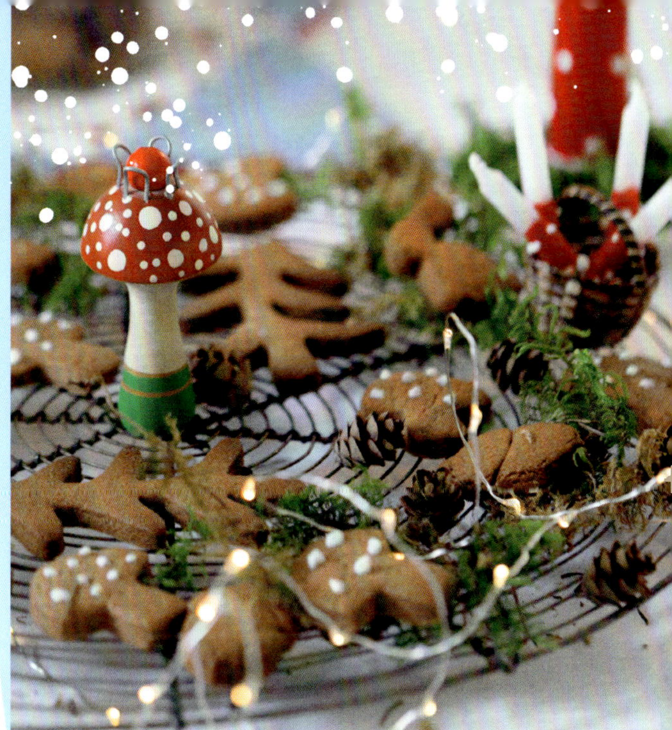

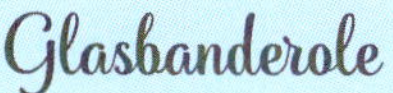

Glasbanderole

Unser Glas hat die Maße 46 cm Umfang x 16 cm Höhe und ist von einem schwedischen Möbelhaus.

Material:
- 0,10 m Baumwollstoff Weihnachtsbäckerei
- 0,10 cm Baumwollstoff Tupfen weiß-grün
- 0,50 cm Webband Weihnachtsbäckerei

Zuschnitt:
- 2x 48 cm x 10 cm inkl. Nz

Glasumfang + 2 cm Nz, Höhe nach Wunsch passend zum Glas

Anleitung:
Steppe das Webband mittig auf den Tupfenstoff. Lege beide Stoffstücke rechts auf rechts aufeinander, steppe die langen Kanten. • Schiebe eine Hand durch die Stoffröhre, fasse das andere Ende und ziehe es zu dir durch die Banderole, sodass nun beide kurzen, noch offenen Kanten rechts auf rechts aufeinander liegen. • Steppe die kurzen Kanten, Innenstoff liegt auf Innenstoff, Außenstoff auf Außenstoff, Naht trifft auf Naht. • Lasse eine Wendeöffnung an der Innenseite, wende hierdurch die Banderole, schließe die Wendeöffnung per Hand.

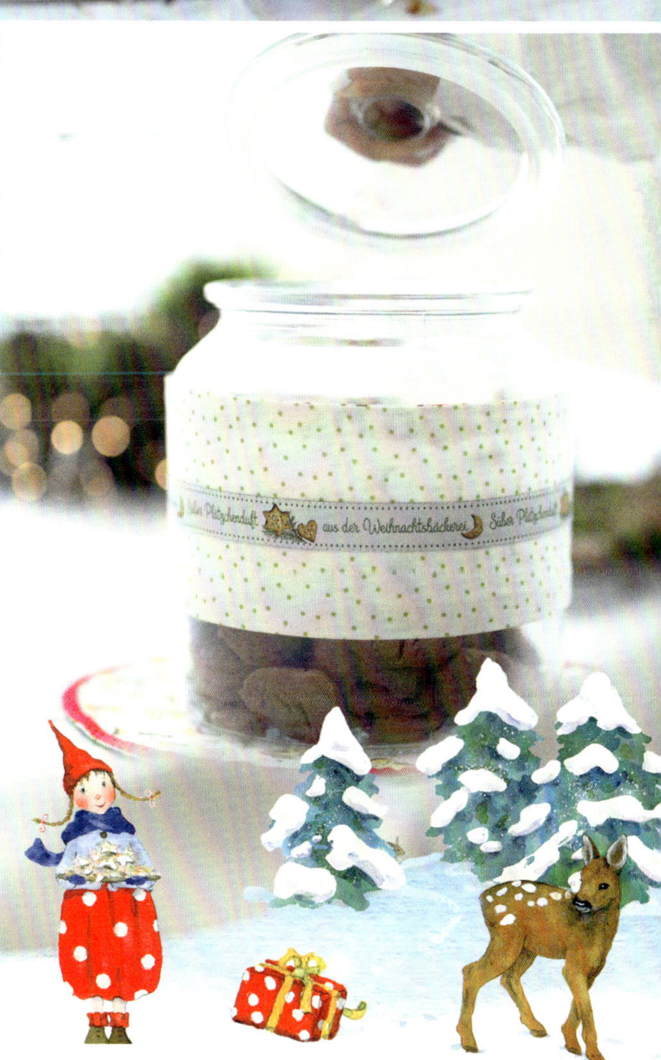

Festliches
aus der Wichtelwerkstatt

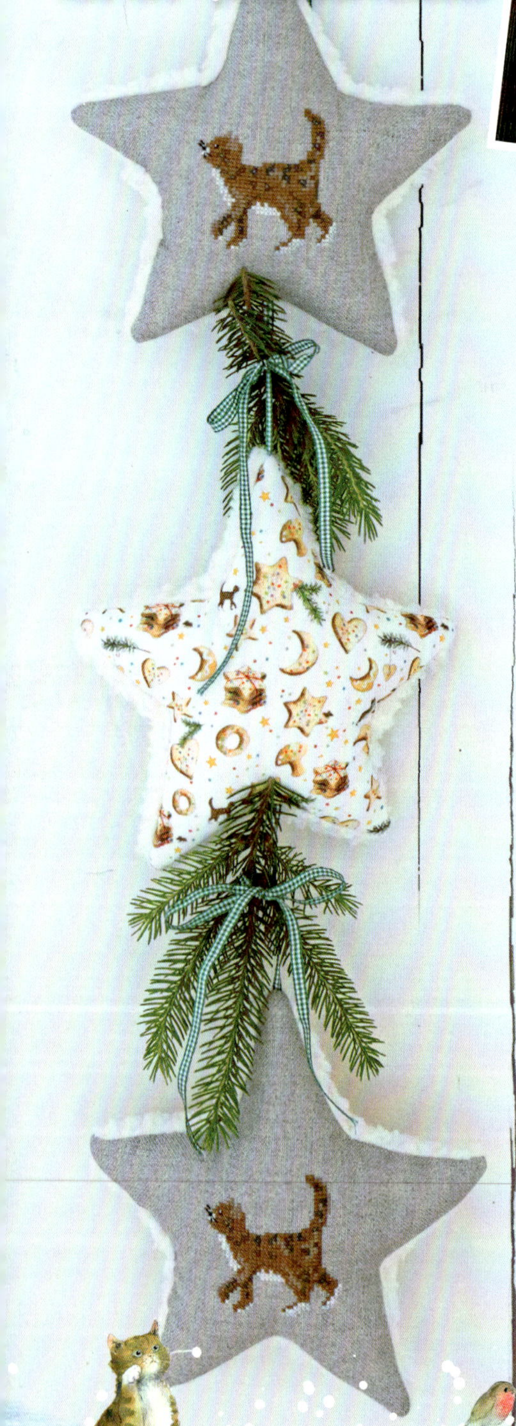

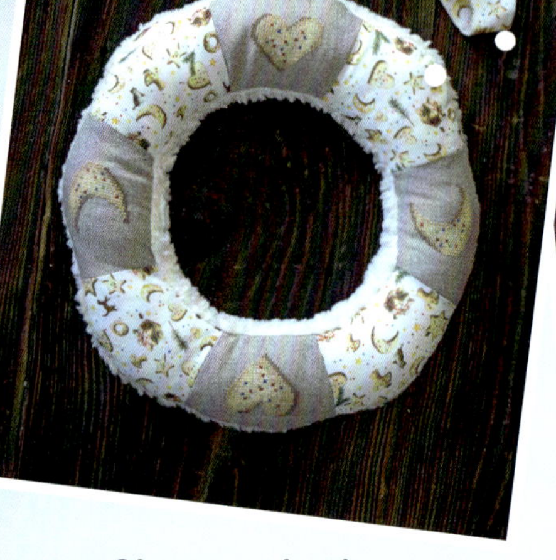

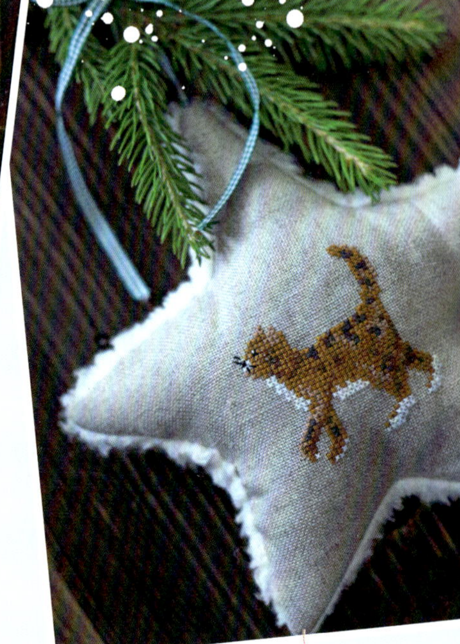

Sternengirlande

Größe: 20 x 80 cm
Stickereigröße: 6 x 6 cm
Stickmuster Seite 99
Schablone Nr. 11, Seite 107

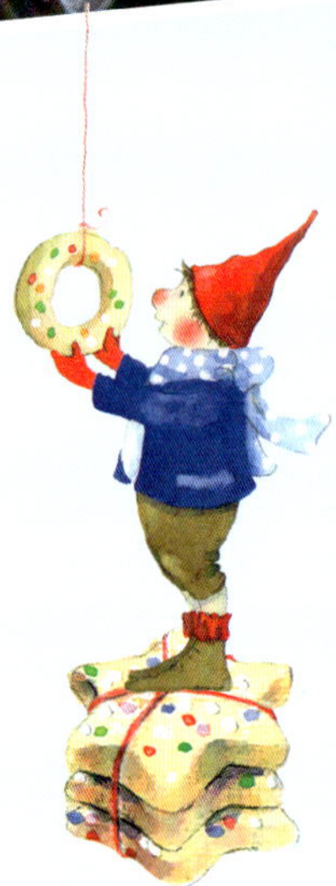

Material:
- 0,30 m Stickleinen natur (A)
- 0,30 m Baumwollstoff Weihnachtsbäckerei (B)
- 0,30 m Teddyplüsch (C)
- 0,30 m Vlieseline (D)
- 2,20 m Karo-Band Mini-Vichy grün-weiß (E)
- Füllwatte
- Stickgarne

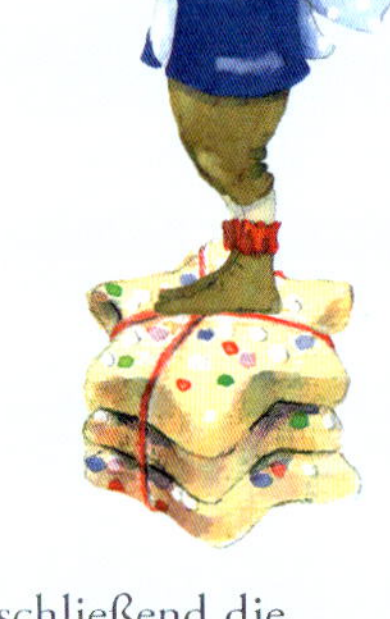

Zuschnitt inkl. Nz:
- A und D: jeweils zwei Teile 0,30 x 0,30 m
- B: 0,30 x 0,30 m
- C: drei Teile 0,30 x 0,30 m
- E: 4 Stücke à 0,30 m, 1 Stück à 1 m

Anleitung:
Sticke das Motiv mittig zwei Mal auf A und übertrage anschließend die Schablone auf die Rückseite. Schneide den Stern zzgl. Nahtzugabe aus und bügle die Vlieseline auf die Rückseite. • Übertrage dann die Schablone auf die Rückseiten von B und schneide sie ebenfalls zzgl. Nahtzugabe aus. • Lege nun die Sternvorderseiten jeweils rechts auf rechts auf ein Teil C und nähe die Sterne rundum zusammen, dabei eine Wendeöffnung lassen. • Für die Aufhängung beim oberen Stern das lange Stück E zur Hälfte gefaltet in die obere Zacke einnähen und ein kurzes Stück unten in der Mitte zwischen den beiden Zacken. Der mittlere Stern aus Motivstoff erhält oben und unten jeweils ein kurzes Stück E, der untere Stern nur oben. • Nach dem Wenden die Sterne mit Füllwatte füllen und die Wendeöffnung von Hand schließen. Die Sterne dann mit den Bändern untereinander verbinden, dabei kannst du auch gut die Gesamtlänge der Kette variieren.

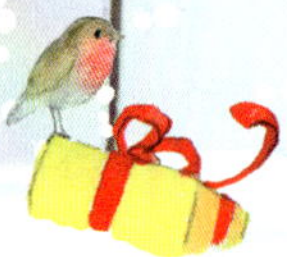

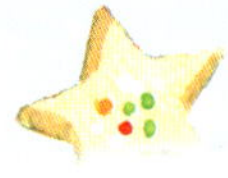

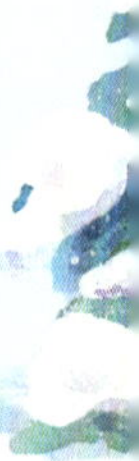

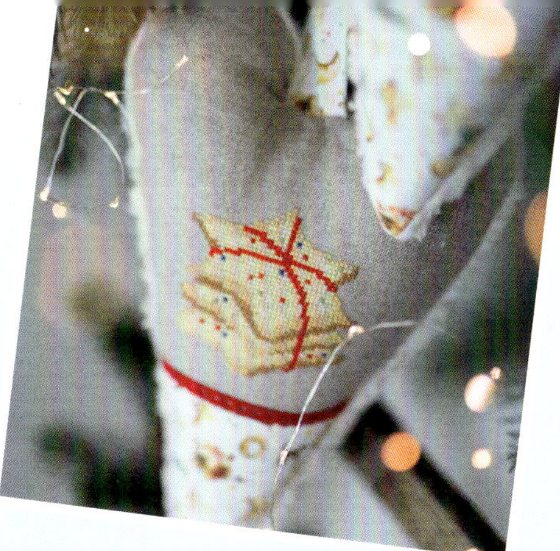

Zwei Herzen

Größe: ca. 30 x 16 cm
Stickereigröße: Pelle 9 x 10 cm, Plätzchen 7 x 7 cm
Stickmuster Seite 100
Schablone Nr. 12, Seite 107

Material pro Herz:

- 0,20 m Stickleinen natur (A)
- 0,30 m Baumwollstoff Weihnachtsbäckerei (B)
- 0,30 m Teddyplüsch (C)
- 0,20 m Klöppelspitze rot
- Füllwatte
- Stickgarne

Zuschnitt inkl. Nz:

- A: 20 x 20 cm
- B: 15 x 15 cm und 1 Streifen 7 x 70 cm
- C: 30 x 20 cm

Anleitung (gültig für beide Herzen):
Sticke das Motiv jeweils in der Breite mittig und ca. 3 cm vom unteren Rand auf A. • Nähe B unten an A. Bei Pelle so, dass er auf der Linie steht, bei den Plätzchen ca. 1,5 cm unter dem Motiv. Nähe danach die Spitze auf die Naht. • Übertrage nun die Schablone auf die Rückseite. • Für das Band zum Aufhängen falte den Streifen aus B an der langen Kante rechts auf rechts zusammen und nähe die lange und eine kurze Seite zu. Danach wenden und bügeln. • Lege dann die Vorderseite und C rechts auf rechts aufeinander und nähe das Herz rundum zusammen. Dabei das Band zum Aufhängen mit der offenen kurzen Seite oben gerade in die Naht einfassen (siehe Markierung in der Schablone) und eine Wendeöffnung lassen. • Nach dem Wenden das Herz mit Füllwatte füllen und die Wendeöffnung von Hand schließen.

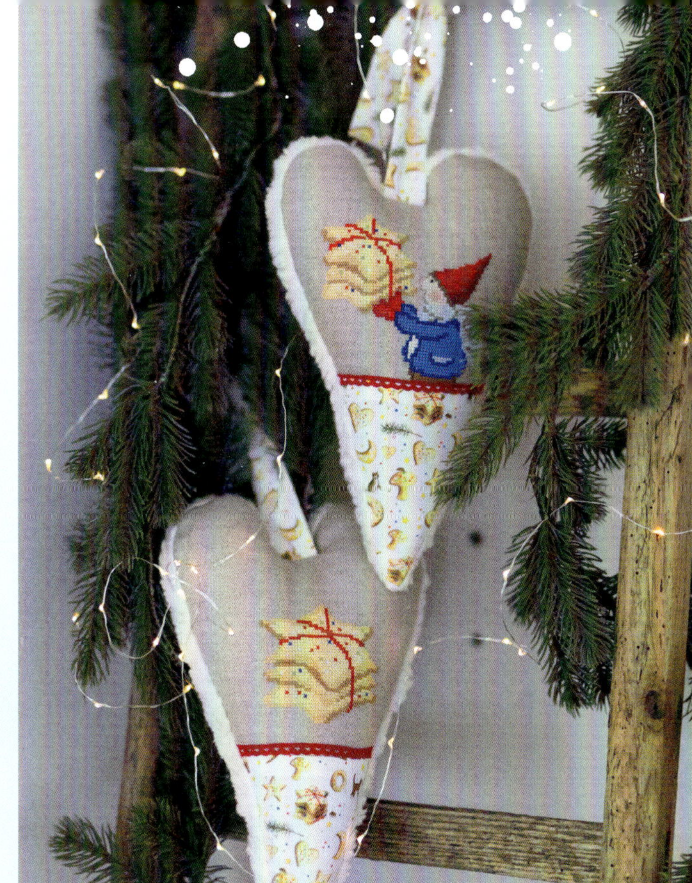

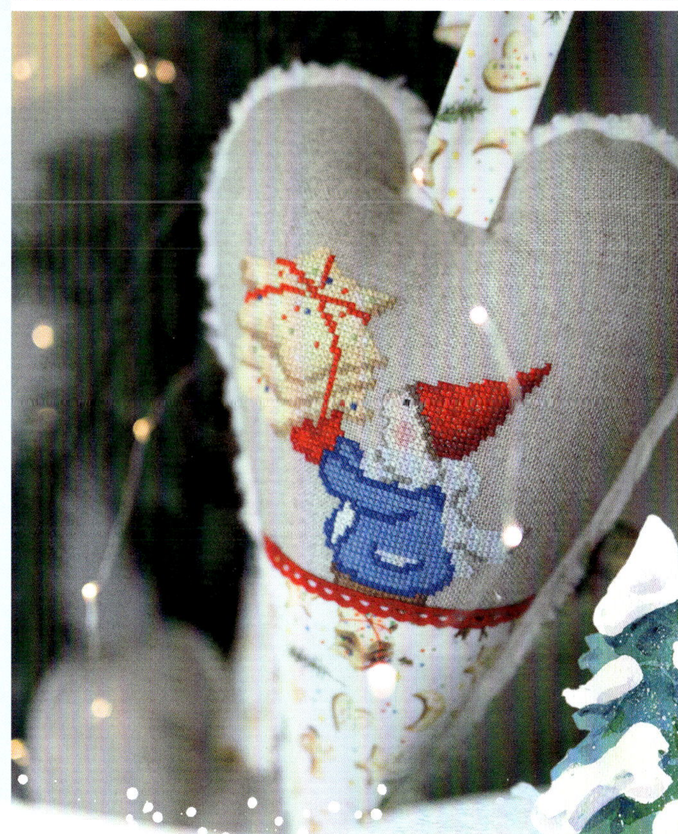

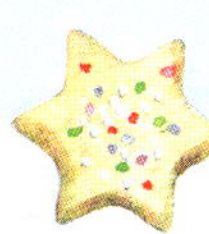

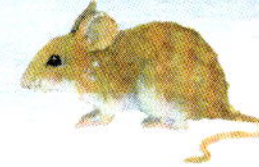

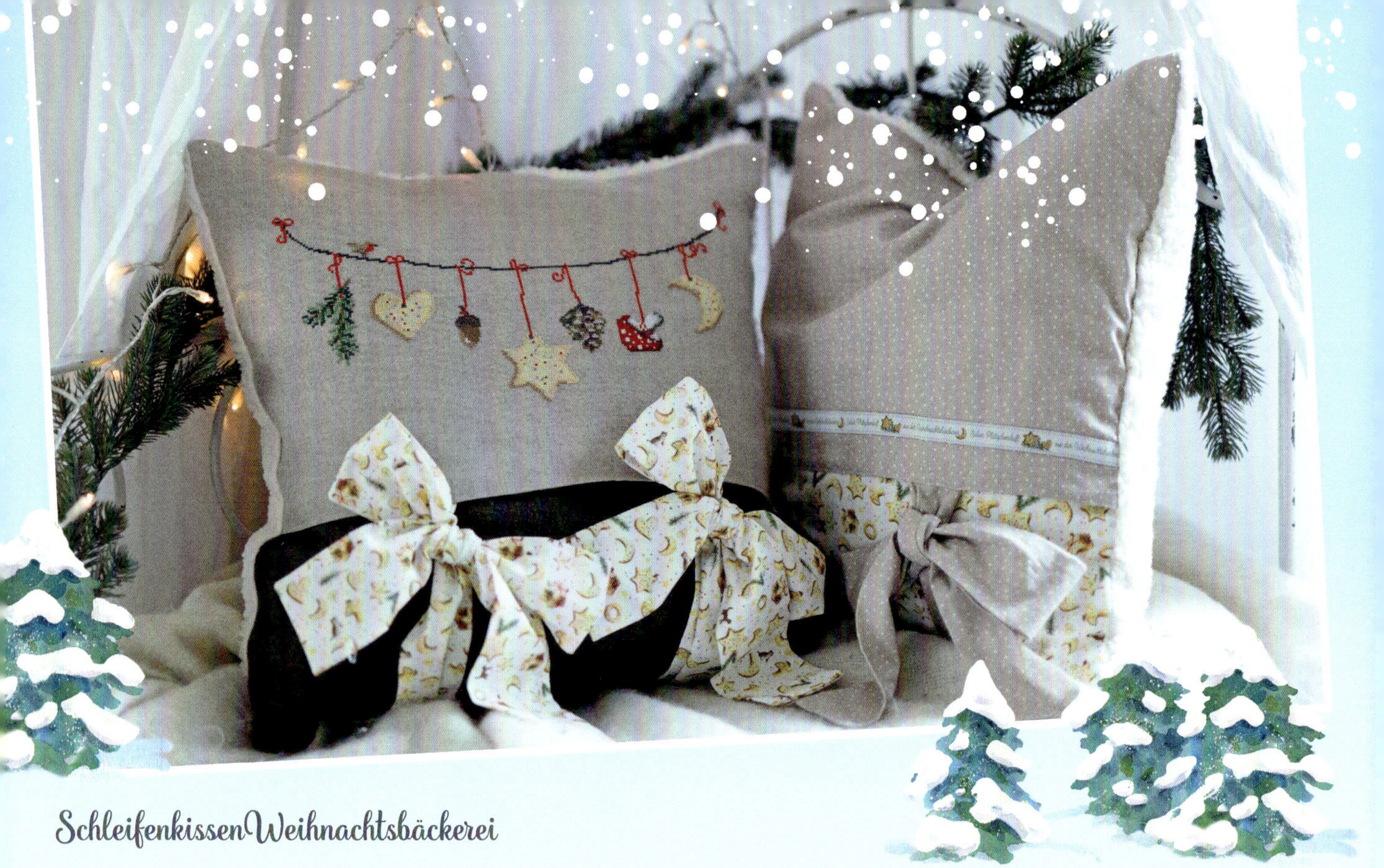

Schleifenkissen Weihnachtsbäckerei

Größe: 50 x 50 cm
Stickmuster Seite 100, 101
Stickereigröße: 35 x 16 cm

Material für ein Kissen:

- 0,35 m Stickleinen natur *oder* Tupfen taupe-weiß (A)
- 0,40 m Wollstoff dunkelbraun *oder* Baumwollstoff Weihnachtsbäckerei (B)
- 0,80 m Baumwollstoff Weihnachtsbäckerei *oder* Tupfen taupe-weiß (C)
- 0,55 m Teddyplüsch (D)
- Stickgarne
- Kissenfüllung 50 x 50 cm
- 0,55 m Webband Weihnachtsbäckerei für das unbestickte Kissen. Das Band vor dem Verarbeiten unter einem Tuch, auf kleinster Stufe ohne Dampf bügeln.

Zuschnitt inkl. 1 cm Nz:

Vorderseite Hotelverschluss:

- A: 35 x 55 cm (Übertritt)
- B: 35 x 52 cm (Untertritt)
- C: 2 Streifen 16 x 58 cm, 2 Streifen 16 x 65 cm, 1 Stück 33 x 52 cm als Rückseite für A
- D: 52 x 52 cm (Rückseite)

Anleitung:

Sticke das Motiv mittig auf A. Anschließend kurz von Hand durchwaschen und auf 33 x 52 cm zurechtschneiden. • Nähe aus den Streifen aus C die Bänder für die Schleifen, indem du sie an den langen Seiten rechts auf rechts zusammenfaltest und die lange und eine kurze Seite zunähst. Danach wenden und bügeln. • Lege nun A und das letzte Stück C rechts auf rechts aufeinander und nähe die untere Kante zusammen. Dabei die beiden kurzen Bänder aus C mit der offenen kurzen Seite gleichmäßig über die Breite verteilt in die Naht einfassen. Fertig genäht sind die Bänder 7 cm breit, beim Einfassen in die Naht werden sie in eine kleine Falte gelegt, so dass sie hier direkt an der Naht nur noch 5 cm breit sind. A und C wieder links auf links legen. • Damit später keine dicke Naht unter der Stickerei liegt, wird die eine lange Seite von B „nur" gekurbelt. Dann B mit der anderen langen Kante an die untere Kante von D nähen, fasse hier die beiden langen Bänder aus C im gleichen Abstand verteilt wie oben in die Naht ein. • Lege nun A am oberen Rand rechts auf rechts auf D, B darüber und schließe die Seitennähte. Nach dem Wenden auf die Kissenfüllung ziehen und die Schleifen binden.

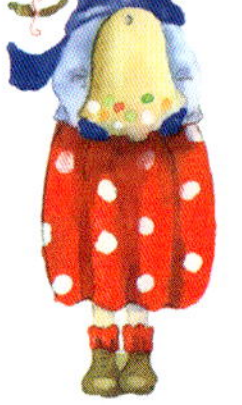

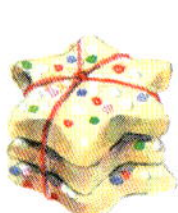

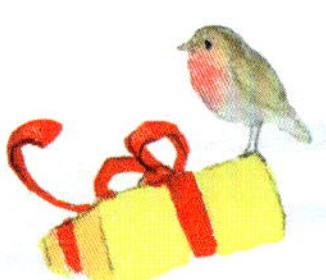

Köstlich anzusehen

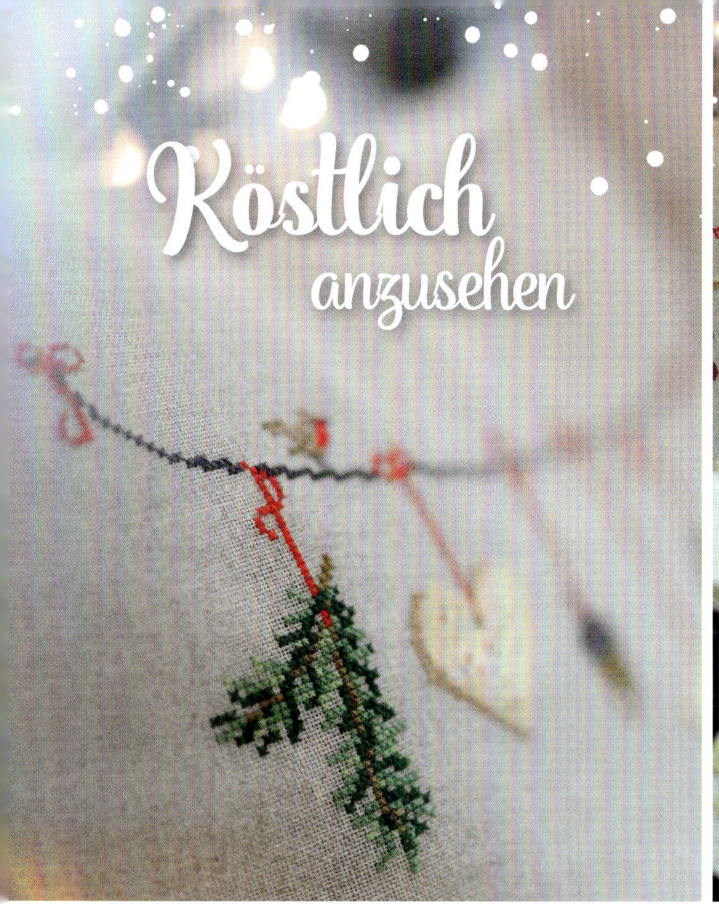

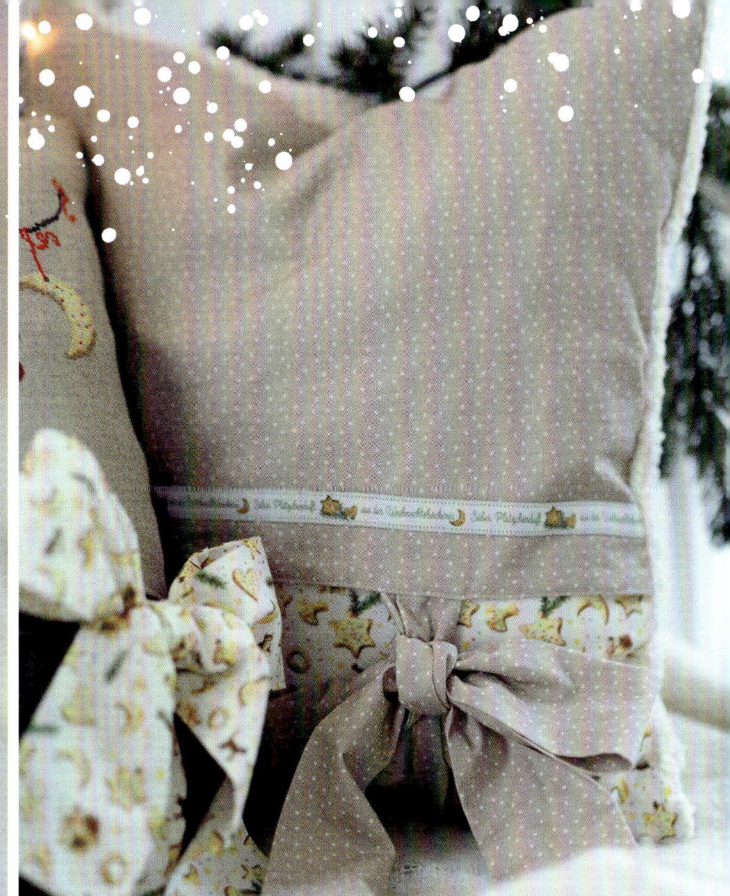

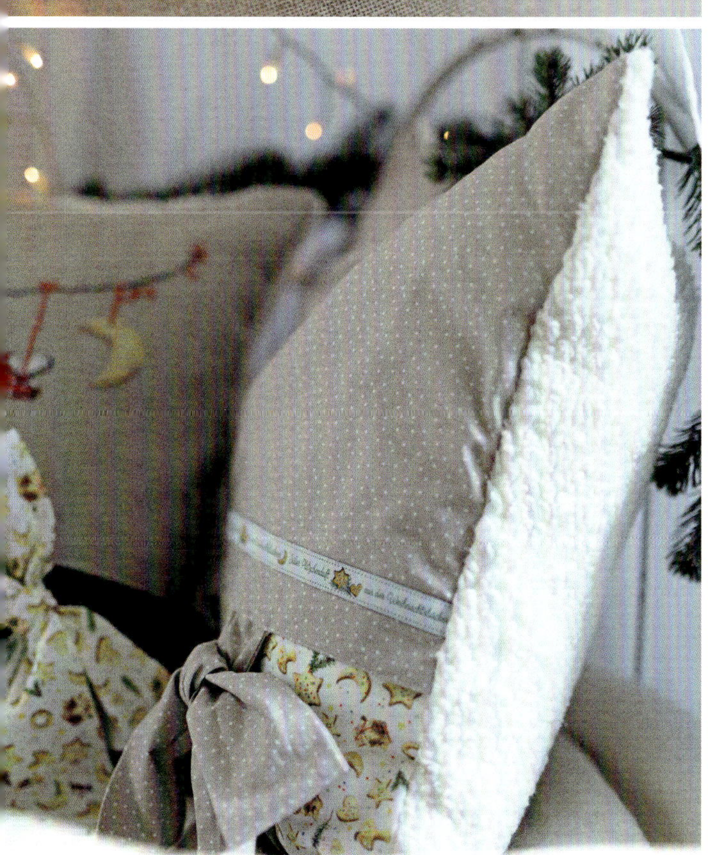

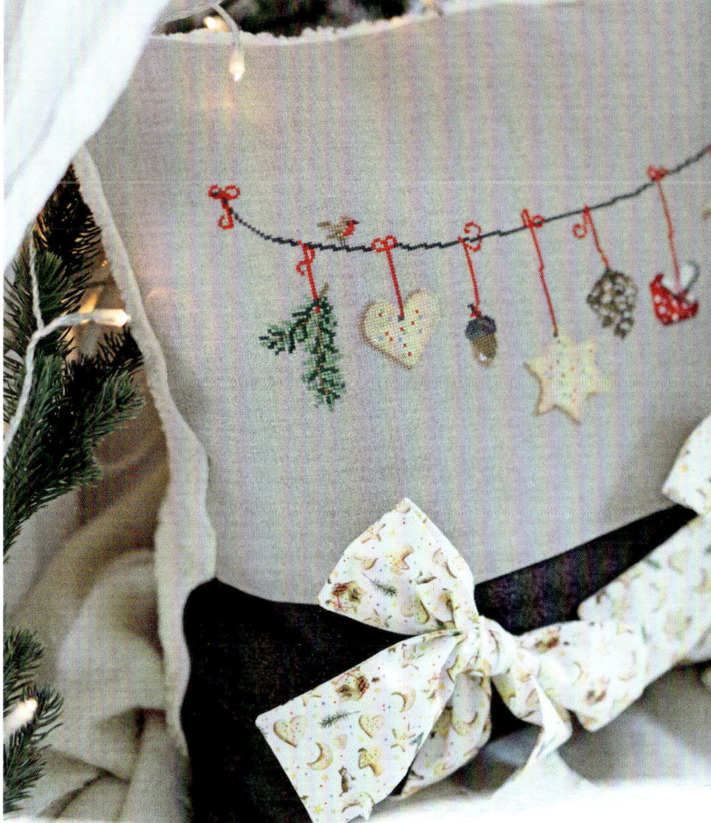

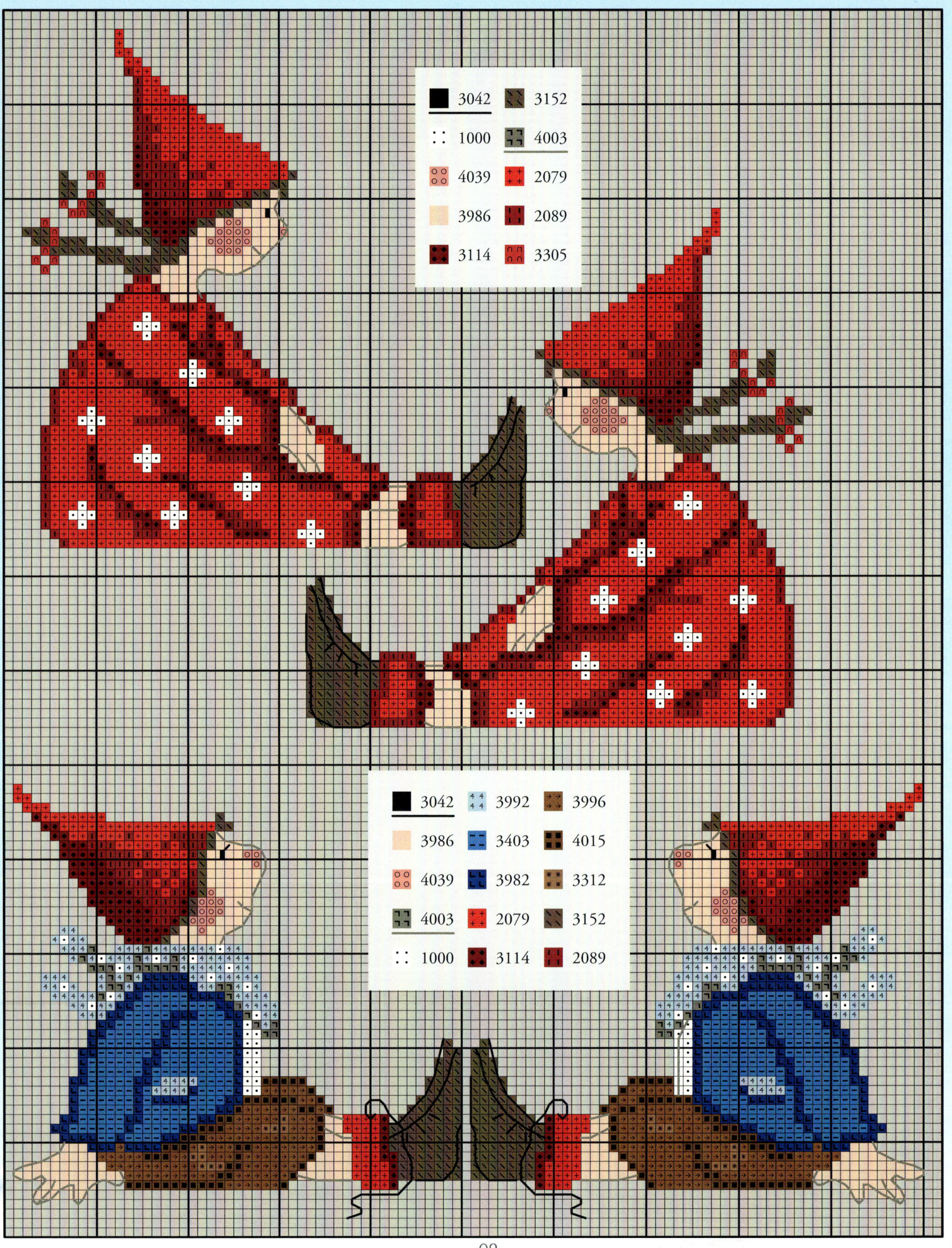
3042
3152
1000
4003
4039
2079
3986
2089
3114
3305
3042
3992
3996
3986
3403
4015
4039
3982
3312
4003
2079
3152
1000
3114
2089

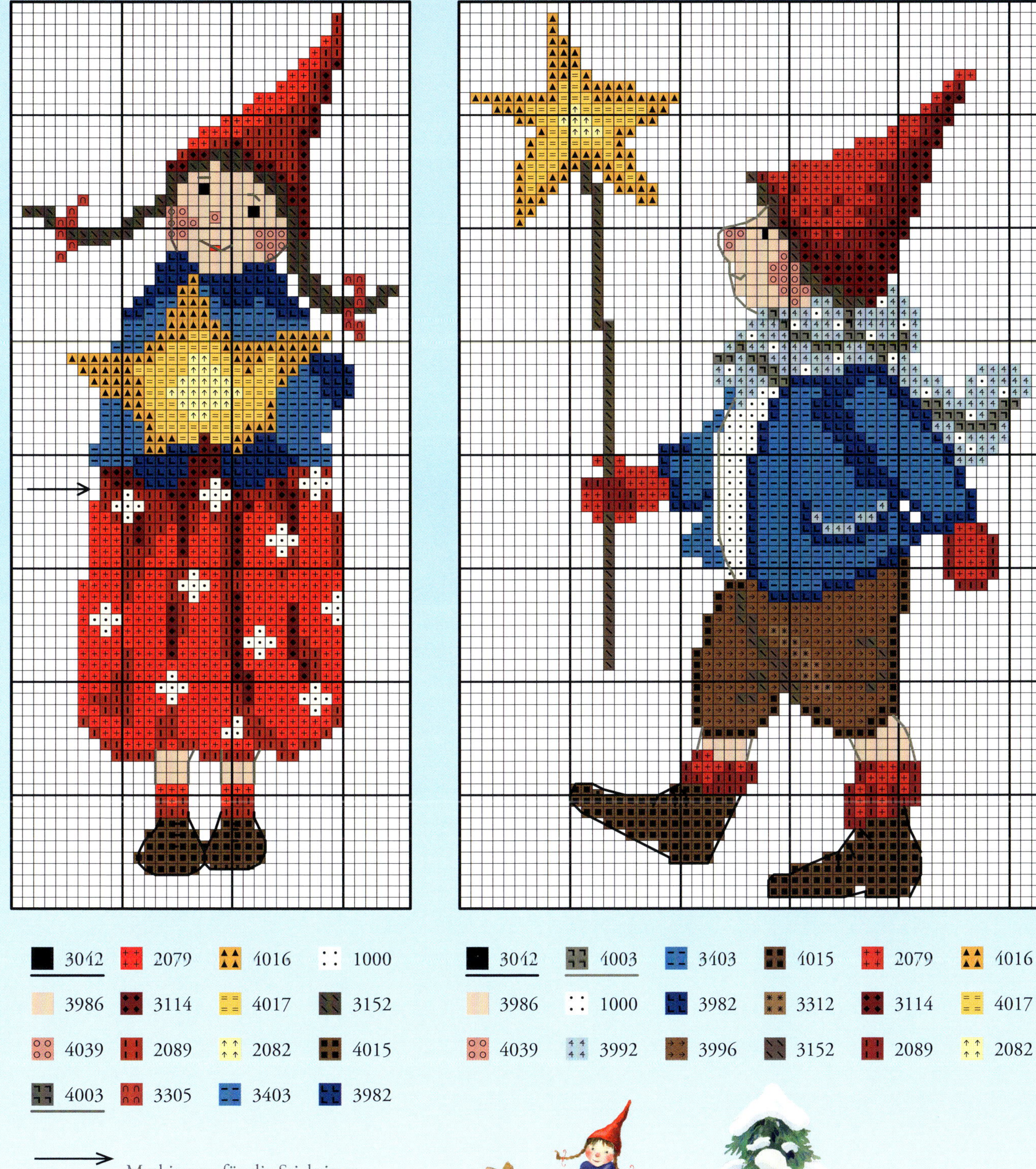

→ Markierung für die Stickringe

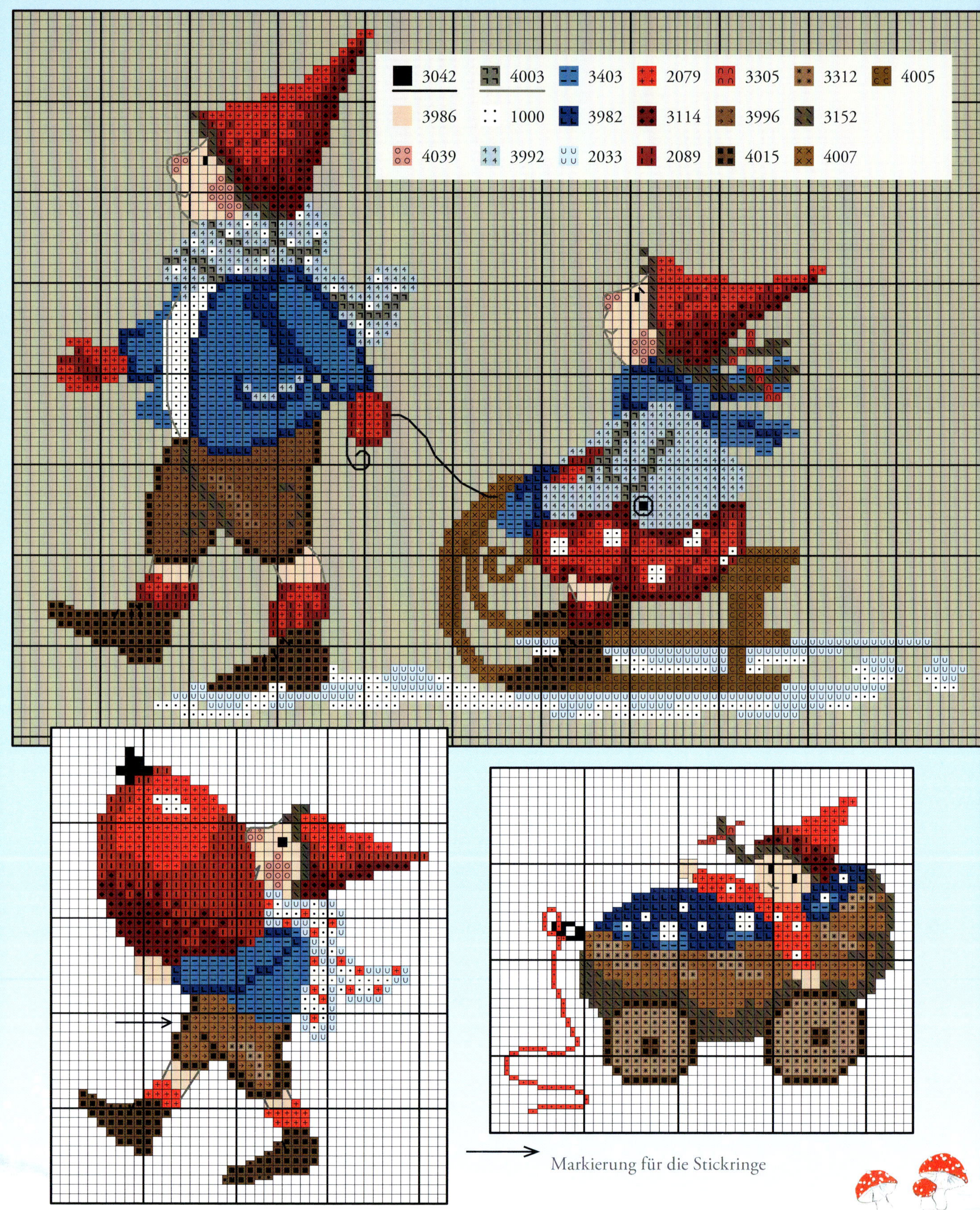

Markierung für die Stickringe

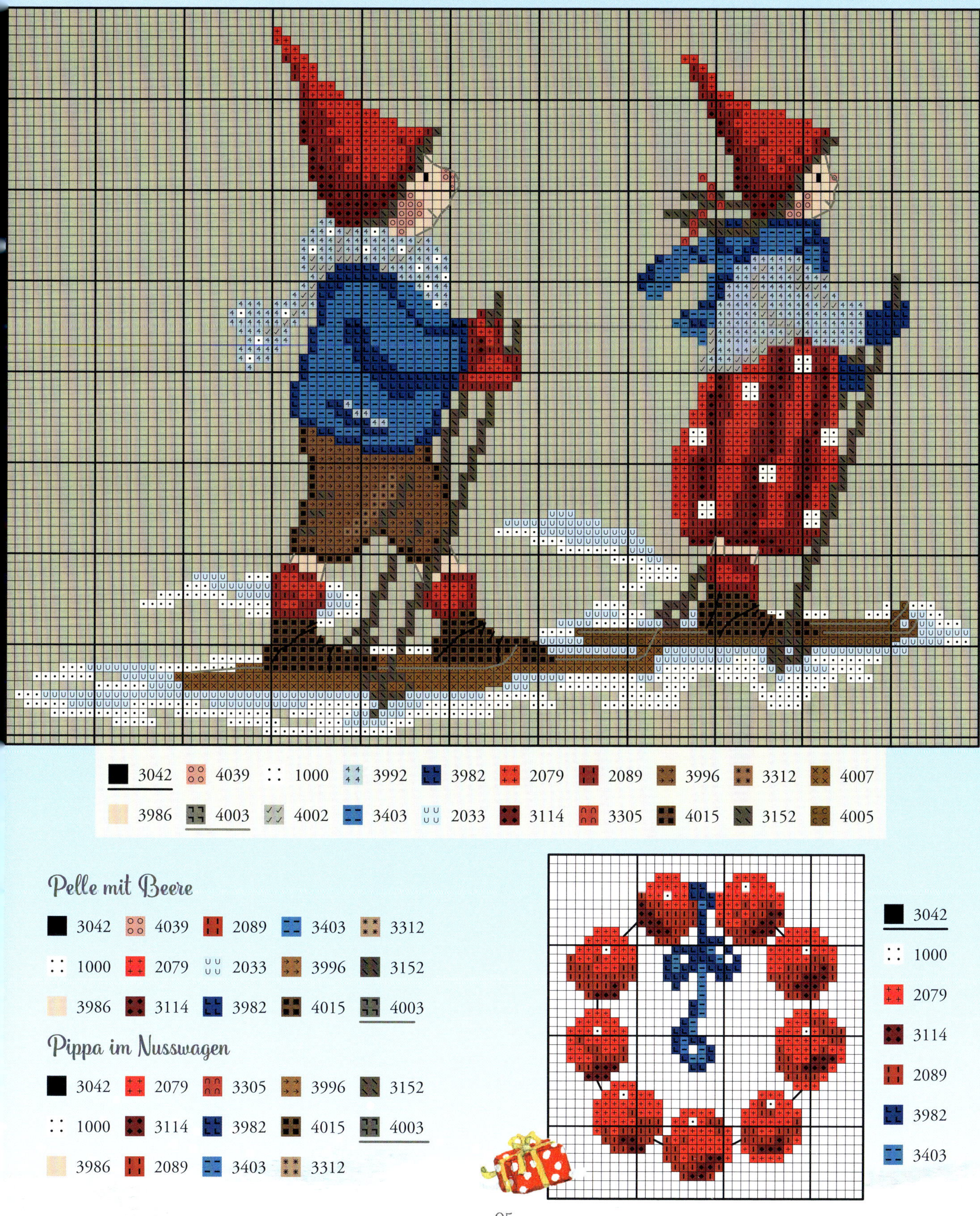
3042 4039 1000 3992 3982 2079 2089 3996 3312 4007
3986 4003 4002 3403 2033 3114 3305 4015 3152 4005
Pelle mit Beere
3042 4039 2089 3403 3312
1000 2079 2033 3996 3152
3986 3114 3982 4015 4003
Pippa im Nusswagen
3042 2079 3305 3996 3152
1000 3114 3982 4015 4003
3986 2089 3403 3312
3042
1000
2079
3114
2089
3982
3403

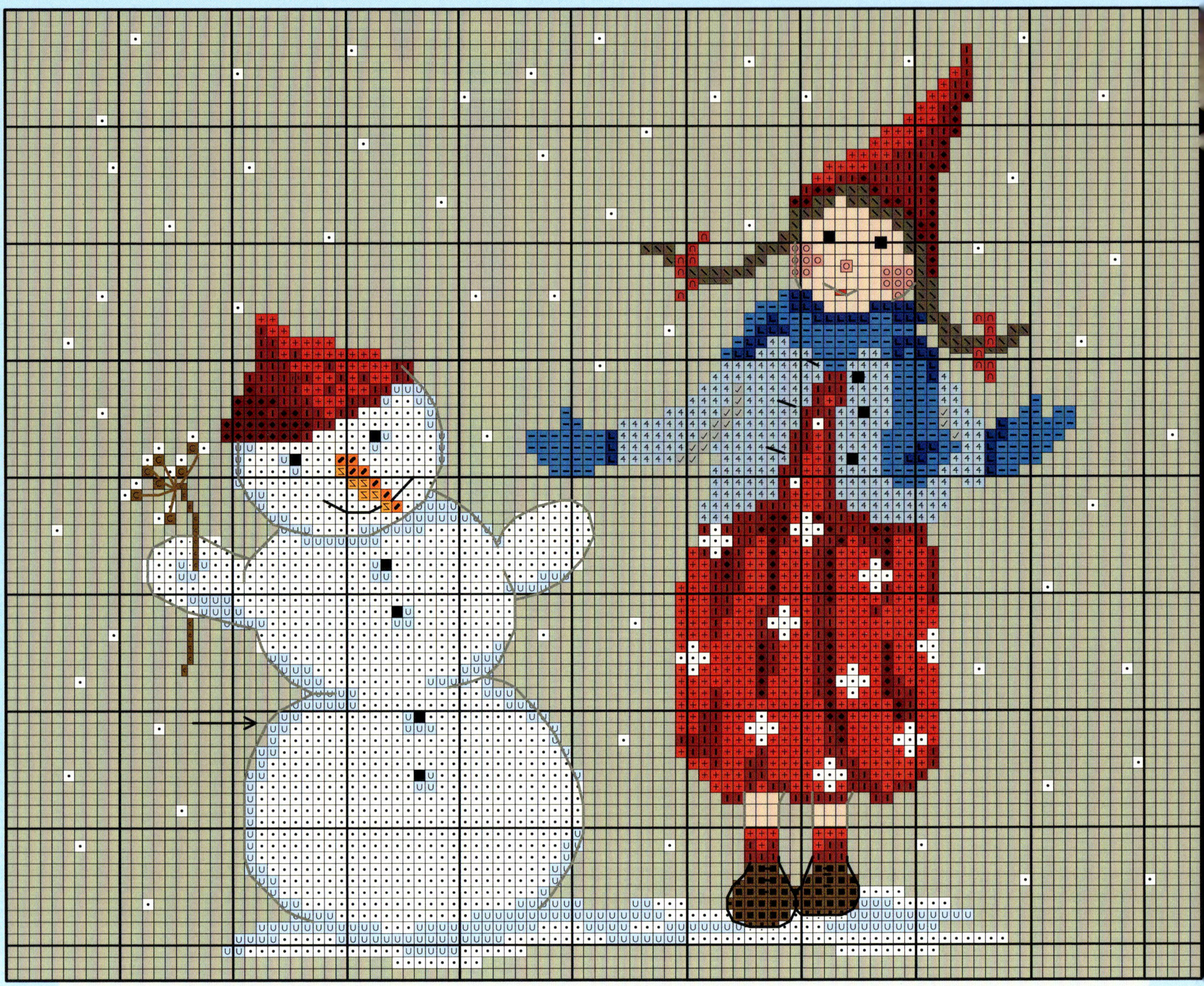

3042 3982 4039 3152 1000 4005 4032 3992 3114 3305

3986 3403 4003 4015 4026 4002 2079 2033 2089

→ Markierung für die Stickringe

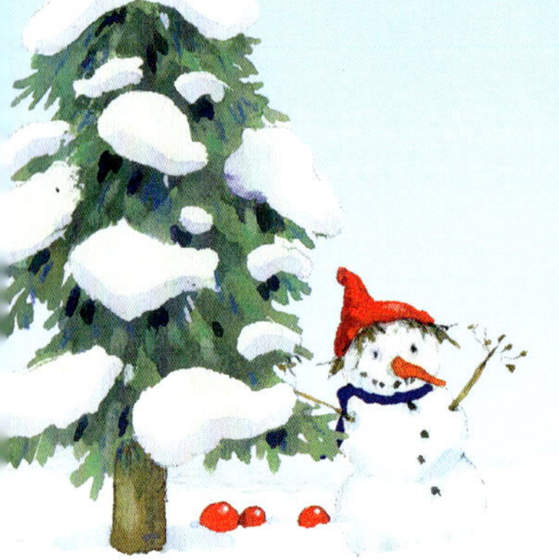

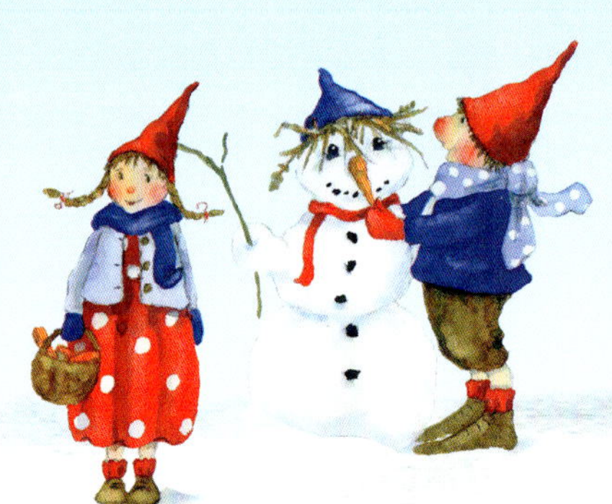

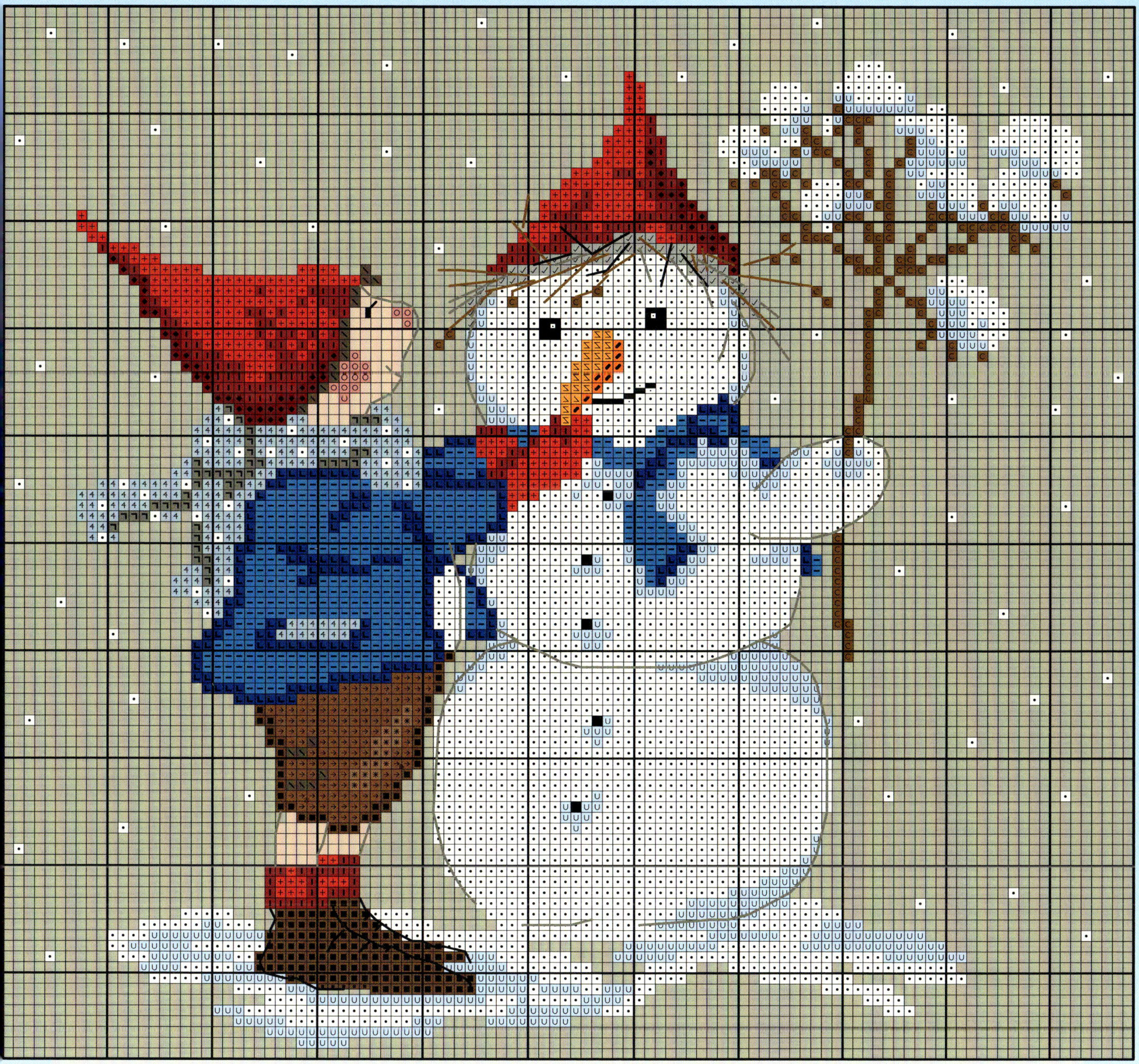

3042	4039	1000	4032	3114	3982	3996	3312	3152	4002
3986	4003	4026	2079	2089	3403	4015	4005	2033	3992

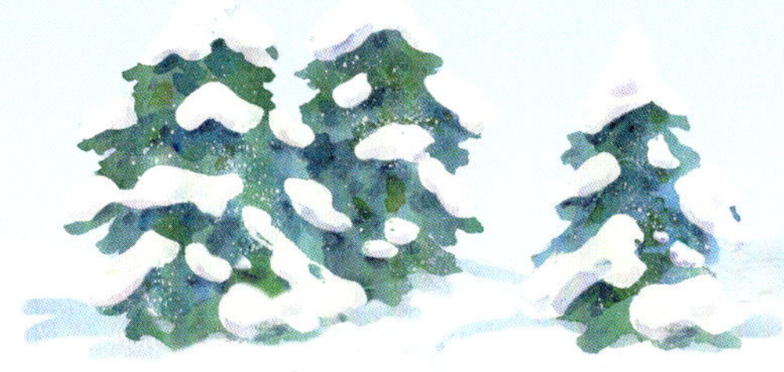

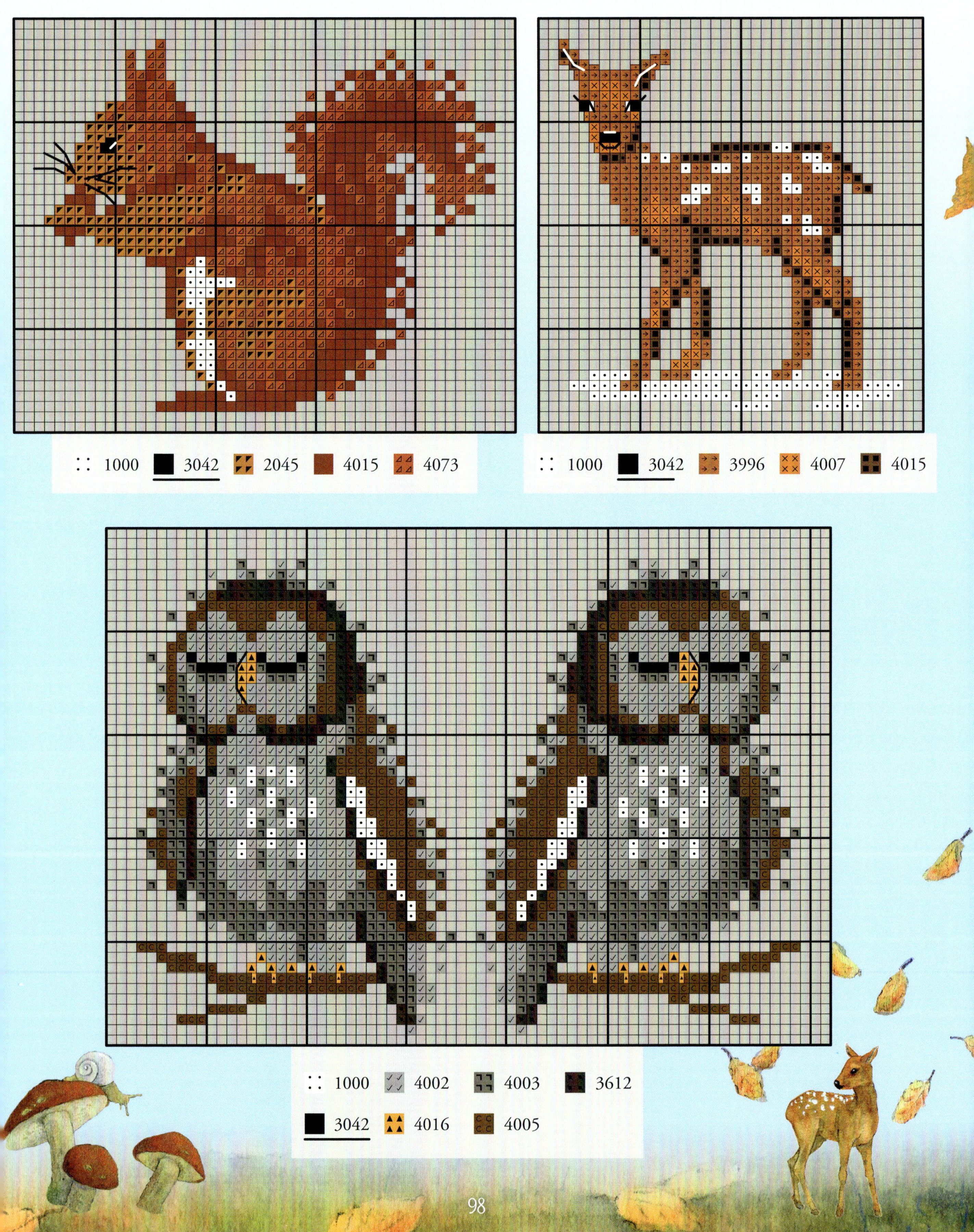

1000
3042
2045
4015
4073
1000
3042
3996
4007
4015
1000
4002
4003
3612
3042
4016
4005

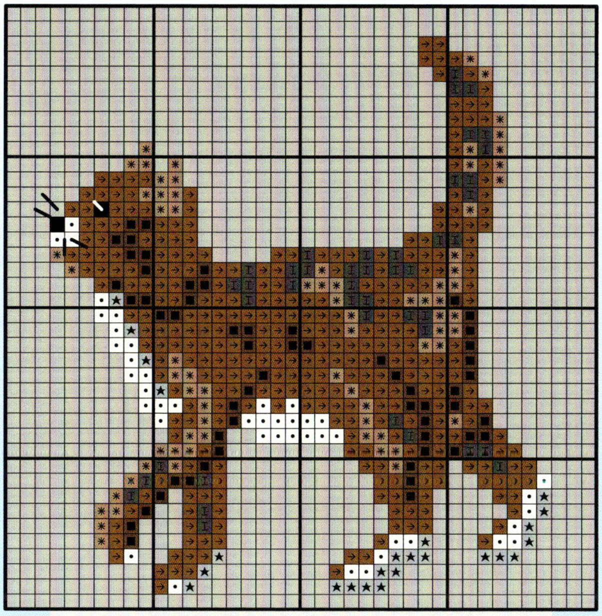

1000	3042	4010	4021
4015	4007	3312	

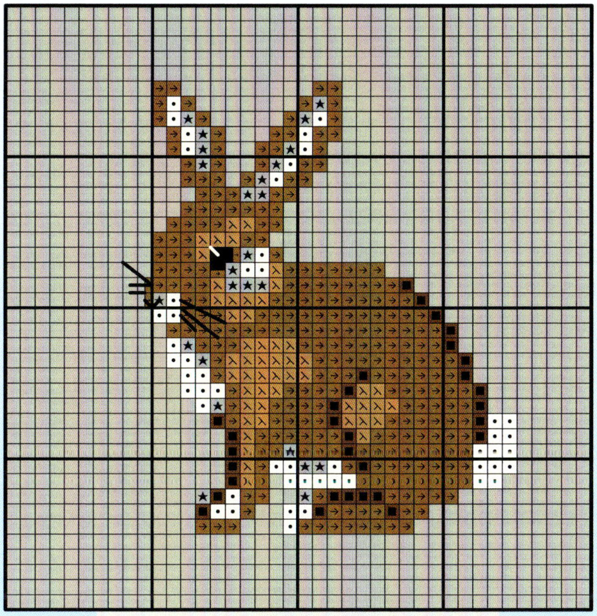

1000	3042	4007
3995	4021	4015

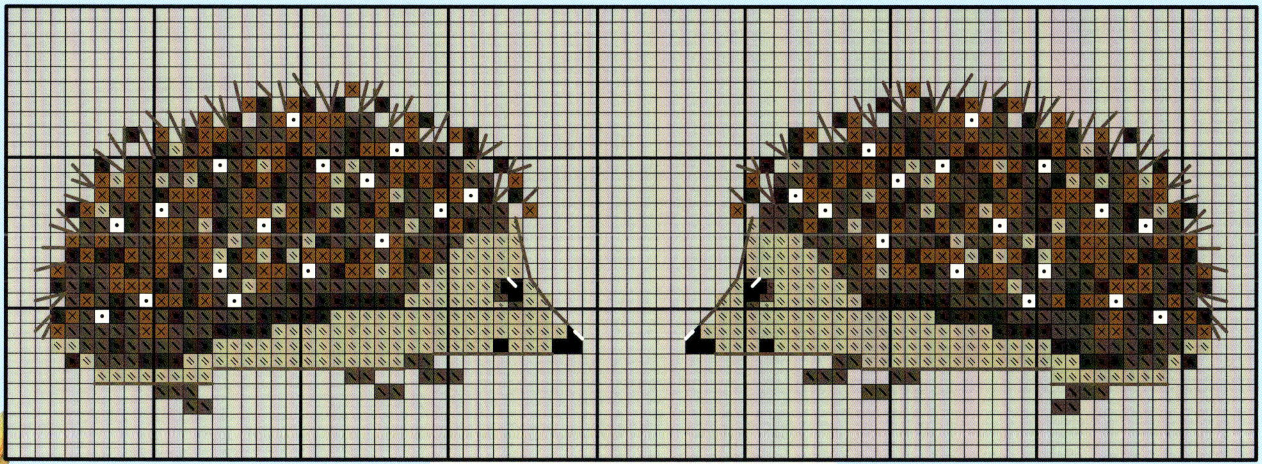

1000	4007	3042
4012	3152	3612

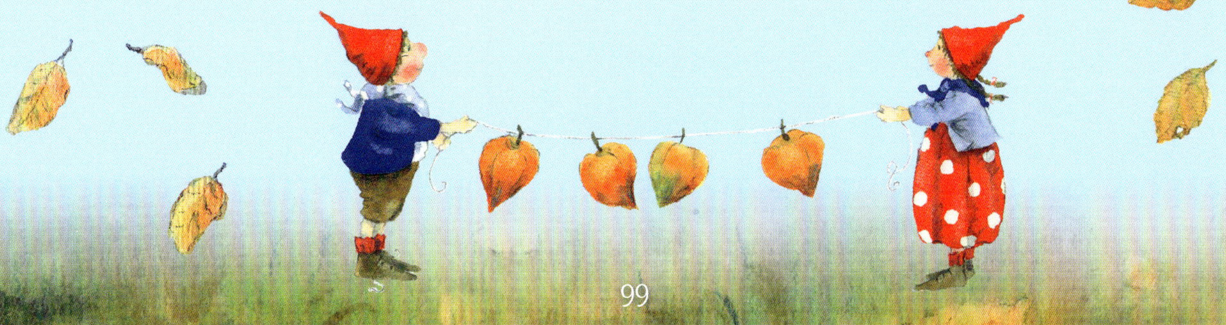

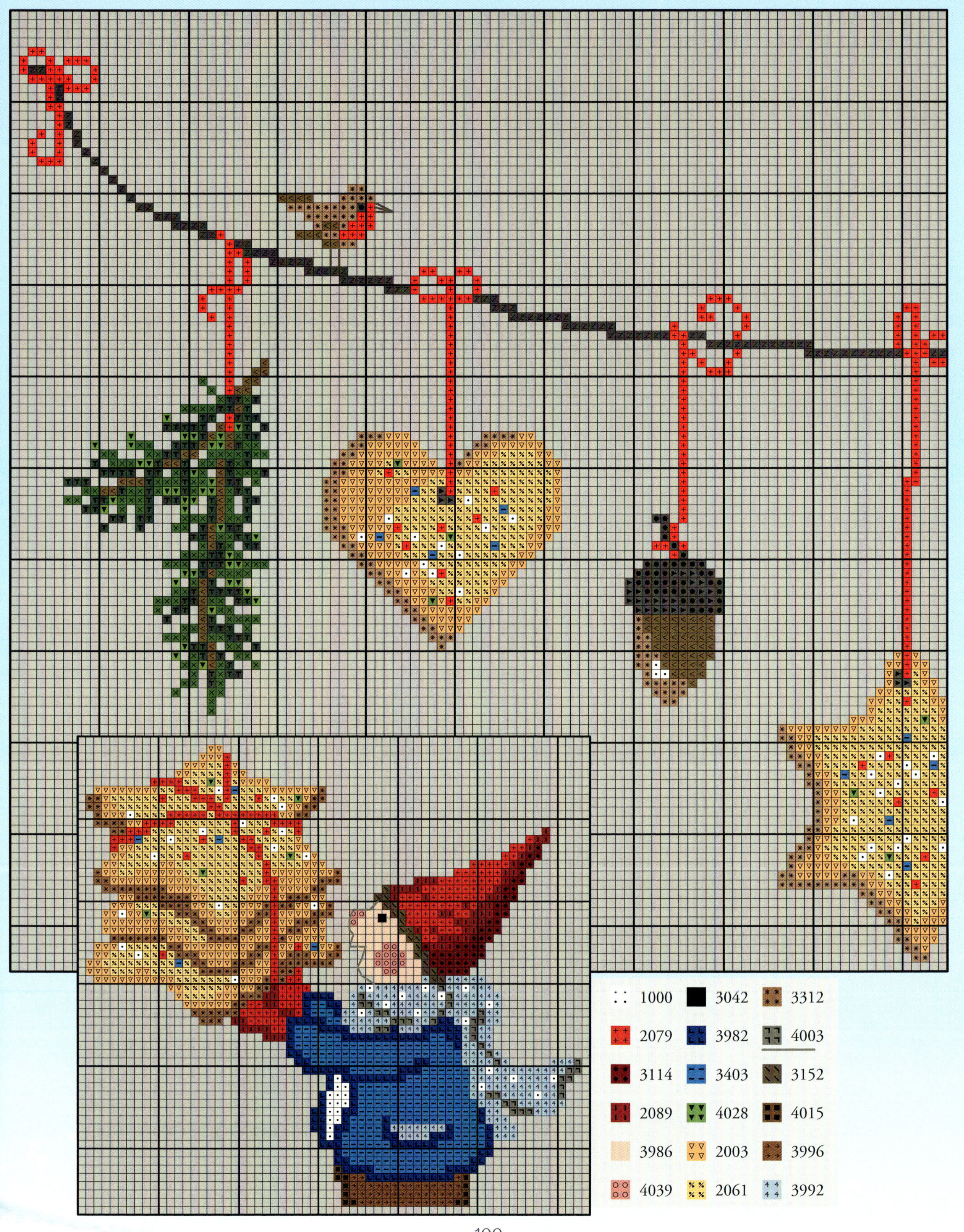
1000
3042
3312
2079
3982
4003
3114
3403
3152
2089
4028
4015
3986
2003
3996
4039
2061
3992

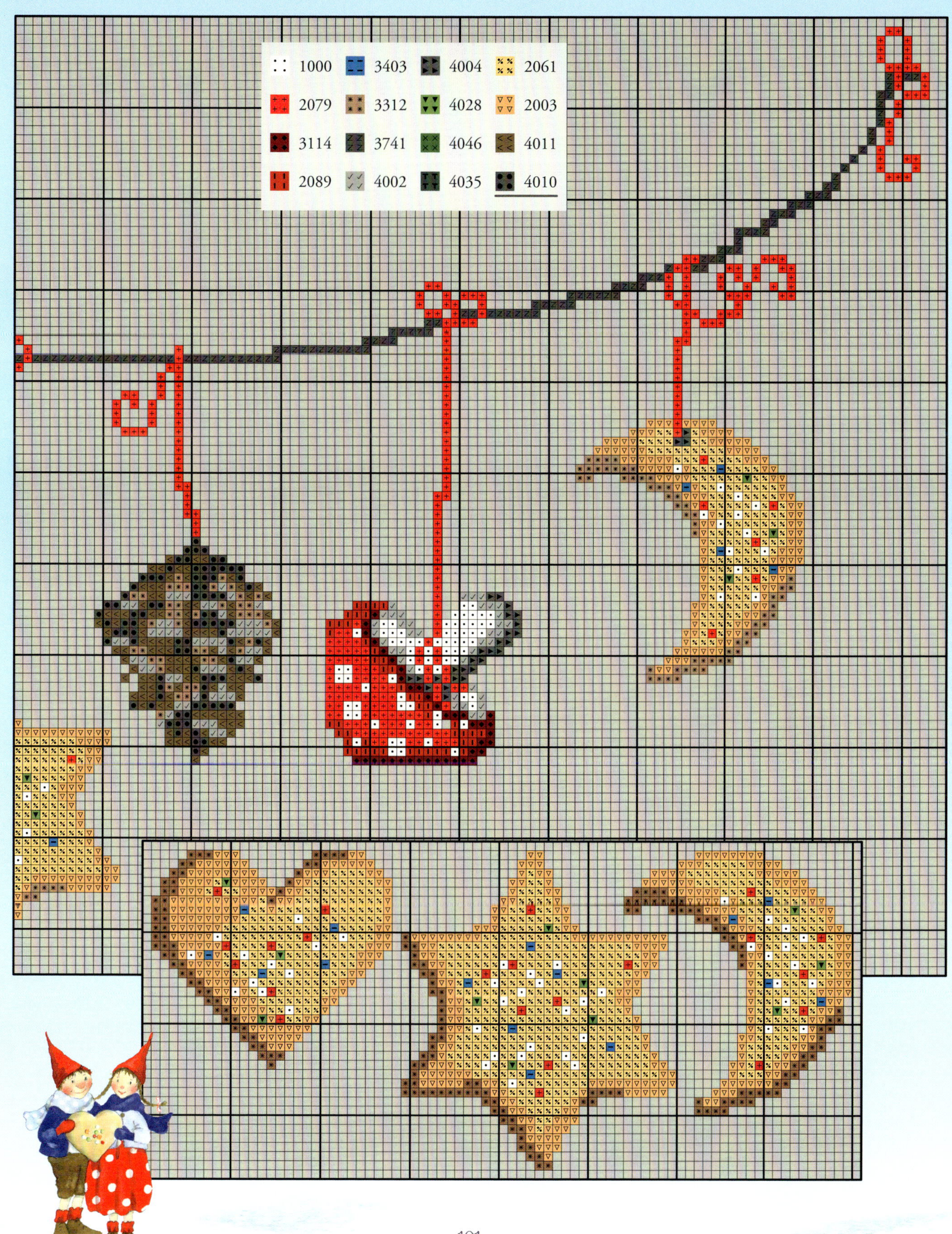
1000
3403
4004
2061
2079
3312
4028
2003
3114
3741
4046
4011
2089
4002
4035
4010

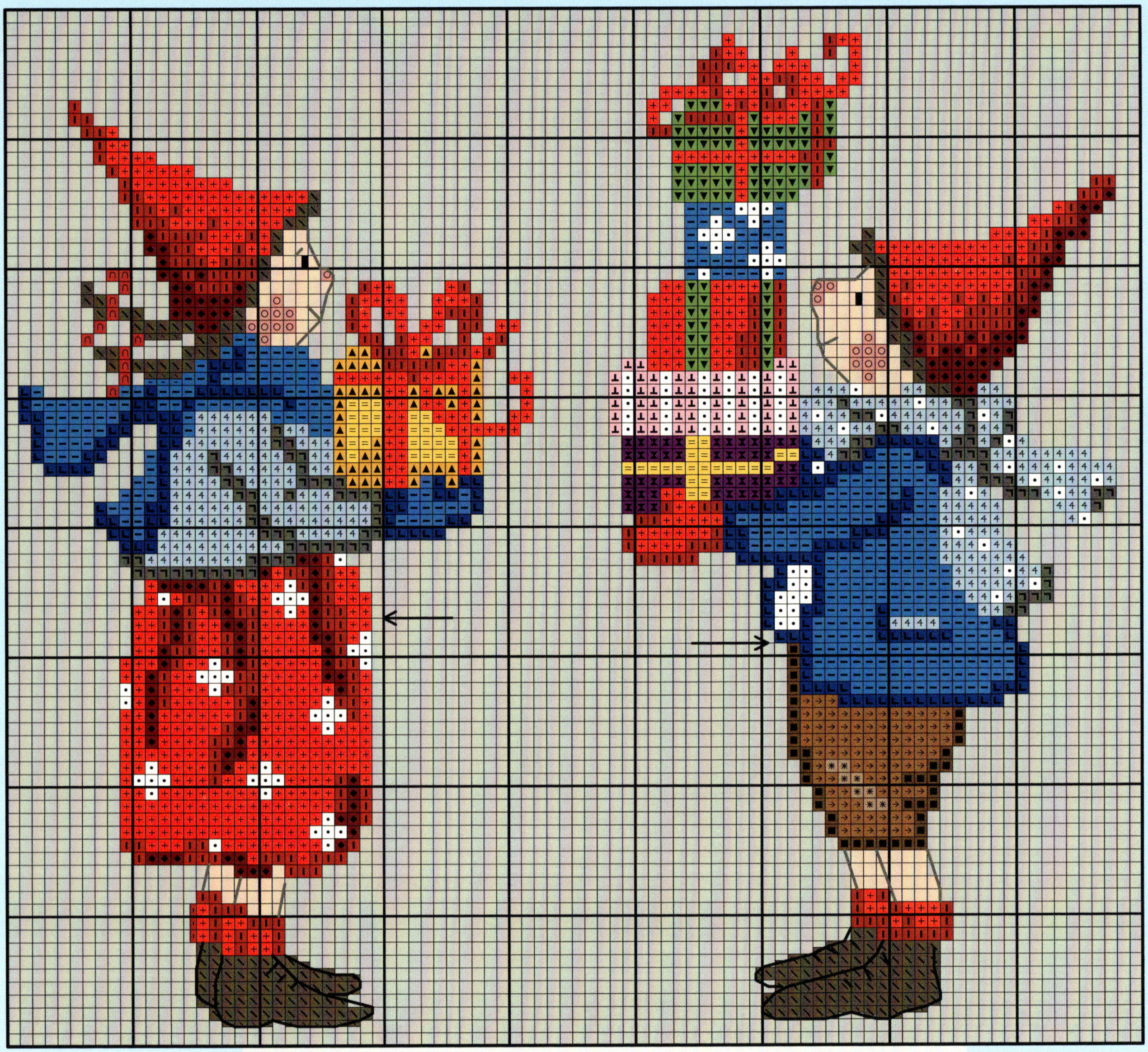

3042	3982	3996	3986	3305	2089	4028
1000	3403	4015	2079	3152	4016	2096
4039	3992	3312	3114	4003	4017	3432

→ Markierung für die Stickringe

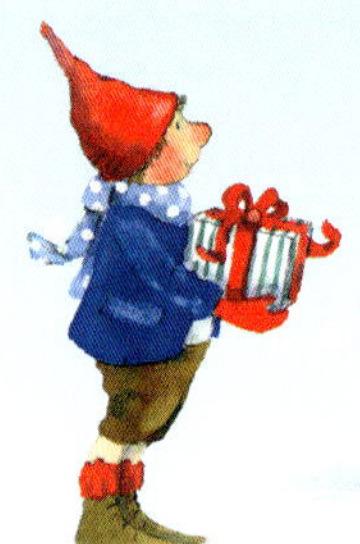

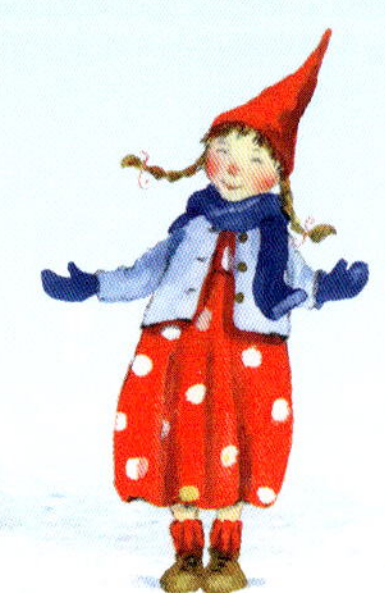

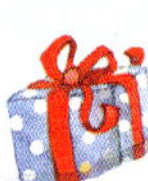

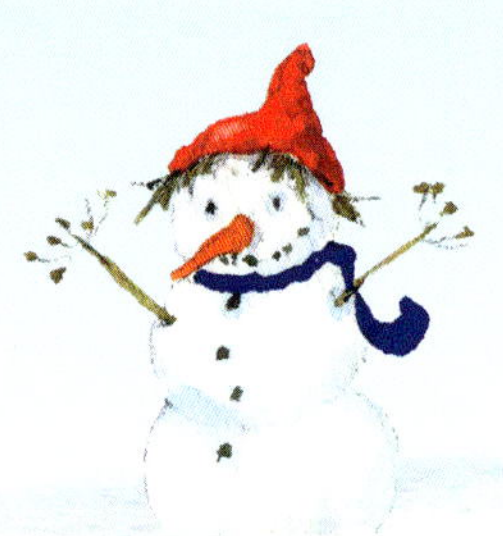

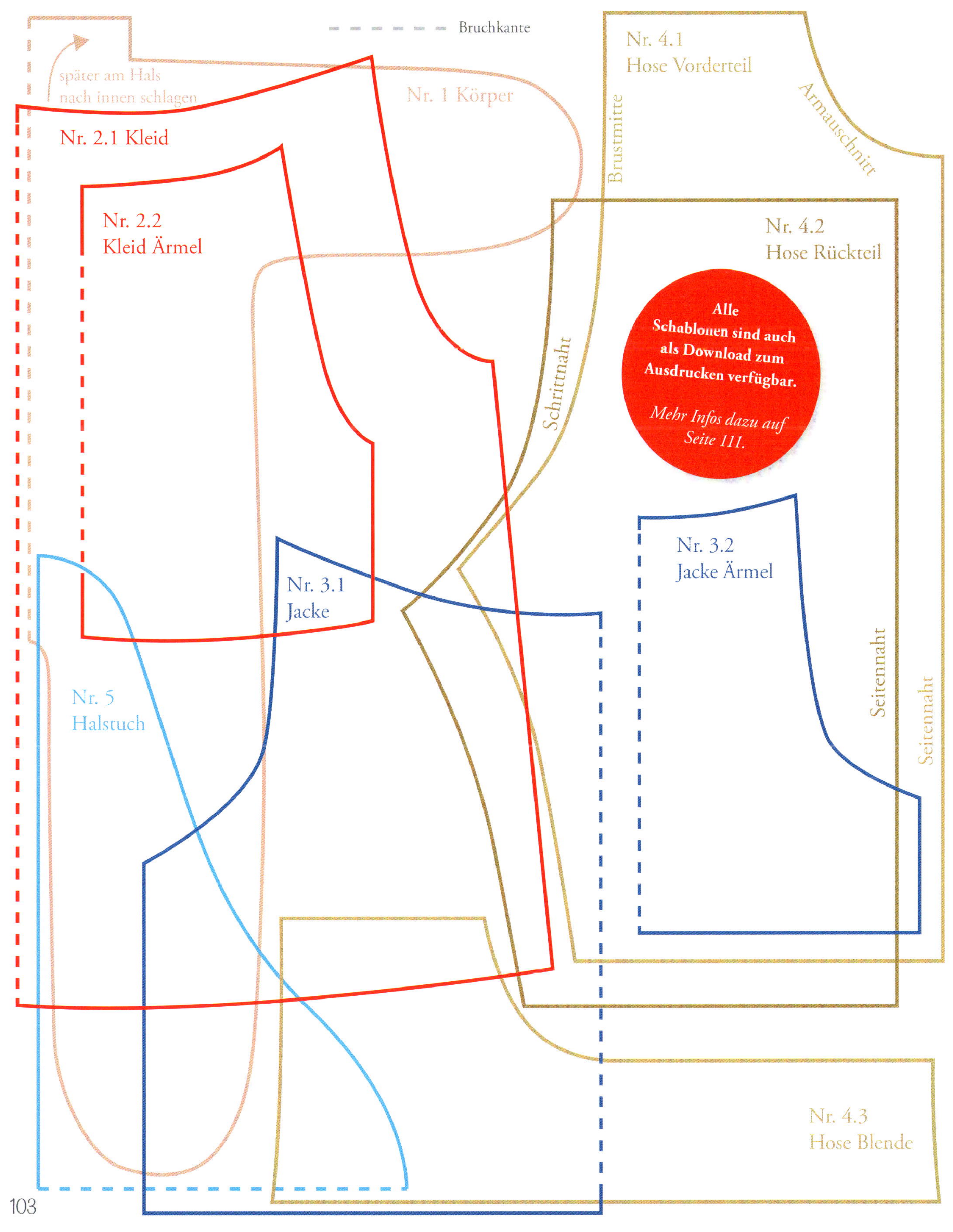
Bruchkante
später am Hals
nach innen schlagen
Nr. 1 Körper
Nr. 2.1 Kleid
Nr. 2.2
Kleid Ärmel
Nr. 4.1
Hose Vorderteil
Brustmitte
Armauschnitt
Nr. 4.2
Hose Rückteil
Schrittnaht
Alle
Schablonen sind auch
als Download zum
Ausdrucken verfügbar.
Mehr Infos dazu auf
Seite 111.
Nr. 3.2
Jacke Ärmel
Nr. 3.1
Jacke
Nr. 5
Halstuch
Seitennaht
Seitennaht
Nr. 4.3
Hose Blende

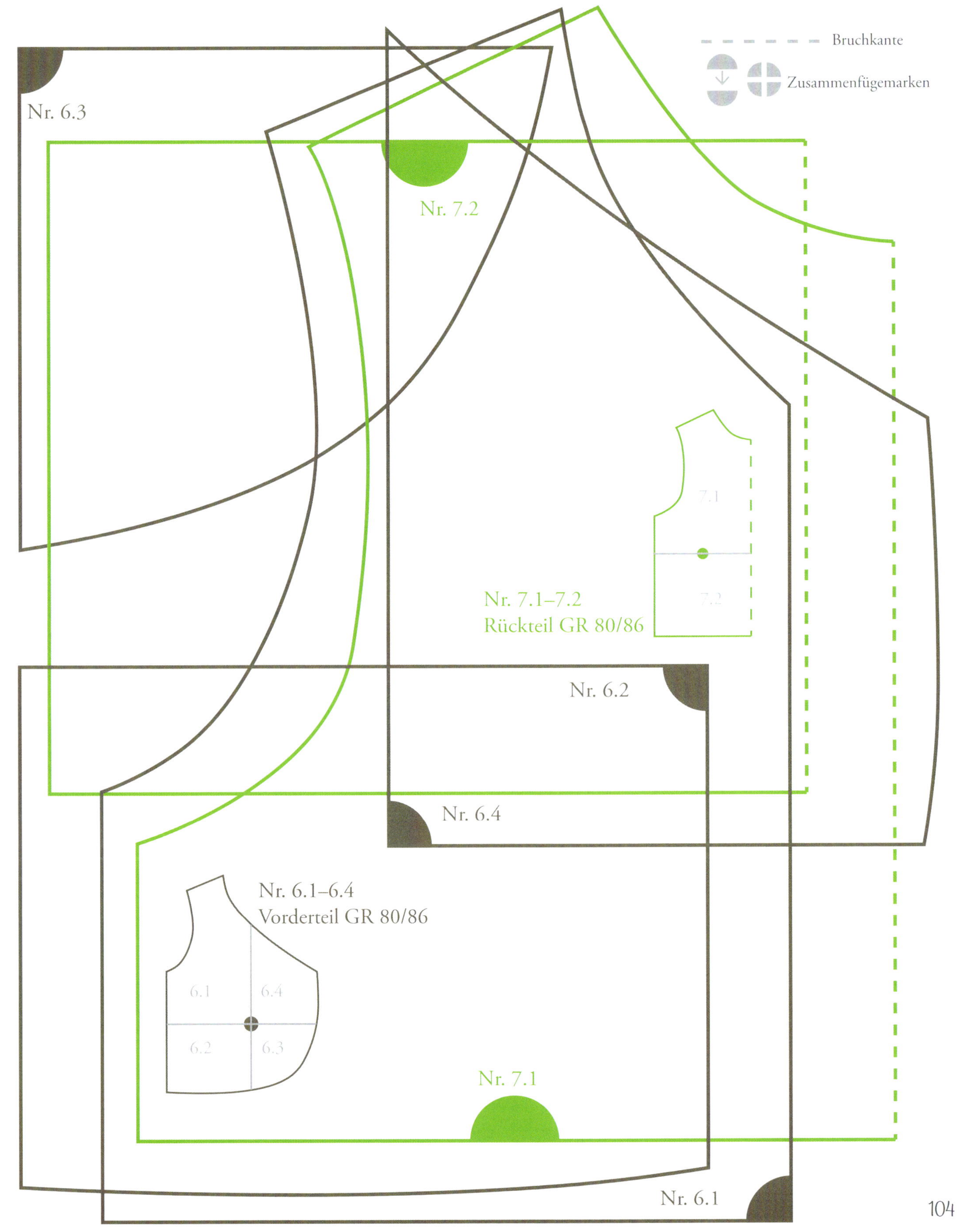
Bruchkante
Zusammenfügemarken
Nr. 6.3
Nr. 7.2
7.1
7.2
Nr. 7.1–7.2
Rückteil GR 80/86
Nr. 6.2
Nr. 6.4
Nr. 6.1–6.4
Vorderteil GR 80/86
6.1
6.4
6.2
6.3
Nr. 7.1
Nr. 6.1

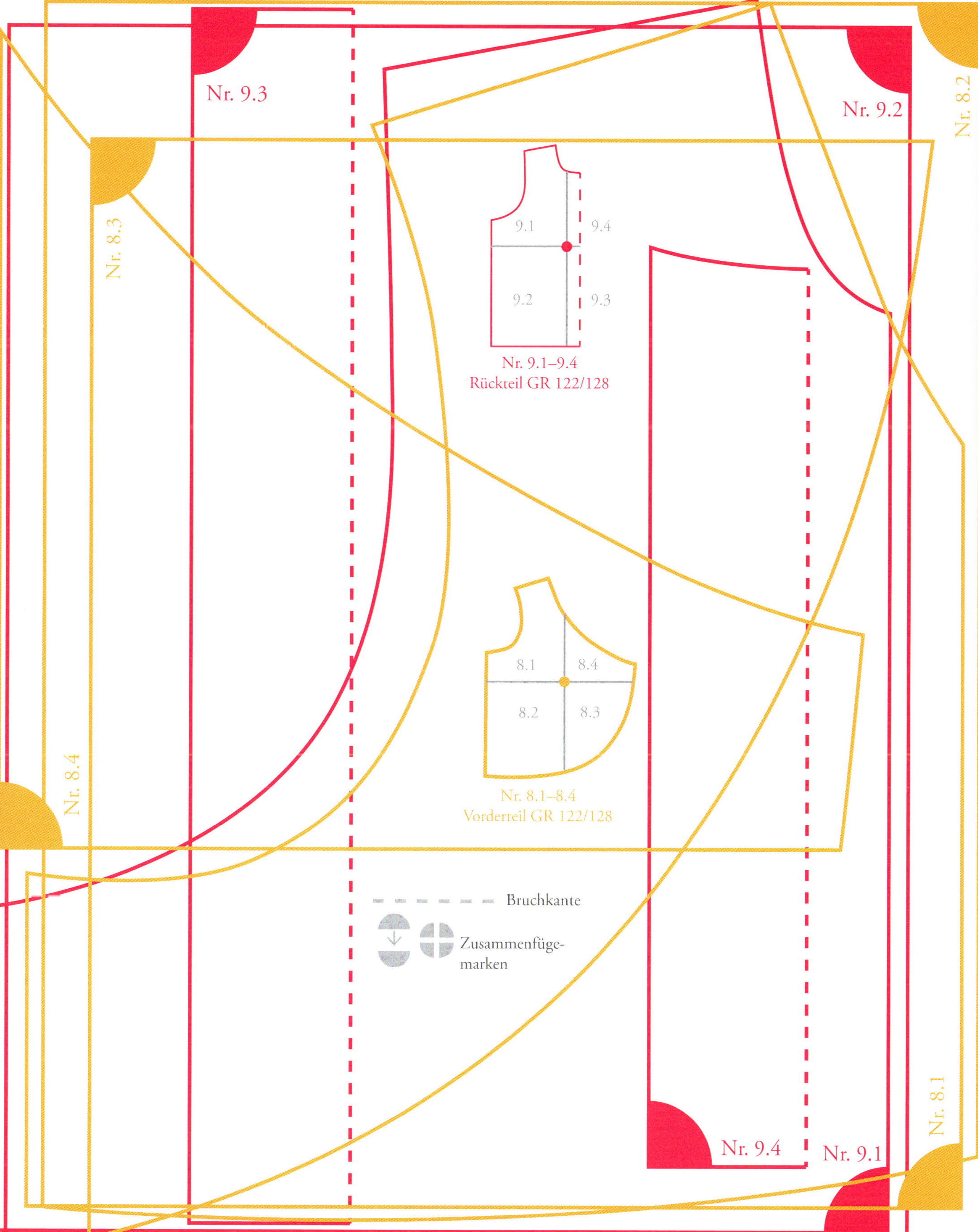
Nr. 9.3
Nr. 9.2
Nr. 8.2
Nr. 8.3
9.1
9.4
9.2
9.3
Nr. 9.1–9.4
Rückteil GR 122/128
8.1
8.4
8.2
8.3
Nr. 8.4
Nr. 8.1–8.4
Vorderteil GR 122/128
Bruchkante
Zusammenfüge-
marken
Nr. 8.1
Nr. 9.4
Nr. 9.1

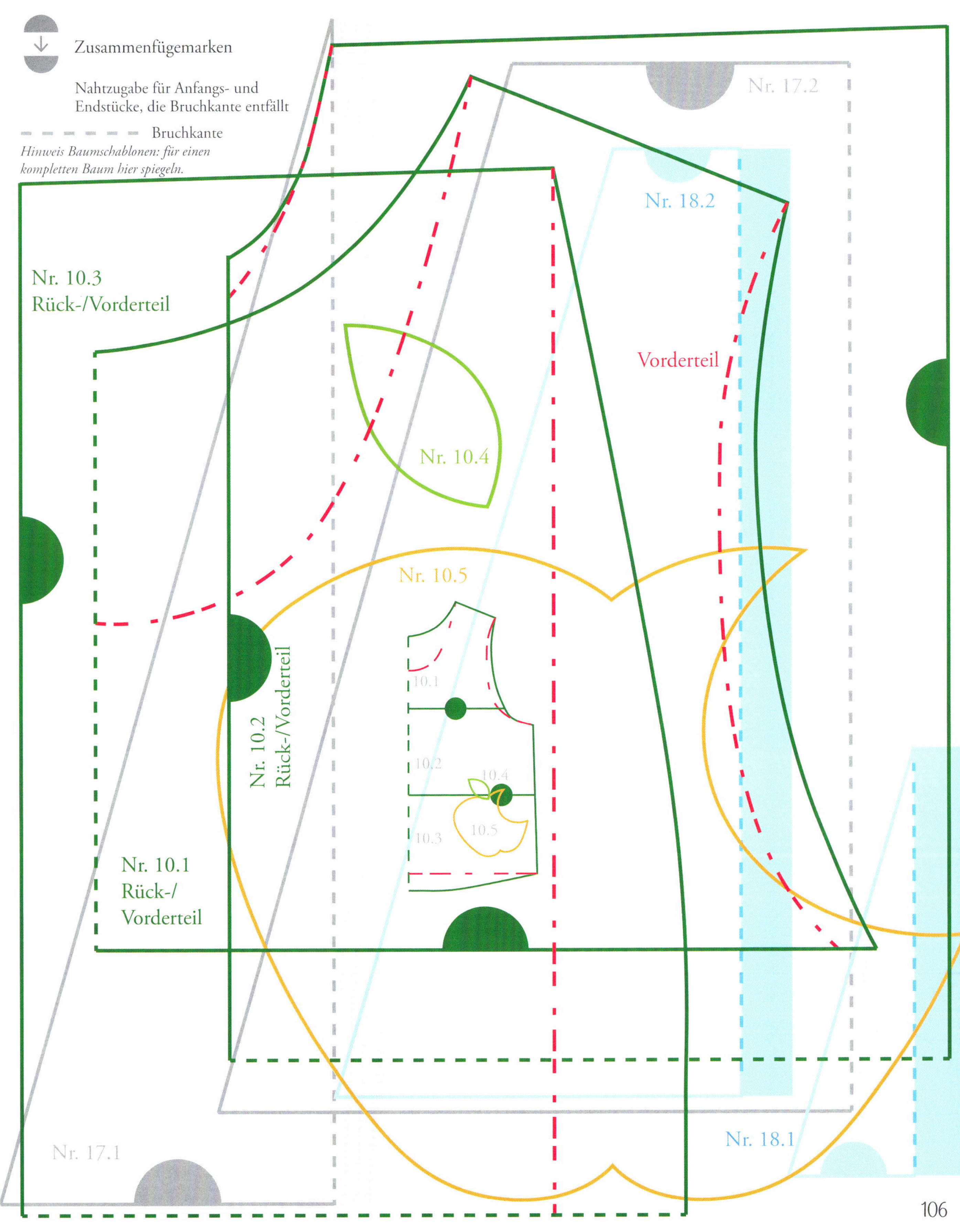
Zusammenfügemarken
Nahtzugabe für Anfangs- und Endstücke, die Bruchkante entfällt
Bruchkante
Hinweis Baumschablonen: für einen kompletten Baum hier spiegeln.
Nr. 17.2
Nr. 18.2
Nr. 10.3
Rück-/Vorderteil
Vorderteil
Nr. 10.4
Nr. 10.5
Nr. 10.2
Rück-/Vorderteil
10.1
10.2
10.4
10.3
10.5
Nr. 10.1
Rück-/
Vorderteil
Nr. 18.1
Nr. 17.1

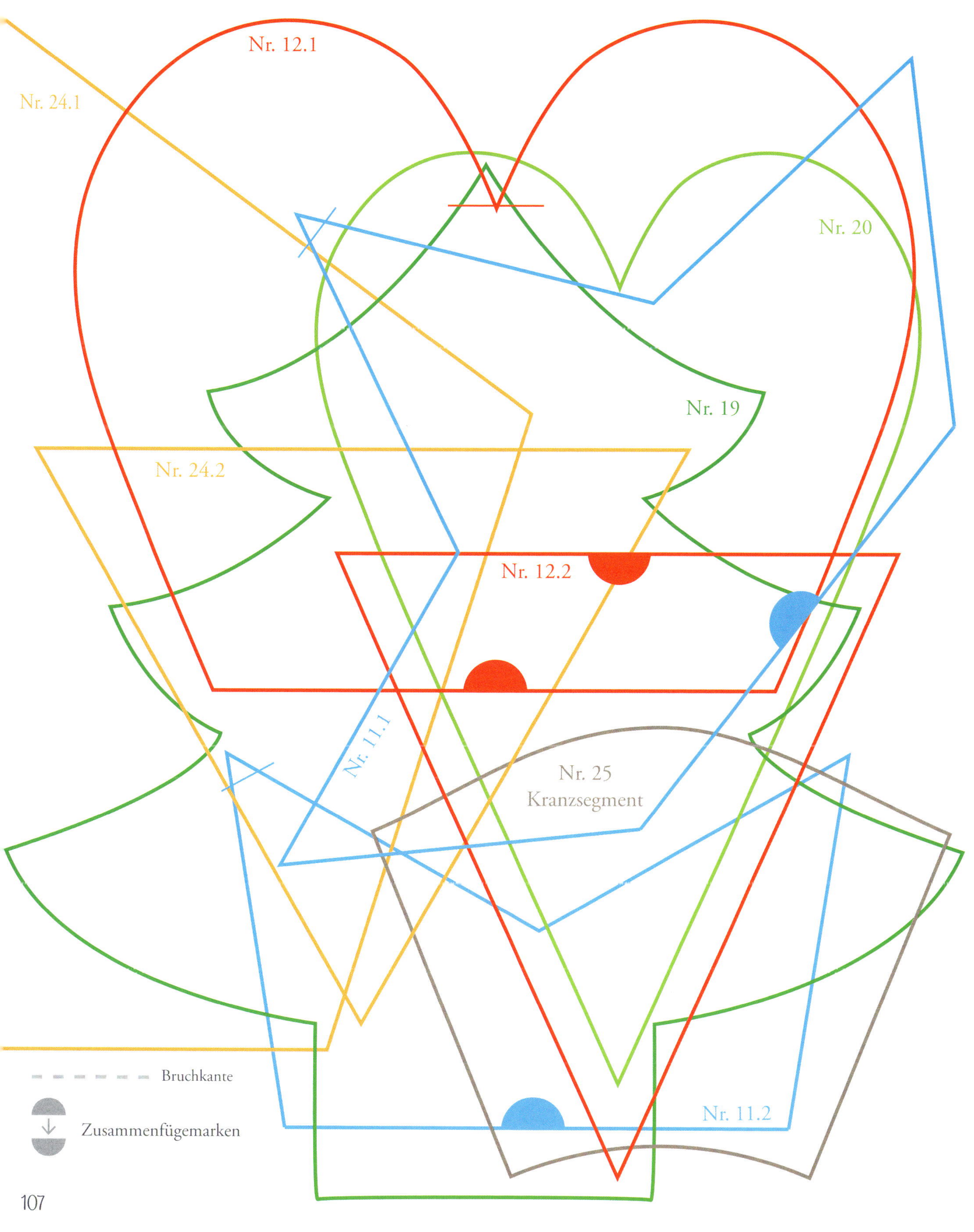
Nr. 12.1
Nr. 24.1
Nr. 20
Nr. 19
Nr. 24.2
Nr. 12.2
Nr. 11.1
Nr. 25
Kranzsegment
Bruchkante
Zusammenfügemarken
Nr. 11.2

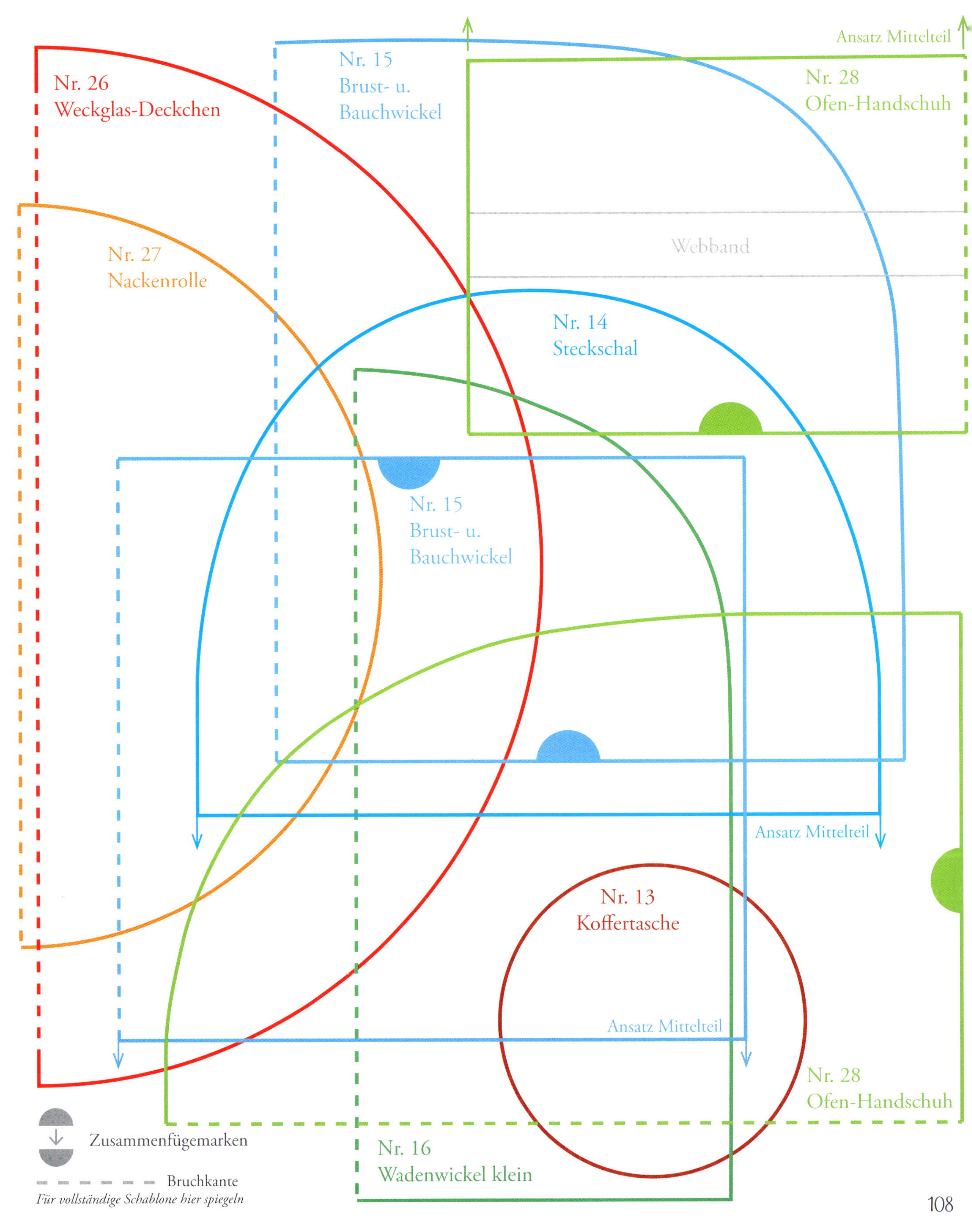
Ansatz Mittelteil
Nr. 26
Weckglas-Deckchen
Nr. 15
Brust- u.
Bauchwickel
Nr. 28
Ofen-Handschuh
Webband
Nr. 27
Nackenrolle
Nr. 14
Steckschal
Nr. 15
Brust- u.
Bauchwickel
Ansatz Mittelteil
Nr. 13
Koffertasche
Ansatz Mittelteil
Nr. 28
Ofen-Handschuh
Zusammenfügemarken
Nr. 16
Wadenwickel klein
Bruchkante
Für vollständige Schablone hier spiegeln

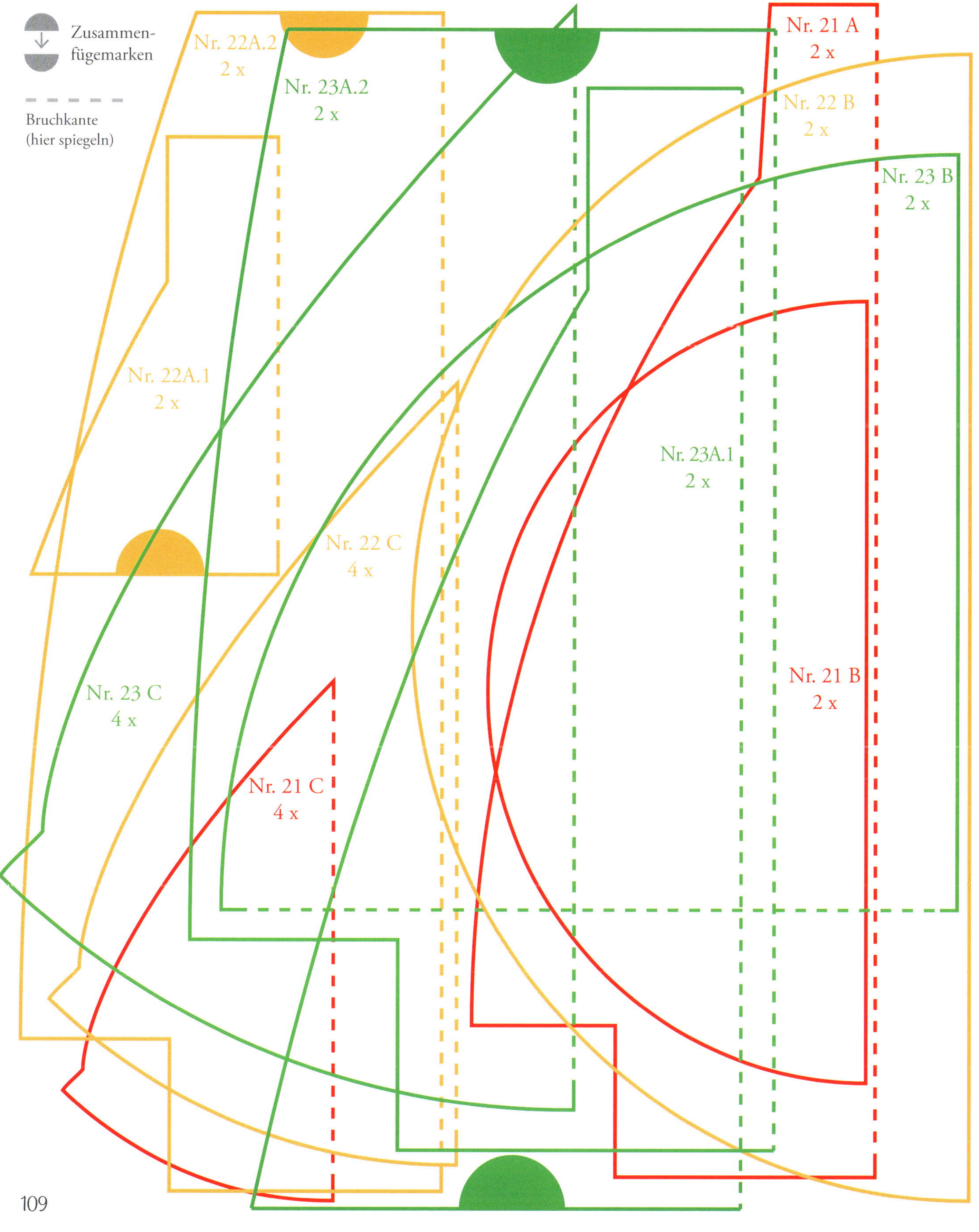
Zusammen-
fügemarken
Bruchkante
(hier spiegeln)
Nr. 22A.2
2 x
Nr. 23A.2
2 x
Nr. 21 A
2 x
Nr. 22 B
2 x
Nr. 23 B
2 x
Nr. 22A.1
2 x
Nr. 23A.1
2 x
Nr. 22 C
4 x
Nr. 21 B
2 x
Nr. 23 C
4 x
Nr. 21 C
4 x

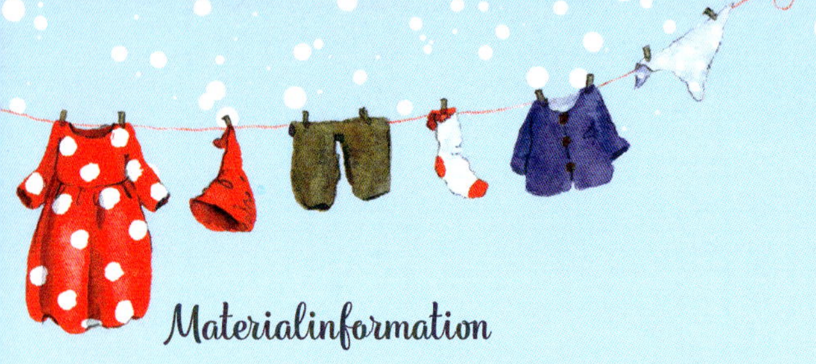

Materialinformation

Gestickt wird einfädig mit dem schönen Baumwollgarn der Firma **Vaupel & Heilenbeck.**

Für unsere Modelle kombinieren wir oft verschiedenste Materialien mit unterschiedlichen Eigenschaften hinsichtlich des Einlaufens beim Waschen. Damit Decken, Kissen, Platzsets etc. auch nach dem Waschen schön und „in Form" bleiben, sollten die Materialien deshalb stets vor der Verarbeitung angemessen gewaschen werden.

Materialindex

Baumwollstoff Tupfen graublau-weiß, 150 cm breit, Art.-Nr. 3523-480
Baumwollstoff Tupfen grün-weiß, 150 cm breit, Art.-Nr. 3523-490
Baumwollstoff Tupfen rot-weiß, 150 cm breit, Art.-Nr. 3523-500
Baumwollstoff Brausewind, 150 cm breit, Art.-Nr. 3523-510
Baumwollstoff Schneewiese, 150 cm breit, Art.-Nr. 3523-520
Baumwollstoff Wichtelkinder, 150 cm breit, Art.-Nr. 3523-530
Baumwollstoff Winterwald, 150 cm breit, Art.-Nr. 3523-550

Stickleinen weiß gebleicht 12-fädig, 140 cm breit, Art-Nr. 319-113W
Stickleinen hellweiß 12-fädig, 140 cm breit, Art-Nr. 319-113HW
Leinenband natur ungebleicht 11-fädig, 5 cm breit, Art.-Nr.: 305-901-50

Leinenstoff rot 140 cm breit, Art.-Nr. 3622-RS0041-117
Leinenstoff natur 140 cm breit, Art.-Nr. 3622-RS0041-153
Leinenstoff dunkelbraun 140 cm breit, Art.-Nr. 3622-RS0041-158

Webband Pippa & Pelle unterm Sternenzelt, 16 mm, Art.-Nr. 35254
Webband Wichtelkinder, 16 mm, Art.-Nr. 35251
Webetikett Wichtelwerkstatt blau, 20 x 70 mm, Art.-Nr. 35248
Webetikett Meins-Rotkehlchen, 20 x 70 mm, Art.-Nr. 35220
Webetikett Aus meiner Textilwerkstatt, 20 x 70 mm, Art.-Nr. 35244

Gekochte Wolle wollweiß, 140 cm breit, Art.-Nr. 3622-MR1043-551
Gekochte Wolle rot, 140 cm breit, Art.-Nr. 3622-MR1043-515
Gekochte Wolle senf, 140 cm breit, Art.-Nr. 3622-MR1043-032
Gekochte Wolle rauchblau, 140 cm breit, Art.-Nr. 3622-RS0128-503
Gekochte Wolle dunkelbraun, 140 cm breit, Art.-Nr.: 3622-RS0128-558
Teddyplüsch 150 cm breit, Art.-Nr. 3622-RS0033-051
Volumenvlies dick, 150 cm breit, Art.-Nr. 3255-109
Volumenvlies zum Aufbügeln, 90 cm breit, Art.-Nr. 3255-100
Vlieseline 90 cm breit, Art.-Nr. 3255-106
Thermolan, 90 cm breit, Art.-Nr. 3255-119
Füllwatte 100 g Beutel Art.-Nr. 6269-150

Die hier aufgeführten Materialien erhalten Sie direkt bei uns auf **www.acufactum.de** oder im gut sortierten Fachhandel.
Puppenzubehör finden Sie bei: www.wollknoll.de

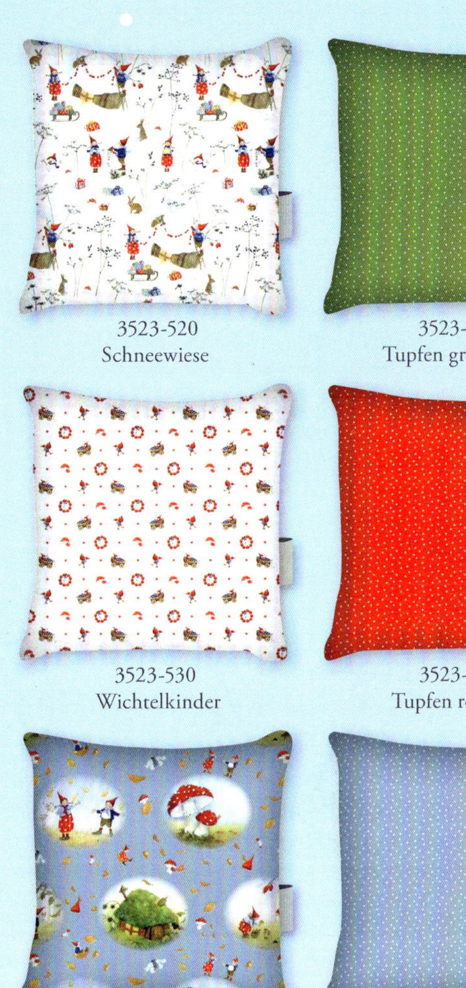

3523-520 Schneewiese
3523-807 Tupfen grün-weiß
3523-530 Wichtelkinder
3523-500 Tupfen rot-weiß
3523-510 Brausewind
3523-480 Tupfen graublau-weiß

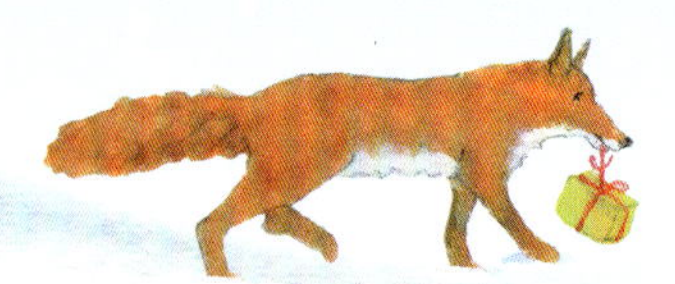

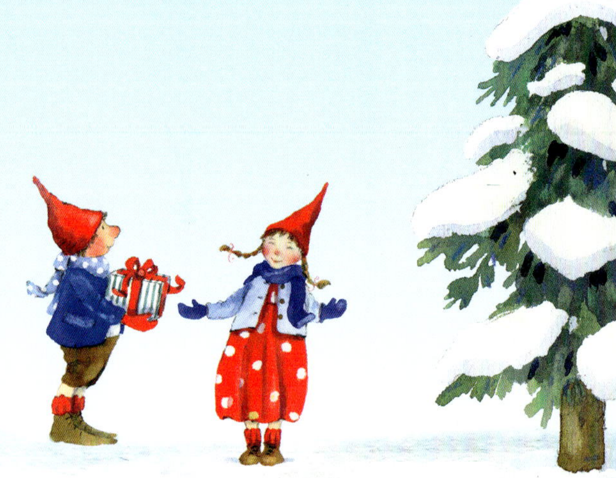

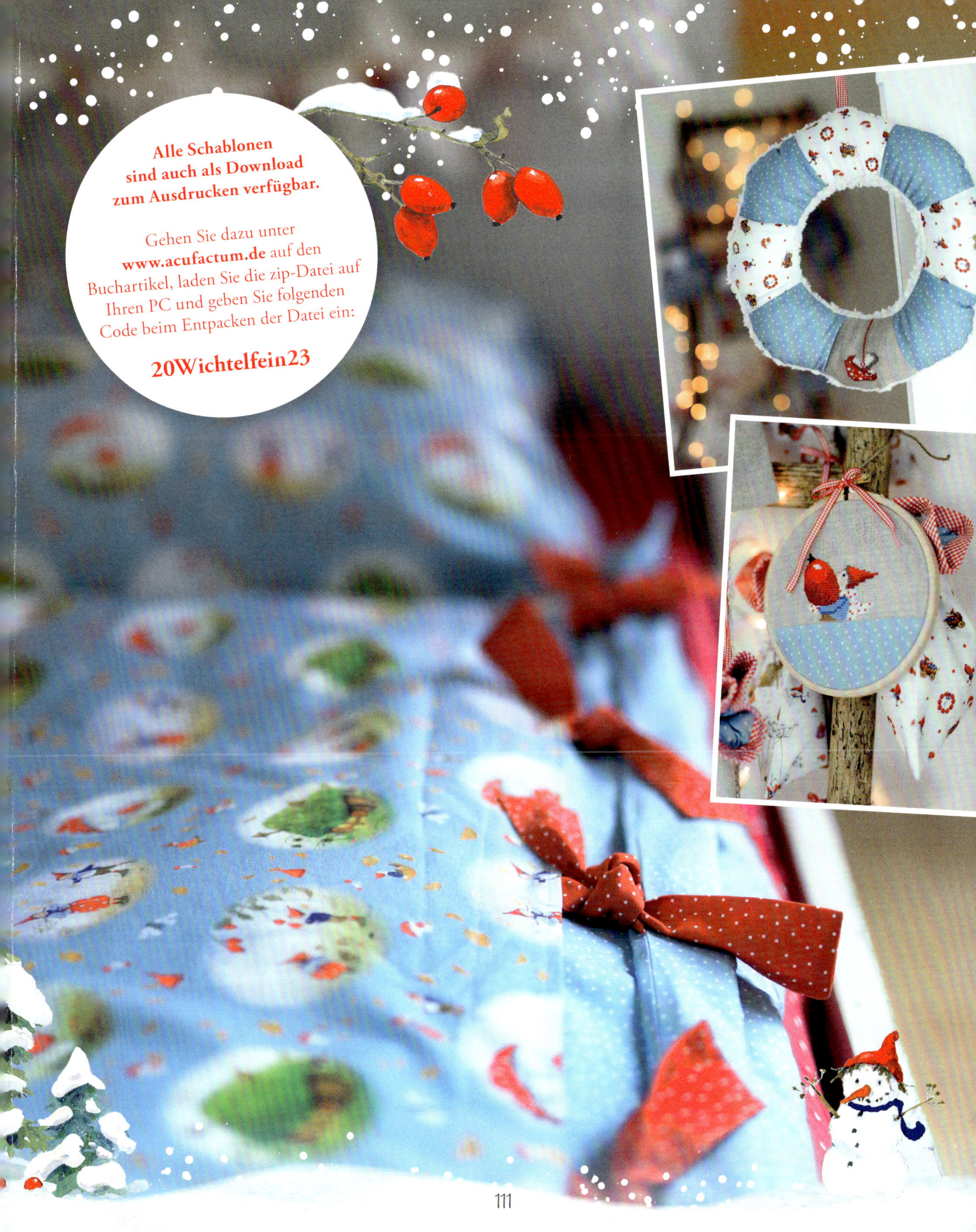

Alle Schablonen sind auch als Download zum Ausdrucken verfügbar.

Gehen Sie dazu unter **www.acufactum.de** auf den Buchartikel, laden Sie die zip-Datei auf Ihren PC und geben Sie folgenden Code beim Entpacken der Datei ein:

20Wichtelfein23

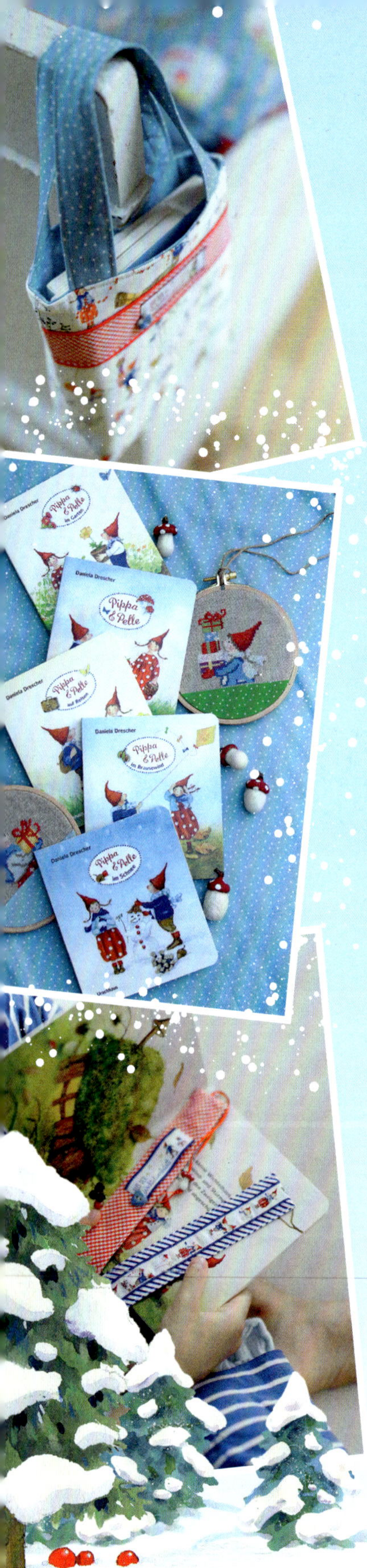

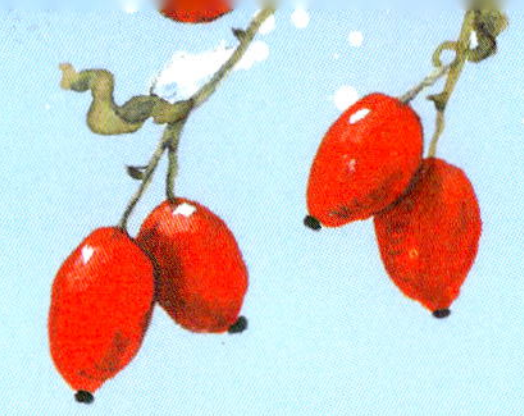

Impressum

1. Neuauflage 2023
Herausgeberin: Ute Menze
Verlag acufactum Ute Menze
Buchenstraße 11 • 58640 Iserlohn-Hennen
Fon 02304 91097 0 • Fax 02304 91097 26
info@acufactum.de • www.acufactum.de

- Idee & Konzept: Meike Menze-Stöter, acufactum
- Illustrationen und Stickmuster nach Zeichnungen von: Daniela Drescher
- Gedichte & Texte von Daniela Drescher: Seite 5 • Seite 14 aus „Pippa & Pelle im Brausewind", erschienen im Urachhaus Verlag • Seite 31 • Seite 47 aus „Pippa & Pelle im Schnee", erschienen im Urachhaus Verlag
- Styling und Fotografie: Michèle Brunnmeier
- Entwürfe und Näharbeiten von Michèle Brunnmeier auf den Seiten: 4–13, 16–25, 38, 50–55, 78, 82, 86–87
- Entwürfe und Näharbeiten von Natascha Schröder auf den Seiten: 26-37, 40-47, 56–77, 80, 82, 84, 88–91
- Gestaltung und Satz: acufactum
- Druck: Neografia, Slowakei

Wir danken dem Urachhaus-Verlag für die freundliche Zusammenarbeit und Unterstützung.

ISBN 978-3-940193-60-5

Wichtiger Hinweis
Die im Buch veröffentlichten Ratschläge wurden vom Verlag sorgfältig geprüft. Eine Garantie kann jedoch nicht übernommen werden. Ebenso ist eine Haftung des Verlags für Personen-, Sach- oder Vermögensschäden ausgeschlossen. Abweichende Farben können drucktechnisch bedingt sein.

Bibliografische Information Deutsche Nationalbibliothek
Die Deutsche Nationalbibliothek verzeichnet diese Publikation in der Deutschen Nationalbibliografie; detaillierte bibliografische Daten sind im Internet über http://d-nb.de abrufbar.

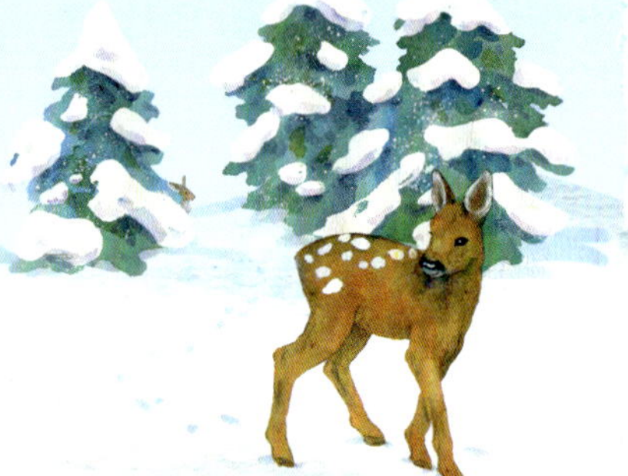

Folgen Sie uns auch hier: 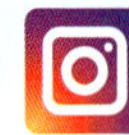 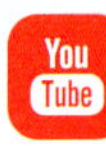

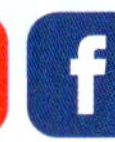